내 안의 구도자, **도마복음**

잃어버린
신을
찾아서

내 안의 구도자, **도마복음**

잃어버린 신을 찾아서

박규현

수신제

당신의 신은 어디에 있는가?
신이 당신을 찾기 전에
당신이 먼저 찾아보는 건 어떤가?
당신이 신보다 바쁘지 않다면.

신을 찾는 여정

기독교는 내게 오랫동안 풀리지 않는 수수께끼이자 이러지도 저러지도 못할 계륵이었다.

어려서부터 세상 모든 일에 호기심 많던 순진한 학생 입장에서도, 더 커서 소위 사회 구조 문제를 실존적 문제로 고뇌하던 입장에서도 마찬가지였다. 도저히 합리적 사고로는 믿을 수 없는 수많은 신화적 서술들은 차치하더라도 당장 예수의 말씀 중 이율배반적인 언명이나 비논리 혹은 초(超)논리적인 것들이 얼마나 많은가?

나는 '원수를 사랑하라'는 가르침 하나도 진심으로 납득되지 않았다. 증오의 대상일 수밖에 없는 원수를 사랑한다는 모순이 논리적으로든 실존적으로든 가능한 일인가? 그 불가능한 가르침에 역사적으로 이토록 많은 이들이 공감하고 환호한다는 말인가? 더 이해하기 힘든 것은 정작 교리는 사랑과 믿음과 소망을 말하되 바로 그 동일한 교리로 수천 년간 반인륜적 학살과 차별을 행했고, 오늘날에도 그 극단적이고 공격적인 사회적 배타성은 여기저기서 온갖 차별주의의 숙주 노릇을 하고 있다는 점이었다.

그러나 또, 여기서 그치지 않고 바로 그 종교에서 종교적 신념을 떠나서도 고개 숙이지 않을 수 없는 고도의 공적 헌신과 희생을 실천한 수많은 성현들도 배출되었다는 것. 한 마디로 야누스처럼 천사와 악마의 역할을 같은 종교가 겸하고 있다는 사실은 젊은 구도자를 혼란스럽게 하기 충분했다.

물론, 어렴풋하게 예수와 제도화된 종교 권력을 구별해 보아야 한다고, 기껏 선과 악의 얼굴을 따로 떼어내 이해하려 해보았지만, 그래도 풀리지 않는 의문은 언제나 남아 있었다.

젊은 날 내게는, 창녀 마리아 집에서 접대받은 것에 분노하며 예수를 배반한 유다의 항변이나, 『사반의 십자가』에서 '네가 메시아라면 너 자신을 구하고 우리 민족을 구하라. 왜 그러지 않는가?'라고 외친 사반의 절규가 더 인간적으로 공감되었던 것이다.

나아가 그보다 더 근본적으로 모든 교회가 이구동성으로 외쳐대는 '인격적 절대자의 자의적 판단에 의한 의타적 구원'이라는 논리는 어떤 식으로든 납득되지 않았다.

마조히즘적 자기 부정을 통해서만 구원받는 것이라면 주인의 은총에 기댄 노예의 애걸이 아닌가? 그것이 과연 인간으로 하여금 죽음을 초월한 자유를 발견하게 하고 성스럽게 할 수 있는 가? 젊은 날 기독교에 대한 고뇌는 그렇게 맴도는 의문들 속에서 침잠해 들어갔다.

사실, 나는 오랫동안 그 골치 아픈 종교적 의문을 잊고 살고 싶었다. 그러나 공부를 통해 삶의 의미와 가치를 발견할 수 있다고 믿었던 내게, 종교는 결코 피해갈 수 있는 대상이 아니었다. 어딜 가나 신의 그림자는 따라다녔다.

순수이성의 한계를 밝힌 칸트는 실천이성으로서 도덕법칙을 규명하며, 인간의 의식에 파고드는 신성을 밝혔다.

헤겔의 절대정신이나 마르크스의 공산주의에도 천국을 향한 열망은 어려 있었다. 표면적으로 종교를 부정하지만, 그 부정의 방식조차 종교성을 벗어나지 못함이 분명했다.

니체 같은 열렬한 무신론자 역시 역사적 기독교를 하나의 거대한 '데카당스(Décadence)'로 표현하면서도 '무신론자 예수'를 내세우고, '조로아스터(차라투스트라)'의 입을 빌려 역사적 기독교 이전의 더 원형적인 종교성을 말하고 있었다.

근대라는 이 시대 문명의 모든 기초 원리에도 신과 인간의 관계와 계약에 대한 전제는 늘 깔려 있었다. 천부인권, 예정조화설, 개인주의, 자유주의, 프랑스 혁명의 이념이었던 자유, 평등, 박애와 서구의 보편 3대 가치인 진, 선, 미와 '보이지 않는 손', 심지어 진화론조차 끝없이 겉으로 신을 부정하며 속으로 신과의 은밀한 밀약을 맺고 있는 논리들이었다.

철학과 과학의 발전에도 불구하고 신은 죽지 않았다. 새로운 신이 될 기세로 세상을 지배하려던 '기술 이성'조차 신의 존재에 치명상을 입히기에는 역부족이었다.

이런 이론적 이유가 아니더라도 한국 현실에서 기독교는 근대 사회 형성과 발전에 너무나 큰 영향을 미쳐왔다. 그것은 과거형이 아니라 현재진행형으로 정치. 경제. 문화 등 여러 분야에서 상수 노릇을 하고 있다. 기독교에 대한 일목요연한 이해가 없이는 우리 사회의 속내를 우리 스스로도 알기 힘든 지경이 된 것이다.

비단 국내뿐 아니라 세계적으로도 여전히 종교분쟁은 그 어떤 갈등의 유형보다 첨단에 있다. 20세기 동서냉전의 이념의 시대가 가고 그 자리를 대신한 것은 이라크 전쟁으로 대변되는 종교분쟁이었다. 물론 수많은 정치, 경제적 이해관계를 종교적 색채로 위장한 결과이겠지만, 어떻게 보더라도 종교에 대한 인류의 고정관념 내지 선입관이 정신문화 전체에서 얼마나 큰 비중인지 보여주는 것이 아닐 수 없다.

나에게 신은 왠지 우리가 알고 있던 '개념으로서의 신' 이상의 것이란 느낌이 들었지만, 그 실체는 좀체 파악되지 않았다.

잃어버린 신을 찾아서

◆ ◆ ◆

해결하지 못한 숙제처럼 기독교와 종교 일반에 대해 품었던 나의 의문은 예상치 못한 곳에서 실마리를 얻었다.

사회과학 영역에 대한 관심에서 출발했던 공부는 그 근거 논리를 찾아가는 과정에서 철학이나 심리학을 외면할 수 없었다. 인간 행위의 구조화에서 사회가 이루어지는 것이라면, 그 기초 단위가 되는 인간 자체에 대한 이해는 필수일 수밖에 없다. 인간의 사고와 그 사고를 형성시킨 마음에 대한 고찰은 '사회'라는 개념 이전에 전제되어야 하는 것이기 때문이다.

현대철학과 심리학은 그 뿌리를 거슬러 올라가면 중세와 고대의 연원인 서양철학과 만났다. 그래서 서양철학의 범주 속에 있는 주요 논의들을 살펴보았지만, 하나를 알게 되면 둘의 의문이 늘어나는 지경을 면치 못했다. 더구나 정체된 철학 담론과 눈부시게 발전하는 과학 담론의 조화는 요원한 것이었다. 인간과 자연을 매개하는 삶의 양식 중 하나가 과학기술이라고 본다면 이 삼자 사이의 상호작용은 너무나 당연한데, 자연-인간-기술-사회를 아우르는 담론을 찾아내는 건 여간 어려운 일이 아니었다.

한편, 20세기 말부터 두드러진 담론의 흐름 중 하나가 과학과 동양철학을 회통히려는 움직임이었다.

근대를 만들어낸 분리·분석의 원칙, 기계역학적 사고 패러다임과 전혀 다르게 세상을 바라봐야만 이해할 수 있는 과학 진보의 혁신성이 20세기 내내 계속 되었고, 이로부터 도출된 이전과 다른 세계관은 서양철학 안에서 적절한 파트너가 될 만한 담론을 찾지 못했다.

상대성 이론이 고정된 시공간 개념을 바꿔버리고, 불확정성 원리가 자명한 수학적 공리를 폐기시켰다. 카오스 이론이 과학의 예측 가능성을 흔들고, 양자역학은 의식과 물질, 주관과 객관의 관계를 분리할 수 없는 것으로 재조명하게 만들었다.

20세기 이전에도 괴테나 쇼펜하우어처럼 주객 이분법을 거부하고 통합이라는 의미에서 일원론을 정립하려는 시도가 없었던 것은 아니었지만, 자본주의-민주주의-합리주의 삼위일체의 근대가 도도하게 전성기를 구가하던 시기에 그들의 노력은 그다지 주목받거나 이해되지 못했다. 그러나 불가역적인 과학적 검증에 의해 요지부동의 가정들이 무너지고, 나아가 맹목적이고 자연적으로 영구발전하리라 믿었던 경제 시스템마저 반복되는 금융위기 속에 의심받게 되자, 근대를 뒷받침했던 이분법은 급속히 무너져 내렸다.

20세기 중후반, 경제학에서 칼 폴라니가 『거대한 전환』을 통해 인간의 내적 욕구를 통해 경제 시스템을 이해하지 않으면 안된다는 논지를 폈고, 토마스 쿤은 『과학혁명의 구조』에서 객관적

잃어버린 신을 찾아서

법칙도 주관적 사유 틀의 영향을 배제할 수 없음을 밝혔다.

이후 본격적으로는 프리초프 카프라의 『현대물리학과 동양사상』 같은 책이 나오며 과학-철학-종교를 아울러 세계를 '전일적이고 유기체적'으로 바라보는 세계관이 윤곽을 드러내기 시작했다.

21세기 들어 이 시각은 켄 윌버의 통합사상으로 이어졌고 이제는 제러미 리프킨이나 가라타니 고진과 같은 세계적 석학들이 자연스럽게 수용, 응용하는 정도로 무르익게 되었다.

그런데 이 '전일적 유기체적 세계관'은 일찍이 동양 유불선에 내재한 시각이었다.

이 시각은 우주-자연-인간-사회를 일관되게 연결해 이해할 수 있는 틀을 제공하는 것이었고, 그러한 세계관의 정점은 그 어디보다 사서삼경의 수경인 『주역』과 동아시아 문화와 정서를 수천 년간 지배했던 '유교' 속에 잘 나타나 있었다.

내게는 이 지점이 자연법칙, 종교, 사회법칙, 예술 등이 함께 공유하는 어떤 보편 원리가 드러나는 곳이었다.

일단 이런 인식에 이르자 종교 발생과 왜곡의 필연성, 제도화된 종교 형태와 심층 종교성의 구별, 종교-예술-철학-과학-사회체제로 이어지는 총체적 상관성의 구조 등이 분명히 인식되기 시작했다.

그러면서 되돌아본 인류 고등종교의 경전들은 얼마나 아름답고 고차적인 가르침이었는지 새삼 깨달았다.

고등종교의 가르침은 그 많은 부작용에도 불구하고 여전히 우리에게 삶의 의미와 방향을 일러주는 이정표가 될 수 있음이 마음 깊이 받아들여졌다.

그리고 기독교뿐 아니라 '모든 고등종교들이 내포한 고차적 안목의 보편종교성'의 현대화가 우리 시대가 요청하는 통·융합적 세계관 정립의 출발점이자 수많은 현실적 갈등을 극복하는 기초가 될 수 있다는 것이 내게는 분명해졌다.

인류의 고등종교들에 내재한 보편 원리가 있고 그것이 각 종교 발생 시대와 문화에 조응하여 변형된 메타포가 경전이라면, 우리는 그 경전으로부터 역사의 처음과 끝을 꿰뚫는 가르침을 얻을 수 있다. 더구나 그것은 어느 특정 종교에 한정된 것이 아니라 모든 종교와 어울리고 나아가 비종교적이라거나 다른 세상의 얘기인 양 배제되었던 세상의 모든 학문과 소통할 수 있는 길이기도 하다.

아무리 부정하고 싶어도 종교는 인간의 깊은 존재 본성에 뿌리박은 본능에서 출발하는 것이기에 사라질 수도 배제될 수도 없는 정신문화의 핵심이다.

　우리는 이에 대한 극단적 긍정이나 부정이 아니라, 그 가르침의 진의를 오늘날의 의미로 재조명함으로써만 '궁극적 가르침'이라는 말의 참된 의미를 되살려낼 수 있다. 그리하여 갈등의 뿌리가 아니라 문명의 시금석으로, 특정 범위의 선민의식이 아니라 온 인류와 생명을 아우르는 질서의 원리로 성인들의 가르침을 다시 새겨야 한다.

그러한 작업의 출발점으로 이 책, 『도마복음』은 특별한 의미를 지닌다.

　뭐니 뭐니 해도 현대 사회에 가장 큰 영향과 의미를 지닌 종교는 기독교다. 그리고 기독교의 핵심은 유대의 군장신 여호와에 대한 신앙이 아니라 기독교를 세계종교, 보편종교로 만든 예수의 말씀이다. 그 예수의 말씀이 지닌 본뜻이 가장 잘 나타난 복음서가 바로 『도마복음』이다.

　그러므로 『도마복음』의 재조명은 기독교의 올바른 가르침을 이해하는 첩경이자 보편종교성의 내용을 밝히는 출발점이 될 수 있다.

　나아가 이러한 작업은 신성과 세속, 종교와 과학, 이상과 현실이라는 부당한 대구로 분리된 세계를 '이음새 없는 우주'로 재통합하는 작업이 될 것이며 이를 통해 우리는 '의식 없는 지능'으

Didymos Judas Thomas The Apostle Thomas, 1360, 53×39cm
Novgorod, The Russian Museum, Saint Petersburg, Russia

잃어버린 신을 찾아서

로 대변되는 기술 이성이 만든 디스토피아를 벗어날 가능성을 찾을 수 있다.

1장에서는 『도마복음』을 왜, 어떤 관점에서 보아야 하는지를 살펴본다.

종교는 유사 이래 인류 정신문화를 이끌어온 원천이었지만 근대 이후 그 의미가 크게 퇴색하고 말았다. 더구나 오늘날에는 신성이라는 말 자체가 지닌 존재의 근원과 전체에 대한 이해라는 취지가 철학, 과학 등과 양립할 수 없는 주관적 믿음의 영역인 양 치부되고 있는 실정이다.

그러나 문명의 전환기에는 언제나 보다 나은 삶의 방향에 대한 치열한 고민이 있을 수밖에 없고 그 과정은 일종의 목적인(目的因)에 대한 탐색으로 나타난다.

자연은 인과율이 지배하는 곳이지만 인간의 삶은 목적이 지배하며 그 목적의 궁극점이 바로 종교가 다루는 영역이다. 이런 의미에서 인간의 삶에서 종교적 이해와 목적의 추구는 필수다. 또 그것이 삶의 목적과 동기를 다루는 이상 인식 방법으로서 여타 학문과도 불가분 관계를 맺는다.

다만, 종교가 종교답기 위해서는 세계에 대한 전일적(全一的)

이해를 바탕으로 가치관의 합당한 기준을 제시해주는 본래의 역할이 되살아나야 한다. 그리고 그런 종교는 어느 시대든 당대 최고 수준의 철학, 과학과 따로 갈 수 없다. 종교는 최고의 보편성을 획득함으로써만 종교성이 성립되기에 그 보편성의 확립 과정에서 자연스럽게 동시대 모든 성찰들과 통·융합을 이루게 된다. 이 장에서는 자연-사회-인간을 아우르는 종합적인 통찰과 정체성의 성취가 곧 종교성임을 밝힘으로써 고등종교를 새롭게 보는 하나의 시각을 제시해보고자 한다. 그리고 그 시각 위에서 다시 볼 수 있는 최적의 텍스트로서 『도마복음』의 의의를 짚어본다.

2장은 1장의 시각을 전제로 『도마복음』에 담긴 예수의 말씀을 재해석한다. 그렇게 재해석된 예수의 가르침은 다른 이웃 종교들의 근본 메시지와 다르지 않음을 밝혀보고자 한다.

숭배 대상으로서 외재적 절대자에 대한 신앙이 아니라 내면의 신성에 대한 일깨움이라는 일관된 관점 아래, 다시 이해된 예수의 말씀은 전체적이기에 유일할 수 있는 전일성(全一性)을 체득할 가르침으로 재조명될 수 있다.

이 장은 예수 정신의 고차적 회귀가 인류의 높은 정신적 성취들과 얼마나 잘 조화될 수 있는지 보여줄 것이다. 그럼으로써 기독교는 그 원래 취지대로 모든 종교와 한몸인 전체-보편 정신이기에 유일한 종교로 재탄생할 수 있음을 밝혀본다.

잃어버린 신을 찾아서

3장은 종교에 대한 일종의 'Q&A'다. 종교가 있든 없든, 나이가 적든 많든, 지식의 대소 여부와 상관없이 자연스럽게 가지게 되는 종교와 신에 대한 일상적 의문들을 문답형으로 정리해 둔 장이다.

그리고 이를 바탕으로 모든 기독교인들이 공유하고 있고, 기독교인이 아니더라도 문화적으로 익숙한 〈주기도문〉에 대한 새로운 해석을 시도해 본다.

예수의 가르침과 기독교가 원래 폐쇄적일 수 없듯 〈주기도문〉도 인류 모두의 정신적 진로를 밝히고 영원히 도덕적 이념을 제공하는 원천임을 되짚어보는 장이 될 수 있을 것이다.

종교와 학문이 삶의 방향을 밝히지 못한다면 우리에게 무슨 의미를 가질 수 있을까? 성인의 가르침이 세상의 부조리를 넘어서는 지혜를 밝히지 못한다면 무슨 의미를 가질 수 있을까?

『도마복음』을 해설한 이 책은 이런 자문에 대한 답을 찾는 과정으로 만들어졌다.

2015년 8월 20일 박규현

ⲛⲧⲉⲓⲙⲉⲓⲛⲉ ⲉ ⲁⲩⲱⲛ ⲁⲓ ⲁⲩⲧⲁⲁⲩ ⲛⲁⲩ·
ⲉⲛ ⲟⲩ ⲙⲩⲥⲧⲏⲣⲓⲟⲛ ⲁⲩⲱ ⲉⲛⲧ ⲟⲩ ⲛⲟⲩ
ⲁⲩ ⲣⲁⲧⲟⲩ ⲱⲛⲉ ⲉⲃⲟⲗ ⲙ ⲡⲉⲩ ⲏⲧ ⲟ ⲉⲃⲟⲗ
ⲁⲩⲱ ⲁⲩⲉⲓ ϣⲓⲛⲉ ⲥⲩ ⲃⲣⲙ ⲁⲑ ⲏⲧⲓⲥ ⲁ ⲩⲧⲉ
ⲟⲩ ⲱ ⲉⲣⲟⲟⲩ ⲛⲛ ⲉⲛⲧ ⲁ ⲡⲓ ⲥⲱⲣ ϫⲟ ⲟⲩ ⲛⲁⲩ
ⲓⲥ ⲡⲉⲭⲣ̅ⲥ ϩⲁⲙⲏⲛ

⳨⳨⳨⳨⳨⳨⳨⳨⳨⳨⳨⳨⳨⳨⳨⳨⳨⳨⳨⳨⳨⳨⳨

ⲕⲁⲧⲁ ⲓ̈ⲱⲁⲛⲛⲏⲛ

ⲛ̅

ⲁⲡⲟⲕⲣⲩⲫⲟⲛ

ⲛⲁⲉⲓ ⲛⲉ ⲛ̅ ϣⲁϫⲉ ⲉⲑⲏⲡ ⲉⲛⲧⲁ ⲓ̅ⲥ̅ ⲉⲧⲟⲛ
ϩ̅ ϫⲟⲟⲩ ⲁⲩⲱ ⲁ ϥⲥ̅ϩ̅ ⲁⲓ̈ⲥⲟ ⲩ ⲛ̅ ⲇⲓⲇⲓⲇⲩⲙⲟⲥ
ⲓ̈ⲟⲩⲇⲁⲥ ⲑⲱⲙⲁⲥ ⲁⲩⲱ ⲡⲉϫ ⲁ ϥ ϫⲉ ⲡ ⲉ
ⲧⲁ ϩⲉ ⲉⲑⲉⲣⲙ ⲏⲛⲉⲓ ⲁ ⲛ̅ ⲛ ⲉⲉⲓ ϣ ⲁ ϫⲉ ϥⲛⲁ
ϫⲓ ϯⲡⲉ ⲁⲛ ⲙ̅ ⲡ ⲙⲟⲩ· ⲡⲉϫⲉ ⲓ̅ⲥ̅ ⲙ̅ ⲛ̅ ⲧⲣⲉϥ
ⲗⲟⲛ ϩ̅ ⲛⲡⲉⲧ ϣⲓⲛⲉ ⲉ ϥ ϣⲓⲛⲉ ϣⲁⲛ ⲧ ⲉ ϥ
ϭⲓⲛⲉ ⲁⲩⲱ ϩⲟⲧⲁⲛ ⲉ ϥ ϣⲁⲛ ϭ ⲓ ⲛ ⲉ ϥⲛⲁⲁ
ϣⲧⲣ̅ ⲧⲣ̅ ⲁⲩⲱ ⲉϥ ϣⲁⲛ ϣ ⲧ ⲟⲣ ⲧ ϥ̅ ⲛⲁⲣ̅
ϣ̅ ⲡ ⲏ ⲣ ⲉ ⲁ ⲩ ⲱ ϥ ⲛⲁⲣ̅
ⲣ̅ ⲣⲟ ⲉ ϫ̅ ⲙ̅ ⲡ̅ ⲧ ⲏ ⲣ ϥ̅ ⲡⲉϫⲉ ⲓ̅ⲥ̅ ϫⲉ ⲉ ϥ ϣ ⲁ
ϫⲟⲟⲥ ⲛⲏⲧⲛ̅ ⲛ̅ ϭ ⲓ ⲛⲉⲧ ⲥⲱⲕ ϩ ⲏ ⲧ̅ ⲧⲏ ⲩⲧⲛ̅
ϫⲉ ⲉⲓⲥ ϩ ⲏⲏⲧⲉ ⲉ ⲧ ⲙ̅ ⲛ̅ ⲧⲉⲣⲟ ϩ̅ ⲛ̅ ⲧ ⲡ ⲉ
ⲉⲓⲉ ⲛ̅ ϩⲁ ⲗⲏ ⲧ̅ ⲛⲁⲣ̅ ϣ ⲟ ⲣ ⲡ̅ ⲉⲣⲱⲧⲛ̅ ⲛ̅ ⲧ ⲉ
ⲧⲡ ⲉ ⲉ ⲩ ϣⲁⲛ ϫⲟⲟⲥ ⲛⲏⲧⲛ̅ ϫ ⲉ ⲥ ⲛ ⲁ ⲃ ⲁ
ⲗⲁ ⲥ ⲥ ⲁ ⲉ ⲉ ⲛ̅ ⲧ ⲃ ⲧ̅ ⲛⲁⲣ̅ ϣ ⲟ ⲣ ⲡ̅ ⲉⲣⲱⲧⲛ̅
ⲁ ⲗ ⲗ ⲁ ⲧ ⲙⲛ̅ ⲧ ⲉ ⲣ ⲟ ⲥ ⲙ̅ ⲡⲉⲧⲛ̅ ϩⲟⲩ ⲛ̅ ⲁⲩⲱ
ⲥ ⲙ̅ ⲡⲉ ⲧ ⲛ̅ ⲃ ⲁ ⲗ ϩ ⲟⲧⲁⲛ ⲉ ⲧ ⲉ ⲧ ⲛ̅ ϣ ⲁ ⲛ
ⲥ ⲟ ⲩ ⲱ ⲛ ⲧ ⲏ ⲩ ⲧ ⲛ̅ ⲧ ⲟ ⲧ ⲉ ⲥ ⲉ ⲛ ⲁ ⲥ ⲟ ⲩ ⲱ

도마복음, Nag_Hammadi_Codex_II

차례

머리말   005

1장 왜 도마복음을 다시 보는가?   021
    도마복음의 발견
    한국에서의 수용
    새로운 신성을 찾는 과정
    보편종교성의 현대적 의미
    보편종교성의 상징과 도식적 해석
2장 도마복음 해설   073
3장 나머지 이야기들   289
    종교에 대한 몇 가지 단상
    〈주기도문〉 해설

참고문헌   319

왜 도마복음을
다시 보는가?

1장 왜 도마복음을 다시 보는가?

    도마복음의 발견
    한국에서의 수용
    새로운 신성을 찾는 과정
    보편종교성의 현대적 의미
    보편종교성의 상징과 도식적 해석

도마복음의 발견

예수의 제자 중 한 명인 디디모스 유다 도마가 기록했다는 도마복음(The Gospel of Thomas)은 신약성경 27서에 포함되지 못한 기독교 경전이다.

아타나시우스(Athanasius)가 부활절 서신에 신약정경으로 27서를 처음 언급한 367년 이전에는 정경, 위경 개념 자체가 없어서 도마복음의 문헌적 전거에 대해서는 여전히 많은 논란이 있는 상황이며, 위경이라는 의심을 받기도 한다.

도마복음이 처음 발견된 것은 1945년 이집트의 나그함마디(Nag Hammadi)에서였다. 도마복음은 나그함마디 문서라 불리는 경전 중 하나였다.

나그함마디 문서(Nag Hammadi library)는 신약정경 27서 발표 당시 정경 외의 모든 경전을 모두 불태우라는 명령이 떨어졌을 때,

이집트 수도원의 한 수도자가 소장하고 있던 여러 경전들을 항아리에 담아 묻었고, 1600년이 흐른 1945년 퇴비를 찾던 이집트 농부 모하메드 알리 삼만에 의해 발견됐다고 전해진다. 이 경전들 중에 그리스 문자를 차용한 고대 이집트어인 콥트어(Coptic language)로 쓰인 도마복음이 발견되어 세상에 알려지게 되었다. 한동안 이집트 고문서성이 공개하지 않다가 1956년에 영인본 출판물로 공개했고, 이를 계기로 활발한 연구가 진행되었다.

연구 진행 중 1898년 이집트의 고대 로마 유적지에서 발견된 그리스어로 되어 있는 옥시링쿠스 파피루스(Papyrus Oxyrhynchus) 중에도 도마복음 내용의 일부가 있다는 사실이 밝혀졌고, 학자들은 원래 도마복음이 그리스어로 쓰여 있다가 콥트어로 번역되었을 것으로 추정했다.

도마복음을 부정적으로 보는 입장에서는, 기존 복음서의 어록 부분만 짜깁기하여 만든 것으로 여겨 아무리 빨리 잡아도 2세기 혹은 3세기에 저술한 것으로 보고 있다.

반면 긍정하는 입장에서는, 오히려 4복음서(마태복음, 마가복음, 누가복음, 요한복음) 이전에 성립된 것일 수도 있으며, 기존의 복음서들이 도마복음 또는 그와 상응하는 예수의 어록들을 가지고 4복음서를 제작했을 것이라고 주장한다.

도마복음에는 예수를 둘러싼 기적과 관련된 여러 사건, 예수의 탄생, 십자가 처형 및 부활 등이 전혀 언급되지 않아, 도마복음이야말로 진정한 예수의 모습을 나타내고 있다는 주장을 펴는 이들도 있다. 대표적인 인물이 역사적 예수의 연구자이자 예수 세미나의 중심적 인물인 존 도미닉 크로산(John Dominic Crossan), 그리고 우리나라의 도올 김용옥 등이다.

도마복음은 114개의 구절로 되어있는데 모두 예수의 어록으로만 되어 있고, 그 이야기와 관련된 배경 설명이나 해설이 전혀 없다. 또 기존 기독교에서 중요하게 여기는 문제인 메시아, 부활 등의 주제가 전혀 나타나지 않으며, 하느님이라는 표현마저도 부정적인 맥락에서 나오고 있다. 더구나 논란이 될 만한 표현도 있고, 기존의 교회가 수용할 수 없는 예수의 개인적 에피소드도 포함되어 있다. 예컨대 '내 비밀은 알 자격이 있는 자에게만 알려 주겠다'라는 표현이나 '예수가 마리아 막달레나를 가장 총애했으며 자주 키스했다', '베드로가 아니라 마리아 막달레나가 그리스도교의 정수를 더 잘 이해하고 있었다' 등의 내용이 그러하다. 그러나 전반적으로는 씨 뿌리는 자의 비유, 양 잃은 목자의 비유 등 많은 내용이 4복음서와 중복되어 있다.

한편, 1세기 기독교가 발생하고 2, 3세기에 걸쳐 발전하면서 기독교 안에도 몇 갈래의 분파가 생겨났다.

어떤 가르침이든 수용자 수준과 당대 문화에 의해 변형을 겪게 되는 것이 필연이고, 그에 따라 모든 종교는 크게 보면 표층적(Exoteric), 율법주의적인 흐름과 심층적(Esoteric), 원리 깨달음 추구의 흐름으로 나뉘게 된다. 초대교회 시기에도 이러한 흐름이 병존했다.

그중 심층그리스도교라 할 수 있는 이들이 아리우스(Arius)파였는데, 이들은 예수의 인성을 주장하고 정신적 해방을 통해 신성과 일체가 될 수 있음을 설파했다.

이들은 세례 요한이 물로 세례를 준 것은 첫 단계일 뿐이고, 예수가 성령과 불로 주는 세례가 바로 영적인 깨달음을 의미하는 것으로 보았다. 물의 세례가 신에 대한 복종을 의미하는 것이라면, 성령과 불의 세례는 신에 대한 발견이고 내면과 외부의 신성이 일체에 이르는 것으로 보아 불의 세례를 통해 비로소 질투하고 진노하는 가부장적이고 군주적인 하느님이 아니라 사랑과 자비로 충만한 새로운 하느님, 우주의 질서로서의 하느님을 발견하게 된다는 것이다.

이렇게 성령과 불로 받는 제2의 세례를 아폴루트로시스(Apolutrosis), 해방이라 한다. 이 해방은 신비에 대한 앎을 통해 달성되는데, 그 앎을 그노시스(Gnosis)라 하고 한문으로는 영지(靈知)로 번역한다. 이는 영어로는 'Knowledge', 불교 용어로는 '혜(慧)', 철학적 용어로는 이성을 초월한 '직관'을 의미한다. 보통 신비주의로도 불리는 영지주의는 그 원형에 있어서는 결코 신비주의적이지 않았다. 역사적으로 이단으로 몰리는 과정에서 대중적인 신비감이 더해지기도 하고 이 안에서도 다시 주술적인 분파가 갈려나와 현실적 부작용을 일으키기도 했다. 이런 과정에서 '영지주의 신비주의 주술'이라는 이미지가 만들어지기는 했지만, 애초의 정체성은 오히려 고등종교에 보편적인 수행 전통을 충실히 담고 있었다. 이들은 그들의 지도자 아리우스(Arius, 250년 또는 260년-336, 초기 기독교 시대에 활동했던 이집트 알렉산드리아 출신의 기독교 성직자)의 이름을 따 아리우스파로 불렸다.

한편, 4세기 초 로마 제국을 통일한 콘스탄티누스 황제는 제국 통치의 종교적 이데올로기로 기독교를 공인하면서 그 체계화를 위해 경전과 교리 통일을 추진했고, 이를 위해 서기 325년 니케아 공의회를 열었다.

아리우스와 같은 고향 출신의 젊은 추기경 아타나시우스(Athanasius)가 이 공의회를 주도했고, 콘스탄티누스 황제는 기독교 지도자들에게 기독교를 '하나의 하느님, 하나의 종교, 하나의 신조, 하나의 성서'로 통일할 것을 요청했다. 이에 예수를 하느님과 '동질'이라 주장하던 아타나시우스가 공의회에서 예수의 인성을 주장하던 아리우스파를 이단으로 정죄하고 물리쳤다. 그리고 그의 주도 아래 개별적으로 흩어져 있던 기독교 문헌들 중 27권을 선별, 정경으로 정했다. 이것이 기독교에서 신약(新約)이라 부르는 경전이다. 나아가 그는 27권외 모든 경전들을 불태워 없애라 명했다. 이때 27권 외의 많은 복음서들이 사라졌다.

이렇게 역사에서 사라졌던 도마복음이 1600년 후 다시 발굴되어, 심층 종교성을 밝히려는 현대적 노력 아래 다시 빛을 발하게 된 것이다.

한국에서의 수용

한국에서 도마복음을 해설한 대표적인 학자는 캐나다 리자이나 대학교(University of Regina) 오강남 교수와 도올 김용옥이 있다. 이들의 입장은 주로 도마복음이 불교, 특히 대승불교의 맥락에서 해석될 수 있다는 데 초점이 맞추어져 있다.

오강남 교수는 우선 모든 종교를 표층(Exoteric)과 심층(Esoteric)으로 나눈다. 그리고 그 특징을 다음과 같이 정리한다.

표층 종교의 가장 두드러진 특색은 경전을 문자적으로 받아들이고, 종교를 자기중심적 이익을 위한 수단으로 생각하는 것이다. 이와 대조적으로 심층 종교의 가장 큰 특징은 경전의 문자적인 뜻 너머에 있는 더 깊은 뜻을 깨쳐 나가려고 노력하고, 무엇보다 종교를 자기중심적인 나를 비우고 내 속에 있는 참 나를 찾는 길로 믿는 것이다. 내 속에 있는 참 나는 결국 절대자이기에, 그 절대자와 내가 하나라는 깨달음에 이르는 것을 최고의 가치로 삼는다.

－「도마복음: 불교와 그리스도교를 잇는 가교」

(오강남, 불교평론 40호) 중에서

이런 관점 아래 도마복음의 가르침이 불교의 중론(中論)적 성격이나 '변성의식(Altered state of Consciousness)'으로서 깨달음과 본질적으로 유사함을 밝힌다.

도올 김용옥의 해석은 동서고금을 넘나드는 그의 학문 이력답게 좀 더 풍성한 철학적, 해석학적 배경을 동원한다. 도마복음에 대한 그의 관점은 그의 책『도올의 도마복음 한글역주』에서 살펴볼 수 있는데, 다음 논지로 요약될 수 있다.

첫째, 그는 도마복음이 연대적으로 4복음서에 앞선다는 입장이다. 이를 전제로, 도마복음의 신학적 입장은 '탈 종말론적 지향'과 '주체적 깨달음'이라 요약한다. 따라서 그는 묵시적 종말론을 중심으로 예수에게 부과된 온갖 현대 기독교 해석은 후대 교회에 의한 왜곡으로 본다. 이러한 틀에 비추어볼 때 도마복음의 예수는 수행을 통해 성숙한 현자이자 득도자로 해석된다. 이 관점에서는 말씀의 해석이 중요하며, 거기서 실존의 빛을 발견하는 것이 진리 추구의 궁극적 목표가 된다.

잃어버린 신을 찾아서

도올은 '그 발견은 타인의 해석을 추종하는 것이 아니라 주체의 개벽과 함께 자신의 해석을 발견하는 앙가주망(Engagement)이어야 한다'며, 예수에게 천국은 시공간 개념으로서의 천당이 아니라 곧 주체의 각성이라 말하고 있다.

둘째, 도마복음의 구원론과 관련하여 도올은 예수에 대한 일체의 신앙을 거부해야 한다고 주장한다. 오로지 예수의 말씀에 대한 해석과 깨달음이 중요하기 때문이다. 이러한 해탈로서의 구원을 가르친 예수는 그가 구약의 하느님과 결별을 선언하고 새로운 '아버지의 나라'를 선포했음을 들어 '니체보다도 더 본질적인 무신론자'로 조명한다. 이렇듯 도마복음이 보여주는 역사 속의 원형적 예수는 당시 바리새파와 달리 헬레니즘 문명이 번성한 갈릴리의 개방된 풍토에서 자랐으며 레바논 시리아 지역의 개방된 동양적 사유에 큰 영향을 받은 사상가이다. 그가 가르친 안식은 곧 구원으로서의 자기 해탈이지만, 다른 한편으로 안식할 곳조차 없다고 그가 고백한 것은 '해탈을 거부하는 보살적인 대승 정신'의 발로로 해석된다.

셋째, 예수를 선지자와 의사로 인정하면서도 예수가 행한 기적을 '초자연적인 마술이 아니라 역사를 변혁시키는 힘'의 상징적 표현으로 해석한다. 이러한 도올의 주장은 오늘날 폐쇄적인 기독교가 보다 포용적인 자기 수행의 종교로 거듭나길 바라는 마음이 담겨있다. 마치 '인도불교가 선불교로 변형되었듯이 서

구기독교가 동방의 선기독교로 변형되는 과정'으로 진행되는 것을 '하나의 역사적 필연'으로 봐야 한다는 것이 그의 결론이다.

오강남 교수가 지적한대로 모든 종교에는 심층과 표층이 있다. 그래서 종교는 사랑과 구원을 이야기하면서도 제반 사회에서 갈등의 진원지 역할을 해 온 것이다.

위에서 살펴본 대로 한국에서 도마복음 해설은 대체로 도마복음의 심층 종교성을 논하는 데 있었다. 불교와의 유사성이나 현대 철학적 이해를 덧붙이는 과정들 모두 이 논증을 위한 것이었다.

전자가 이웃 종교와의 화해에 더 큰 비중을 둔 것이라면 후자는 합리적, 해석학적 이성과 종교의 조화가 가능함을 보여주었다는 점에서 모두 기존의 기독교를 진일보시킨 성취로 보인다. 그런 점에서 필자는 도마복음이 기독교의 심층 종교성을 잘 보여주는 경전이라는 해석들에 동의한다. 동시에 그 이상의 의미도 찾을 수 있고 또 찾아야 한다고도 생각한다.

사실 종교는 비단 종교만의 문제가 될 수 없다. '종교'는 '궁극적 가르침'이란 뜻이고, 이것은 궁극적 질문에 대한 답을 의미한다.

'궁극적 질문'은 인간이 본능적으로 가지는 존재 의문, 즉, '나는 무엇인가?' '삶은 어디서 와서 어디로 가는가?' 등의 의문이다. 이런 질문이 해명되지 않고는 삶의 이유와 동기를 밝힐 수 없고, 이유와 동기를 모르면 목적을 밝힐 수 없고, 목적이 설정되지 않는다면 규범의 기준과 방향을 밝힐 수 없다. 그러므로 이 질문에 대한 답, '인간과 세계가 무엇이며 우리는 무엇을 위해 살며, 그리고 어디로 가는가?'에 대한 답을 내기 위한 노력이 세계관, 인간관, 가치관이라 불리는 영역을 만들어낸다.

인간과 세계를 이해하려는 노력은 우선 인간을 둘러싼 물질적 환경에 대한 고찰과 분명히 의식되고 작용하는 정신의 메커니즘을 이해하려는 노력과도 불가분의 관계에 있고, 이것은 곧 과학과 철학으로 발전한다. 우주와 자연의 섭리와 그와 연관된 인간 존재 성격에 대한 이해, 그리고 이로부터 다시 확장되는 집단공동체 성격과 질서에 대한 이해 등이 종합적으로 이 질문에 대한 답을 위해 필요한 것들이다. 그러므로 종교란 최종적으로 종교로 표현될 뿐 애초에 과학과 철학의 핵심 요소들을 포함할 수밖에 없다. 불교의 '유식학'이나 '12연기설', 유교의 '태극도설'이나 '주역', 힌두교의 '베단타(Vedānta) 철학' 등이 모두 '우주-자연-인간-사회'로 이어지는 일련의 존재 형식과 그 관계에 대한 형성 발달사와 상호작용 방식을 다루고, 그로부터 다시 궁극적 질문에 대한 답을 제시한다.

이렇듯 종교는 출발부터 과학, 철학과 떼려야 뗄 수 없는 관계에 있었지만, 세속화된 종교 권력을 극복해야 하는 역사적 과정은 종교 그 자체를 이성과 대립한 신화 주술적 세계관으로 폄훼해 버렸다. 나아가 더 좁은 의미의 기술 과학 만능의 시대 패러다임은 계량적이고 물리적인 세계 설명 방식만으로 정신, 나아가 정신의 우주적 기원 문제마저 설명할 수 있다고 강변하며 종교를 주관적이고 부수적인 '비실재'처럼 다루게 되고 만 것이다.

따라서 심층 종교성을 더 종합적으로 이해하자면 그것은 필연적으로 '보편성'을 획득해야 하며, 이 보편성은 종교의 적으로 대구 설정되어 있던 과학과 철학 전체와 공유할 수 있는 수준의 보편성이어야 한다.

이러한 포괄적이고 종합적인 세계와 인간의 이해에 기반 한 종교적 진리 명제를 '보편종교성'이라 하자.

이 관점에서 볼 때, 도마복음의 예수의 말씀은 심층 종교성의 증거이자 보편종교성의 단서이기도 하다. 그리고 그것이 이런 보편종교성을 지닌 것이라면 이미 기독교, 힌두교, 불교, 유교 등 보편적 세계 인식을 내포한 개별적, 문화적 수용태는 '불일이불이(不一而不二)', 즉 하나도 아니고 둘도 아닌 관계로 함께 이해될 수 있다.

종교는 세계와 인간에 대한 전체적 유기적 통합적 인식이라는 점에서 하나고 이질적 환경과 시대에 따른 차별화된 문화적 양식이라는 점에서는 둘인 것이다. 즉, 다른 개념을 이용한 동일한 통찰인 것이다.

이 책은 바로 이 점, 고등종교들의 보편종교성이 실재하고 있으며, 그것은 이웃 종교뿐 아니라 과학과 철학을 포괄하고 나아

가 인류 역사를 관통하여 현재와 미래를 진단하게 해 주는 시대
정신과도 일체라는 사실을, 도마복음에 대한 숙고 속에서 찾아
보려는 시도이다.

　우리는 예수의 말씀을 통해 인류가 잃어버리고 잊어버린 신을
재발견하게 될 것이다.

새로운 신성을 찾는 과정

오늘날 새천년의 도입부를 살아가는 우리는 전대미문의 혼란을 겪고 있다. 기술 발전의 속도는 눈부시지만, 그만큼 양극화의 부작용도 비례적으로 커져 '발전 = 행복'이라는 오랜 가정적 등식은 이미 무너졌다.

지난 세기 같은 체제의 이념 대립이 없음에도 불구하고 스스로 대립을 만들며 모순의 늪 속으로 가라앉고 있다.

인류 최고의 시스템이라 여겼던 현대자본주의 세계 체제는 수시로 자기 모순적인 금융위기를 반복하고 있다. 그 파괴력은 날로 커져 어떤 국가도 안정된 지속가능성을 장담하지 못하는 시대가 되었다.

식량 안보, 기후 안보라는 개념이 일상에 영향을 미칠 만큼 인간과 자연과의 관계도 불안하기만 하다. 무엇보다도 전근대적 종교도 근대적 이성과 기술도, 그 어떤 이념과 법도 삶의 목적과 일상의 보편적 가치를 제공할 힘을 상실함으로써 인류는 '목적 없는 발전', '보상 없는 경쟁'의 늪에 빠져 이정표를 잃고 말았다. 인간, 사회, 자연이 각각의 상태와 관계 양면에서 공히 극도의 불안정한 위기 상태에 있는 것이다.

왜 이렇게 된 것인가? 어디서부터 문제인가? 이 거대한 인간 내외와 전 지구를 아우르는 구조적 위기에 도대체 대안은 있는 것일까?

지금까지 인류사를 보는 시각을 주도해 온 관점은 크게 두 가지였다. 바로 진화론과 창조론으로 압축되는 과학적 시각과 종교적 시각이다.

인문, 사회적인 역사 이해 역시 근본에는 이 시각 중 하나를 토대로 한다. 사물의 우연적 조합이나 신의 섭리 전개로 역사를 설명하는 이런 시도는 각각의 폐쇄적 믿음 공동체 안에서는 유효하지만 더 이상 보편적 설명력을 갖지 못한다.

과학은 부분적으로는 합리적으로 보이지만, 과학의 시각으로는 역사 발전 방향과 그 의미와 가치에 대해 논할 수 없다. 이로 인해 일찍이 막스 베버(Max Weber)가 지적했듯이 과학적 세계관을 수용한 현대인은 삶의 전체성에 대한 조망을 상실한 채 허무를 안고 살 수밖에 없다. 반면, 종교는 심판의 날을 설정하고 계시 진리를 내세워 이 부분을 채워주는 듯하지만, 근대 대표 종교인 기독교는(근대의 의미를 서구화로 한정할 때 지배적 종교는 기독교다) 인간 외부의 절대자를 내세우고 그 신과 인간의 관계를 계약 관계로 설정함으로써 인간의 능동성을 제거해 버렸다. 더구나 이미 합리성의 세례를 받은 현대인들은 신화적 세계에 대한 설명을 순순히 받아들이지 않는다.

세계사를 이끌어 온 이 두 관점 모두 속절없이 무너지고 있는 지금, 새로운 근본적 대안 관점은 있는가?

다행히도 인류에게는 '영원의 철학'이라 불렸던 또 다른 관점이 면면히 이어지고 있다. 힌두, 불교, 도교, 수피즘, 기독교 신비주의, 스피노자, 아인슈타인, 쇼펜하우어, 융 등등이 암시하고 지지했던 이 관점은 화이트헤드(Alfred North Whitehead)가 말한 '이음새 없는 우주라는 외투'라는 생각을 공유한다.

이 관점은 하나가 전체와 분리불가능하다는 전일적 세계관을 바탕으로 신을 대자연의 힘과 다르지 않은 것으로 정의한다. 이 '영원의 철학'의 목적과 구원은 통합적 전체의 발견에 있고, 이 전체는 모든 자연을 포괄하는 대자연이며, 인간 의식의 궁극적인 잠재력과 맞닿아 있다고 본다.

이 관점으로 인류사를 다시 볼 수는 없는가? 그리고 이 관점으로 기존의 부분적 진리들을 모순되지 않은 질서 체계 속에서 재

이해할 수는 없는가? 그래서 종교와 과학, 과학과 철학의 악순환적 대립을 종식시키고, 그에 기반 한 조장된 갈등 의식을 끝낼 수는 없는가?

종교 갈등, 이념 갈등, 성차별, 민족 차별, 계급 차별 등 거의 모든 갈등과 차별은 결국 세계관의 대립에 뿌리를 내리고 있어서 이 대립이 극복될 수 있다면 인간 대 인간, 인간 대 자연의 모든 관계가 재정립될 수 있을 것이다. 만약, 우리가 그렇게 할 수 있다면 지금의 혼란이 초래된 원인과 갈 방향, 그 극복의 경로도 새로 조명될 수 있지 않을까? 이 책은 이러한 의문에 대한 답을 찾아가는 과정이다.

이것은 새로운 신성을 찾는 과정이자 인류가 잊고 살아온 신을 재발견하는 것이고, 세계의 질서를 이해하고 설명할 수 있는 새로운 시각을 찾는 여정이다.

그리고 이러한 시각을 세울 수 있다면, 우리는 기성의 모든 갈등과 차별의 뿌리에 해당했던 것들에 대해 '불일이불이'의 관계들에 대한 성찰을 통해 갈등 극복의 가능성을 발견할 수 있다. 또 바로 이 시각으로 각각의 영역과 도그마에 고착된 해석을 해체, 재구성하여 거대한 소통 경로를 개척하고 종국에는 인류사의 새로운 진화를 모색할 수도 있을 것이다.

보편종교성의 현대적 의미

갈릴레이에서 뉴턴에 이르러 정립된 '계산적 이성'과 '기계역학적 세계관'은 논리적, 실천적인 면에서 파국을 맞이했다.

　이론적으로는, 과학에서 상대성 이론과 양자역학, 철학에서 실존주의와 현상학, 해체주의를 거치며 그 오류와 부작용이 논증되었다. 그리고 현실적으로는, 지속할 수 없는 발전지상주의의 무한경쟁 시스템과 금융자본주의의 약탈적 사회 파괴 효과가 이미 현재진행형으로 문명의 불가피한 전환을 예고하고 있다.

20세기 후반부터는 계산적 이성에 대한 맹신이 무너짐과 동시에 그 계산에 집착하는 동력이 된 인간 욕망에 대한 관심이 고조되었으며, 정신분석학과 심리학이 철학의 공백을 메우며 부각되었다. 19세기 이후 의지의 철학이라 할 수 있는 쇼펜하우어, 니체, 후설, 프로이트, 하이데거, 라캉 등이 감각, 욕망과 감성, 이성의 가교를 잇기 위한 노력을 전개하였고, 그 결과 계산적 이성에 기반 한 이기·합리적 인간관은 적어도 시대정신으로서는 그 명을 다하고 해체될 지경에 놓였다.

이러한 이기적인 인간관, 기계적인 세계관, 도구적, 물신적인 가치관에 대한 회의는 필연적으로 인간 존재에 대한 궁극적 문제를 제기한다. 이성 저변에 놓인 '무의식(욕망)', 그 무의식 저변에 깔린 '정체성(나는 무엇인가? 인간은 무엇인가? 그에 따른 세계와의 관계는 무엇인가?)'이 근본적으로 재조명, 재구성되어야 함을 의미한다. 정체성은 인간 존재의 자기규정에 대한 의식이며, 이 정체성의 범위와 속성이 삶의 의미, 가치, 방향을 결정한다.

정체성은 한 개인에게도, 집단 문명 차원에서도 고정된 것이 아니라 역동적으로 변화하는 속성을 지닌다. 이런 속성을 규명하는 일은 언어와 언어로 제한되는 의식의 '이전' 혹은 '너머'를 포함하는 문제여서 언어 규칙과 인과적 사고를 전제로 한 학문적 노력만으로는 접근하기 힘든 영역이었다. 그래서 인류는 이 '궁극적 존재 질문'에 대한 이해의 노력으로 여러 고등종교를 만들었다.

궁극적 존재 질문을 다루는 모든 종교는 소극적으로는 인간의 모든 고통으로부터의 구원과 해탈을, 적극적으로는 '사랑과 자유'라는 근본 욕동의 조화를 통한 영원하고 무한한 '내적 지복'

을 목표로 한다.

그런데 고통의 뿌리는 탐욕이고, 탐욕의 뿌리는 갈등이고, 갈등의 뿌리는 분열된 의식이어서 모든 종교는 의식의 이분법적 경계 분리를 극복하는 것을 의식 도약의 필수 단계로 여긴다. 즉 비이원적이고 근원적인 세계의 주재적 힘을 내적 정체성과 일체화함으로써 '경계 분리감'에서 오는 심적 갈등을 통합, 승화시킨 의식을 획득하는 것이다.

이러한 온 세계와 일체감을 느끼는 의식 상태를 기독교에서는 '성령 임재', 동양에서는 '득도'라는 포괄적인 개념으로 표현해 왔다. 그리고 그런 상태의 의식은 도저히 우리의 일상적 자의식일 수는 없는데, 이 통합적 의식을 인격화하게 되면 존재적 타자로서 '외부 절대신'이 되고, 우주적 의지로 이해하면 '도'나 '이치'로 표현되어 온 것이다.

언어, 논리의 세계를 넘어 직관과 지향성으로서 정체성을 만물일체(萬物一切), 범아일여(梵我一如)의 수준으로 상승시키는 것. 결국 이것이 종교의 보편 목적, '보편종교성'이라 할 수 있으며, 이러한 정체성(엄밀하게는 부분 정체성의 해체 무아, 공 상태 실현)의 획득 아래 모든 종교는 자유, 평화, 진리라는 보편 가치의 실현 통로가 될 수 있는 것이다.

경계 분리를 벗어남으로써 심적 집착이 없어 자유롭고, 그 자유 아래 자연히 탐욕을 벗어나 평화롭고, 그 자유와 평화라는 상

잃어버린 신을 찾아서

태에서 세상에 대한 투명한 직관력을 얻음으로써 진리에 다가갈 수 있다. 이것이 모든 고등종교의 핵심에 내재한 해방 논리다.

그러나 지난 역사 현실에서 종교는, 시대적으로 제한된 집단 정체성의 성격과 수준을 강화함으로써 배타적 경계의식의 근원 역할을 해, 오히려 그 역기능이 부각되어 왔다. 그 결과 종교의 이름 아래 온갖 차별, 폭력, 학살이 정당화되거나 문화와 권력의 자기정당화, 합리화가 이루어져 왔다.

종교는 '신성'이라는 이름 아래 세속의 처세술, 신앙, 문화로서 기능하거나, 혹은 본격적인 정체성 확장의 통로로서 사회적 공공적으로 '무경계 영성'이라는 두 얼굴을 가져왔던 셈이다.

안타깝게도 오늘날 종교라는 개념은 일반적으로 전자의 제도 문화의 뜻으로 받아들여지고 있다. 그러나 그 핵심에서는 여전히 보편종교성이 엄밀히 내재해 있고, 이 글에서도 후자의 의미로 '종교' 대신 '영성'이라는 용어를 사용하기로 한다.

오늘날 보편종교성에 대한 관심과 논의가 절실히 필요한 이유는 다음과 같다.

첫째, 문명의 발달에 의해 오늘날 인간의 문제는 그것이 무엇이든 전 지구적 차원의 연결 구조를 가지게 되었다. 정치, 경제, 문화기 모두 정보화, 세계화되었다. 문제 상황에 대한 인식과 영향이 실시간이 되었다. 이런 상황은 그 구조 안에서 벌어지는 문제 해결을 위한 기본 시각도 전 지구적이며 자연과 인간을 통합해 아우르는 넓은 정체성이기를 요구한다. 그리고 세계적, 범인류적, 생태적 사고를 아우르는 것이야말로 보편종교성이 지향하는 바다.

둘째, 근대 사회가 가져왔던 파괴적 편향성이 속성인 기술과 이윤 추구의 무한성장 혹은 확장 지향성은 정체성 수준에서의 도약이 없는 상태에서는 재앙으로 다가온다. 여전히 갈등과 정복이 정상적인 삶의 양식이라는 그릇된 가치 전제를 가진 한, 기술과 문명은 도구적 성격의 편리보다는 재앙이 될 수밖에 없고 우리는 그 재앙을 현실로 목격하고 있다.

전 세계적 양극화, 피로사회, 위험사회 등의 개념으로 표현되는 위기의 일상화가 모두 그런 현실을 칭하는 개념들이다. 더 큰 물리적 힘은 더 성숙한 인격과 함께 갈 때만 유의미하며, 그 인격의 성숙은 주어진 사회체제 내의 사회화를 위한 규범적 도덕이 아니라 존재 근본 문제에 뿌리내린 보편성을 가진 무엇이어야 한다. 그리고 그에 합당한 의식 변화의 역할이야말로 고등종교들이 보편적으로 추구해왔던 것이다.

셋째, 동서양 문화, 불교와 기독교, 의식과 물질 등 기존 이원적 개념 체계가 급격히 통·융합되는 시대의 흐름은 일시적이거나 임의적인 것이 아니다. 이 자체가 인간의 집단의식 성장의 한 과정이며 인류가 '신화적–신학적–합리적' 세계관을 통과해왔듯

이 이제 본격적인 공감 능력을 바탕으로 한 통합적 세계관으로 이행이 진행되고 있다.

가라타니 고진(柄谷行人)은 『세계사의 구조』에서 인류의 교환양식이 '호혜-약탈과 재분배-상품교환' 과정을 거치며 '네이션(정서적 공동체)-국가-자본' 시스템을 구축해왔으나, 그 각각의 역할도 상호작용 시스템도 한계에 달했고, 다가올 새로운 교환 양식은 이 삼위일체를 넘어서는 '연대(네이션, 국가, 자본을 넘어서는 세계적 자발 협력 네트워크)'가 될 것이라 전망한다.

문명사와 인간 의식의 변천사는 끝없는 분화와 통합을 거듭해왔지만, 지금처럼 이성의 한계에 직면하여 지난 역사의 인류 성과를 종합하고 초월해야 하는 대전환의 과제는 전대미문의 것이다. 현재는 이러한 과제의 성격에 걸맞은 사유 틀의 '상전이적 도약'이 요청되는 때다.

요컨대, 근·현대 문명의 정점인 정보화, 세계화된 여건이 인류의 도약적인 공감능력의 확대 가능성을 열어주고 있다. 또한 오늘날 위기의 성격이 획기적인 정체성 확장 없이는 풀릴 수 없는 것이며, 인간 의식과 문명 구조의 진화적 발달사가 '도구적 이성'과 '물질·기술주의'에 기반 한 체제 전체를 통합적으로 넘어설 것을 예견케 한다.

이러한 장대한 과제는 필연적으로 인간과 세계의 관계를 정의하는 정체성 변화를 동반할 수밖에 없으며, 그러한 세계와의 일체감, 혹은 존재 근원과의 일체감을 추구하는 것이야말로 '보편종교성'의 진면목이다. 때문에 문명 전환기인 지금이 두 얼굴의 종교성 중 부정적 한 측면을 문명적으로 초월, 도약, 진화할 수 있는 때이며, 이 전환 여부는 문명사 전환을 결정짓는 내적 요건이 될 것이다.

역설적이게도 인류사적 정점이자 위기인 지금이야말로 종교, 인간 내면 이해의 환골탈태가 사회적 환골탈태로 이어질 수 있는 기회이고, 그런 점에서 보편종교성의 재조명이 절실한 때인 것이다.

잃어버린 신을 찾아서

보편종교성의 상징과 도식적 해석

1. 인식 범주의 통합_공시적 측면(수평축)

다음 그림은 우리 인식이 근본적으로 어떻게 구조화되어 있는가를 보여준다.

　인식의 공시적 측면인 '인식 범주'는 자의적으로 형성되는 것이 아니다. 감각에서 영혼에 이르기까지 인간 존재론적 틀이 인식의 필연적인 틀을 선험적으로 규정하며, 더구나 언어와 숫자의 논리 한계 안에서 이루어지는 학문은 언어와 숫자 자체의 구조 아래 세계를 개념화해 이해하는 것이므로 더욱 필연적 범주화가 이루어지지 않을 수 없다.

　가령, 세계를 분류, 추상화하는 도구로서의 언어는 '1, 2, 3인칭'과 '주어-술어'라는 공통 구조를 지니고 있고, 여기에 단수와 복수를 기초로 하는 셈의 논리, 숫자가 더해진다.

인칭, 인과율, 수 이 3가지 근본 요소의 종합으로 의식이 구조화되며, 최초의 분리 인식인 단수의 '주·객'으로 시작되어 복수의 '주·객'으로 분화되고, 이들의 관계망이 인식의 기초 범주를 만든다. 이것을 단순화시키면 다음과 같은 **그림1**의 왼쪽 그림이 나온다.

그림1의 오른쪽 그림은 1, 2, 3인칭에서 발생하는 가치 지향을 범주화한 것이다.

1인칭은 주관적 내면 의식이므로 심미감을 비롯해 희로애락의 감정으로 경험되는 '미'의 영역이 되고, 2인칭은 상대와 관계 속의 질서 규범 추구와 관련되어 '선'으로 표현된다. 3인칭은 대상의 속성 파악을 중심으로 진리로 추구되는 '진'의 영역을 뜻한다.

이렇게 보면 서구의 전통적인 보편 3대 가치인 '진. 선. 미'는 인간 인식의 필연적 범주를 추상화한 것임을 알 수 있다.

동양에서도 이와 유사한 구조의 인식이 있는데, 불교의 '불, 법, 승'이 그것이다. '불'은 내면의 깨달음-1인칭. '승'은 집단 규범으로 2인칭, '법'은 대상 세계의 이치로 3인칭과 연관되는 것이다.

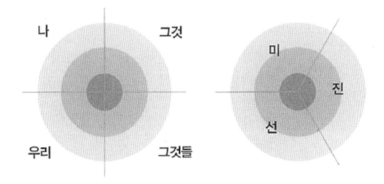

그림1 – 인식의 공시적 측면, 인식 범주, 『통합비전』(켄 윌버, 물병자리) 중에서

다음 수 개념을 적용하면 조금 더 복합적인 구조의 사분면이 나온다(그림2).

1, 3사분면은 주관적 측면이고 2, 4사분면은 객관적 측면이다. 이 사분면의 의미는 다양하게 확장될 수 있다. 이것이 학문으로 표현될 때, 1사분면은 내면 의식을 주로 다루는 인식 행위로 나타난다. 심층 의식을 다루는 수행적 종교와 심미감을 다루는 예술이 대표적인 영역이다. 2사분면은 물질적이고 객관적인 대상의 근본 성격을 다루는 과학, 기술의 영역이다.

3사분면은 집단의식을 다루는 부분으로 집단적 가치관, 문화의 영역이다. 4사분면은 대상 세계의 복합화로 사회 시스템(체제)의 영역이다.

이를 학문 분과 체계로 단순화시키면 종교와 예술, 과학과 기술, 인문과 문화, 사회(정치. 경제)가 된다.

이 인식 사분면 간 관계의 기본 성격은 '불일이불이'다. 즉 '같지 않지만 분리될 수도 없다'는 것이다.

1사분면 주관적 내면은 2사분면의 대상에 대한 기술 수준, 3사분면의 문화적, 4사분면의 사회구조적 환경의 복합 산물이다. 나머지 분면으로 치환될 수 없지만 동시에 그 영향 아래에서가 아니면 존재할 수도 없다. 그 사정은 나머지 분면도 타 분면에 대해 다 마찬가지다.

2사분면은 1사분면의 수준에 직접 영향을 받고, 3사분면의 필

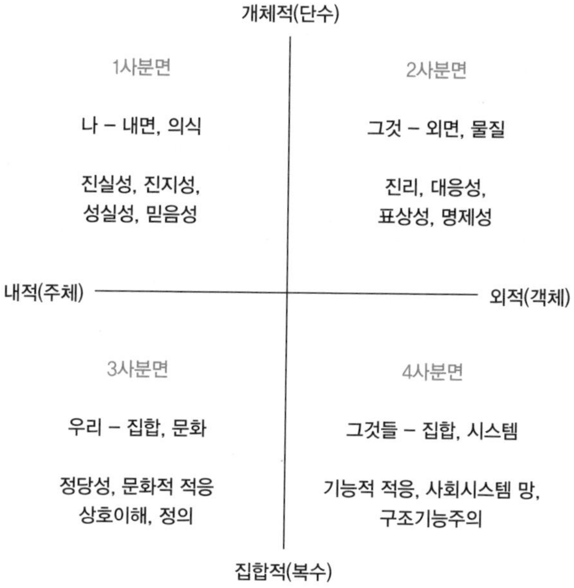

개체적(단수)

1사분면	2사분면
나 − 내면, 의식	그것 − 외면, 물질
진실성, 진지성, 성실성, 믿음성	진리, 대응성, 표상성, 명제성

내적(주체) ──────────────── 외적(객체)

3사분면	4사분면
우리 − 집합, 문화	그것들 − 집합, 시스템
정당성, 문화적 적응 상호이해, 정의	기능적 적응, 사회시스템 망, 구조기능주의

집합적(복수)

그림2 사상한도, 『통합비전』(켄 윌버, 물병자리) 중에서

요에 의해 방향성이 생기며, 4사분면의 승인에 의해 수용되거나 거부된다. 그러므로 특정한 기술 수준과 체제, 문화의 수준이 대략 조응하며 함께 '공진화'한다.

아는 만큼 보이고 보이는 만큼 실행하지만, 그 행위의 의미와 수용은 다시 당대 사회 수준에 의해 결정된다. 그리고 그 앎은 다시 소여(所與)된 모든 것들의 영향 아래 놓이는 방식의 순환 구조를 이룬다. 이 철저한 불이 관계를 무시하고 그 연관성을 끊거나, 혹은 불일 성격을 무시하고 한 사분면을 다른 사분면 아래 종속시키는 오류를 범하면, 인식 세계의 균형은 무너지고 그 불균형은 종국엔 그 인식에 기초한 세계를 무너뜨리게 된다. 우리에게 알려진 대부분의 거대담론이나 사상의 오류는 불일이나 불이를 분리, 단정한 경우들이다.

  가령 주술적이거나 마술적인 것의 원리는 '상상이 곧 현실'이라고 생각하는 것이다. 이러한 인식은 좌측 사분면과 우측 사분면 전체를 구별하지 못하고 섞어버리는데, 이런 것이 '범주 오류'의 전형이다. 시대적으로 보면 중세를 '암흑의 시대'라 부르는 이유는 종교(1사분면)의 헤게모니를 다른 모든 사분면에 강제했기 때문이다. 과학도, 문화도 1사분면의 검열 아래 정당화되지 않으면 가차 없이 존재 의미를 박탈당했다. 1사분면의 독재, 독단주의가 극에 달했을 때, 그 사회는 더 이상 유지될 수 없었던

잊어버린 신을 찾아서

것이다.

근대는 어떤가? 크게 보면 우측 사분면, 2사분면 과학만능주의와 4사분면 자본주의의 독단에 빠져 있는 모습이다. 개인은 각자 삶의 계량적 효율성을, 체제는 발전지상주의에 기초한 무한확장을 불문율의 선으로 강조한다.

인간의 의식이나 감정도 호르몬이라는 화학 물질의 분비로 야기 된다는 메커니즘으로 설명하고, 행복도 성장 지수로 대체하는 식이다. 종교는 일찌감치 2사분면 과학에 권좌를 물려주고 4사분면 자본의 종속변수로 취급되고 있다. 종교뿐 아니라 의미와 가치의 문제 전체가 그 원래 의의를 수학적 실증에 구속당하고 말았다. 바야흐로 우주는 메말라버렸다(Dry Cognition).

근대의 모순과 허점을 제기했던 많은 노력도 이 범주 오류를 피하기는 어려웠다. 20세기를 흔들었던 마르크스주의는 상대적으로 4사분면 독단론이 강했다. 이성의 독재에 반기를 들었던 프로이트 역시 1사분면 안에서도 저차원 특정 단계 욕망으로 모든 무의식을 치환, 설명했고 다른 사분면의 상호 영향에 대해서는 애써 외면했다. 그런 프로이트를 극복하는 과정에서 칼 융이나 윌리엄 제임스처럼 다른 사분면의 영향을 강조한 흐름이 나온 건 필연적 귀결이었던 셈이다.

우측 사분면 독재에 저항한 포스트모더니즘은 어떤가? 포스트모더니즘 철학 특유의 기호와 해석 만능주의 역시 3사분면 독단의 성격이 강했다. 이러한 범주 오류에 기초한 독단론을 피하면서(불일) 모든 범주의 상관적 상호작용을 면밀히 고려할 수 있을 때(불이) 비로소 통합비전의 한 축이 마련될 수 있다.

2. 인식 수준의 통합_통시적 측면(수직축)

인식의 범주라는 공시적 측면이 위 사분면이라면, 수직적 수준과 관련된 통시적 측면도 있다.

이 통시 위계적 측면은 개체적 개인에게는 의식, 욕구의 성장 도로 나타나며, 집단적으로는 문명의 주요 성격 변화의 발달 과정으로 나타난다. 이러한 통시적 인식 수준에 대한 논의의 역사는 장구하다. 불교나 힌두교 등의 고등종교들에서도 의식 발달의 단계를 모두 다루고 있다. 기독교 영지주의 전통에서는 이미 오래전부터 인간의 인식 수준이 '물질(감각)-마음-영혼'에 걸쳐 있다고 보았다. 이러한 외적 변환 아닌 내적 변용의 길을 인류의 고등종교는 '초월의 길'이라 불러왔다. 인간 의식의 가장 원초적이고 근본적인 상태를 나타내는 그림으로 대표적인 것이 '우로보로스의 뱀(Uroboros)'이다(그림3).

자기의 꼬리를 문 뱀의 모양인 우로보로스 그림의 의미를 설명

그림3　우로보로스의 뱀

한다.

첫째, 아직 이원적으로 분열되지 않은 의식의 상태를 나타내기에 '머리가 꼬리를 문 원'으로 표현된다. 이는 시작과 끝의 통합이자, 시간성 이전의 초월적 영원성을 설명한다.

둘째, 이후 수차례의 껍질을 벗는 환골탈태를 암시하는 의미에서 뱀이 상징 동물로 쓰인다.

뱀이 인간 인식의 상징으로 쓰인 이유에는 경험적으로 원시 토굴 생활에서 가장 밀접하게 접했던 동물이라는 이유다. 그리고 우리 인간의 뇌 구조 가장 하층이 파충류와 유사하다는 점도 관련이 있어 보인다.

『어린왕자』에서도 가장 중요한 모티브를 제시하는 동물이 뱀이다. 제일 첫 장에 등장해 중간 이야기를 이어주고, 『어린왕자』의 마지막을 장식한다. 『창세기』의 주인공도 뱀이다. 이 모든 것이 상징적으로 의미하는 바는 동일하다.

이 형상이 동양에서 표현될 때는 '여의주를 물고 승천하는 용'이 된다. 순환과 영원의 상징인 원의 모습이 여의주로 나타난다. 승천하는 용은 인식 운동이 시작되고 난 후의 역동적인 과정과 지향을 함께 보여주는 두 번째 단계다.

이것이 좀 더 구체적으로 표현되면 이집트 파라오의 왕관을 장

그림4 카두케우스 문양

식했고 아직도 '히포크라테스 선언문'에 박혀 있는 유명한 '카두 케우스(Caduceus) 문양'으로 나타난다(**그림4**).

이 문양은 두 마리 뱀이 교차하면서 지팡이를 올라가는 모습이다. 교차는 음양의 원리를 의미하고 지팡이는 척추를 묘사한 것이다.

뱀은 서로 7차례 교차하는데, 이 7단계는 가장 하위부터 상위까지의 '차크라(Chakra)'를 의미한다.

아래에서부터 위로 ① 음식, ② 성, ③ 권력, ④ 이성적 마음, ⑤ 공감능력, ⑥ 심령능력, ⑦ 영적능력을 상징한다.

7단계 위에서는 원형으로 음양이 통일을 이루며 이원성이 사라진다.

이와 유사한 문양은 동서고금의 비전(秘傳)적 지혜 전통에서 가장 보편적으로 사용된 상징이기도 하다. 동양과 인도에서도 이와 같은 인식을 나타내는 상징들이 있었다.

이렇게 중심 욕구가 변화되는 것은 자아의 경계 개념으로서의 정체성 변화와도 밀접한 관련이 있다.

현대 심리학의 다양한 분파가 임상적으로 다루는 주요 층위들은 상이한데, 그 대략의 구조는 다음의 **그림5**와 같이 나누어진다.

잃어버린 신을 찾아서

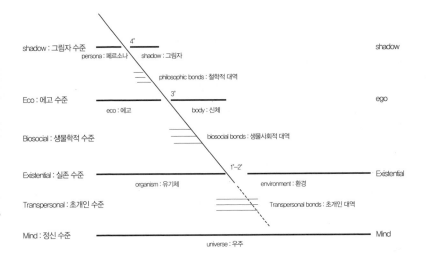

그림5 의식의 스펙트럼(『감각과 영혼의 만남』, 켄 윌버, 범양사, p. 234)

그림5는 낮은 단계에서 위로 상승할수록 정체성의 범위가 좁아지고 그에 따른 특성과 병리가 구조화된 형태를 보여준다. 이 그림은 정체성의 분화 과정만을 보여주고 있는데, 페르소나의 위 수준에서는 하위에서 발생한 분열들이 통합되는 성숙 과정이 일어난다고 보며 심리치료 과정은 그러한 성숙에 대한 보조 대체 역할임을 알 수 있다.

위 그림의 의미를 좀 더 확장, 추론하면 다음과 같은 그림으로 나타낼 수 있다(**그림6**).

1에서 4단계까지는 인간 인식이 이원적으로 나누어지며 내·외 경계 영역을 적대시해 나가는 과정이라면, 5에서 8단계는 거꾸로 하위 수준에서 일어났던 분리에서 오는 병리 현상을 재통합해 나가는 과정이다.

개인도 집단 문명도 크게는 위와 같은 정체성 단계 발달을 겪게 되는데, 그 수준에 따라 정치, 경제, 문화 구조도 영향 받음을 함께 표해놓은 것이다.

위 단계와 유사한 기존 이론적 고찰로는 통합심리학자 켄 윌버(Ken Wilber)의 것이 있는데, 그는 자의식의 발달 단계를 ① 물질, ② 신체, ③ 페르소나(순응적 역할 자기), ④ 에고, ⑤ 켄타우로스(실존적, 통합 자기), ⑥ 혼, ⑦ 영으로 나눈다. 카두케우스 문양 상징과 거의 일치한다.

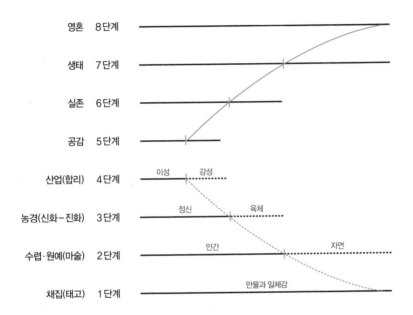

그림6 의식의 스펙트럼

아래에서 위 단계로 상승할수록 관계 포함의 범위는 넓어지고 단계의 폭은 중층화 되고 심층성은 깊어진다. 윌버를 포함한 현대 심리학에 넓은 공감대를 이룬 자아 발달 단계의 대략은 다음과 같다.

1단계 태어난 지 얼마 되지 않는 유아의 자의식은 '물질 자기'이며 생명 유지를 위한 '음식'에 대한 집착이 주된 욕망이다. 집단 전체가 이런 유아 의식 상태인 문명 단계를 '태곳적'이라고 일컫는다.

2단계 이 단계는 '신체적 자의식'이다. 이 단계의 주된 집착은 '성'이다. 오늘날 정신분석학에서 주목하는 무의식이 형성되는 시기다. 아직 신체와 정신과의 분리가 정확히 일어나지 않아서 자신의 느낌이나 정서가 곧 세계와 주술적으로 일치되었다고 느낀다. 그래서 집단 문명으로서 이 단계를 '마법적'이라고 칭한다.

3단계 비로소 '기초적인 사회화'가 이루어지는 단계다. 이 단계에서는 사회적 관계의 압력과 적응을 배운다. 그래서 집착하는 욕망은 인정욕과 권력욕이 되고, 기본적인 역할을 배워 소속 집단에 순응하는 자의식이 형성된다. 이 단계가 농경사회를 바탕으로 형성된 '신화적-신학적' 사회다. 신화적 사회에서는 안정감, 소속감이 강조되고, 동일시 집단에 신화적 힘을 투사하는 것

잃어버린 신을 찾아서

이 특징이다. 개인의 성장 과정에서는 영웅과 역할 모델을 쫓아가는 시기이기도 하다.

4단계 여기에 이르러 비로소 추상화, 추론, 인과적 논리를 구사하는 '이성적 자의식'이 형성된다. 여기서 집착은 무엇이든 '자아실현 욕구'로 나타난다. 개체 자의식이 강화되고 규범화된 방식으로 온갖 욕망이 정당화된다. 과학의 이름으로 인간중심적 자연 지배 문화를 만든 '합리적 근현대'가 여기에 속하는 문명이다. 대부분의 현대인들이 머물러 있는 정체성 의식 단계이기도 하다.

5단계 이 단계에서 전 단계의 좁은 자기중심주의는 '우리중심주의(민족 혹은 종족주의)'로 나가고 더 확장되어 글로벌한 세계중심주의라는 보편성을 추구하는 데로 나간다. 3단계 역시 소속감과 공동체를 강조하지만 그 성격이 폐쇄적인 데 반해 여기 5단계에서는 확장, 개방을 지향한다는 데서 확연히 차이가 난다. 이 단계에서는 '공감능력'이 신장하며 자신을 둘러싼 관계의 의미를 맥락적, 통합적, 실존적으로 이해할 수 있게 된다. 근대적 모순에 대한 해체 시도로서 포스트모더니즘을 바탕으로 한 '다원적 탈근대주의' 같은 새로운 시대정신이 등장한다. 단지 범위에서 확장될 뿐 아니라 인종, 종교, 이념을 떠난 보편 가치의 추구라는 점에서 진정한 의미의 세계시민주의가 성장한다. 다름 아닌 지금 우리 인류가 추구하는 '공감의 시대'인 것이다.

6단계 이 단계는 비형태적이며 정묘한 수준의 힘에 대한 교감 능력이 확장되고, 초언어적 논리를 이해하고 비로소 세계를 '연기적 인드라망(Indra-網) 연결 유기체'로 이해할 수 있게 되는 단계다. 자연과의 대립, 분열된 내적 사회적 대립을 통합할 수 있는 문화적 능력이 생겨난다. 주의할 점은 이 단계는 만물과의 실존적 연결을 느끼는 단계이기에 의식 발달 형태로만 보면 전이성적인 자연일체감과 유사해 보인다는 것이다. 그러나 신화적 단계가 가지는 일체감이 인간과 자연의 미분화 상태의 그것이라면 이 단계는 '분화+통합'이라는 점에서 분명히 구별된다.

7단계 이 단계는 초월적 영역이다. 이원성과 인과율을 떠난 이해가 생겨나는 단계다. 존재의 근거나 우주심과의 합일을 경험하는 곳이다. 우리가 말하는 역사적 성인의 의식이 도달한 상태이기도 하다. 모든 종교가 바탕하고 있는 영성의 고향이 여기다.

불교에서는 안이비설신(眼耳鼻舌身) 전5식이 감각지각을 나타내고, 이성이 의식(6식)을 나타내며, 고차적 마음을 말나식(末那識) 7식, 원형적 마음을 아뢰야식(阿賴耶識) 8식이라 칭한다. 불교, 특히 유식학(唯識學)에서 깨달음이란 이 전체의 마음 구조를 주시, 통찰할 수 있는 상태의 의식을 말한다.

기독교 교리 기초를 닦은 플로티누스(Plotinus)는 '물질, 감각지각-쾌락·고통, 심상-개념·논리, 창조적 이성-세계혼, 지성-유일자'로 의식 발달의 단계를 제시한다.

근대 인지학 창시자인 루돌프 슈타이너(Rudolf Steiner)는 '에테르 자기-아스트랄체-감각혼-합리적혼-의식혼-영적 자기'의 단계를 제시했다.

발달심리학의 창시자 마크 볼드윈(Mark Baldwin)은 '전논리-유사논리-논리-가외논리-초논리적' 의식 발달 단계를 제시했고다.

그리고 진 겝서(Jean Gebser)는 세계관의 발달사를 '태곳적-마법적-신화적(전근대)-합리적(근대)-다원적(탈근대)-통합적'으로 제시했다.

매슬로(Abraham Maslow)는 욕구 발달 단계를 '생리적-안정성-소속감-자기 존중-자아실현-자아 초월'로 제시했다(**그림7**).

이 동서고금의 통찰들에는 일관된 공통점이 있다. 단계 설정은 달라도 우리 의식의 발달이 '전자아-자아-초자아'로 변해간다는 것이다.

의식의 상승은 일체감의 범위 확대로 나타나며, 그 끝은 일종의 만물과 일체감이다.

가 단계는 그 단계 고유의 심적 발달과 병리를 동시에 가지고 진화를 거듭할수록 아래 단계를 포함하며 초월하는 방식으로 진행

그림7 매슬로의 욕구 발단 단계

된다. 이것은 마치 물질의 진화가 분자가 원자를 내포하며, 세포가 분자를 내포하며, 식물이 세포를 내포하고, 파충류-포유류 식으로 올라가는 것과 동일하다.

물질과 정신에서 나타나는 진화적 패턴은 집단 심리로서의 세계관과 사회 체제에도 적용될 수 있다. 그래서 오늘날 우리는 생태적 공감의 시대와 글로벌 사회를 동시에 전망할 수 있는 것이다. 인류의 모든 위대한 종교와 학문적 가르침, 비전적 지혜와 수행 전통은 분명하게 동일한 어느 지점, 인간의 정신적 성장 방향을 가리키고 있다.

만약 위와 같은 의식의 위계가 분명하다면 우리는 신화, 신학, 과학, 영성이 이질적이고 상호 배타적인 것이 아니라 자연스러운 정신적 성숙 단계임을 알 수 있다. 또 낮은 수준일수록 관용 내지 수용성이 떨어지므로 각 단계의 분열, 갈등의 정도가 심하지만, 정신의 상승과 함께 포용성도 넓어질 수 있음도 알 수 있다. 그렇다면 전통적인 인격 수양이나 수행이 대변하는 정신적 상승의 노력은 단지 개인의 구원이나 자족의 결론에 머무르는 게 아니라, 사회, 생태 공동체와 더불어 사는 초개인적, 탈 에고적인 주체를 형성하는 결과를 낳을 수 있다.

이 지점에서 우리는 칸트의 '규제적 이념'이나 가라타니 고진이 '보편종교성'이라 칭했던, 인간 정신의 가장 심층에 존재하고 아무리 억압, 변형되어도 늘 고차원적으로 회귀하는 내면의 신성이 가지는 사회적 의미가 무엇인지 재론할 수 있다.

인류 문명이 애초에 무조건 증여에 의한 호수성(互酬性, Reciprocity)으로 시작하여 분화되어 왔으나, 다양한 교환양식의 변천에도 불구하고 다시 고차적 양식으로 '원형적 호수성'을 회복하려 하듯 그와 동일한 방식으로, 개인의 내면에는 존재의 출발점에 주어진 일체 환경과의 비분리 의식, 만물과의 절대적 공동체 의식을 회복하고자 하는 추동력이 있는 것이다.

이 무경계를 향한 지향이 가치 형태로 추상화될 때 '사랑(에로스)'과 '자유(타나토스)'라는 원형적 이원성으로 나타난다.

에로스와 타나토스는 사전적 의미는 사랑과 죽음이다. 심리학적으로는 흔히 삶의 충동, 죽음(파괴, 회피)의 충동으로 이해된다. 여기서 죽음 충동은 자기 파괴의 경향 또는 외부로 향하는 공격성으로 확장 이해될 수 있고 삶의 충동이 어떤 상태를 보존하고 안정시키려는 경향과 연결되는 반면 죽음 충동은 안정된 상태를 극복, 초월하려는 경향과 연결되므로 니체가 말한 보존 본능, 증강 본능으로도 치환될 수 있다. 그런 의미에서 타나토스는 일상적 가치 개념으로는 어떠한 틀과 구속도 거부하려는 자유를 향한 열망으로 나타난다.

그리고 궁극적 통일점이 동양에서는 자연의 통일을 상징하는 '태극'으로, 서양에서는 인격적 주재자로서의 '유일신'으로 상징

잃어버린 신을 찾아서

되었던 것이다.

그렇다면 폐쇄적 집단주의에 수용된 제도와 문화로서의 종파 종교와 구별되는 고차적 보편종교성이 있고, 그것은 능동적이고 성숙한 공공성 주체를 형성하는 데 핵심 동인이 된다.

3. 통합_공시적, 통시적 측면의 통합

인종 차별이 피부색이라는 생물학적 특징에 문화적 낙인을 찍는다는 점에서 저차원의 차별이라면, 종교에 의한 차별은 그보다 상위 수준의 정신적 차별이다. 성차별이 3단계 농경 수준에서 발생한 감성적, 정서적 차별의 성격이 짙다면, 이념 갈등은 그보다 훨씬 고도한 이성에 기초한 '동일화와 배제의 원리'가 작동하는 차별이다.

여러 단계의 문명을 거쳐 온 오늘날 현대인들이 온갖 중층적 차별 의식에 시달리는 이유는 인류가 거쳐 온 문명 '홀라키(holarchy, Holon + Hierarchy)'의 다양성만큼이나 다수의 차별 의식이 누적 진화되었기 때문일 것이다.

진화는 정의상 아래 단계를 부정하며 이루어지는 것이 아니라 포함하며 초월하는 과정이므로 낮은 수준의 특성들도 보다 높은

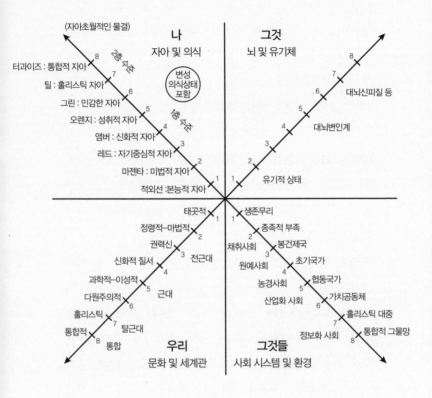

그림8 공시적 사분면 인식 분화와 통시적 위계 발달 단계 종합 도해, 『통합비전』(켄 윌버, 물병자리) 중에서

수준에서 늘 공존한다. 그것이 근대에서도 전근대적 심성이 여전히 강력한 위력을 발휘하는 이유를 설명해준다.

다음 **그림8**은 공시적 사분면 인식 분화와 통시적 위계 발달 단계를 함께 모은 것으로 오늘날 우리가 무엇을 얼마나 통합해야 하는지 일목요연하게 보여준다.

영역 상으로는 종교, 예술, 과학기술, 인문과학, 사회과학 등의 불일불이적 상호연관성이 통합의 대상이며, 위계적으로는 개체적 개인주의에 기초한 역할 자아로서의 페르소나 시대인 근대의 끝과 공감적, 실존적 인간관의 개시인 탈근대의 시작이 교차하는 지점을 포함하는 모든 하위 단계 의식 수준들이 통합의 대상이다.

일찍이 인류 고등종교의 경전들은 이 같은 문제의식을 이미 현시한 바 있는데, 예컨대 중용은 '희로애락지미발은 중이요, 발이중절은 화(喜怒哀樂之未發 謂之中, 發而中節 謂之和)'라고 천명한다. 인식 분화가 감정으로 나타나는 단계가 있기 전이 '중'이라면, 이미 나타났는데도 조화(통합)되면 '화'라는 뜻이다. 중용의 원래 의미가 자연 발전의 조화(통합)에 있는 것이라면, 오늘 우리 시대가 절실히 필요로 하는 요소는 다름 아닌 이런 의미의 중용일 것이다.

'거인의 어깨'든 '청출어람'이든 모든 도약은 기존 수준의 대

통합 여부에 그 운명이 달려 있다. 그런 의미에서 다시 한 번 시대의 질곡과 한계를 넘어서려는 모든 이들에게 필요한 것은 일견 모순적으로 보이는 '진보적 중용'일 수 있다.

실천적으로 이 중용은 어떻게 표현될 것인가? 하나의 대상과 현상에 대해 사분면 모두의 접근을 통한 이해 활성화로 나타날 것이다.

이와 함께 몸과 마음, 영혼이라는 존재의 전 영역을 개방하고 그 대상을 맞이하는 삶의 기술이 확장될 것이다. 이럴 때 비로소 실천 주체에게 범주적 편협성과 인격적 표리부동을 벗어난 앎과 실천의 통합이 이루어질 수 있을 것이다.

또한 고통의 근원인 집착적 탐욕으로부터 해방되고, 모든 생명과 하나됨을 추구하는 보편종교적, 영적 삶의 지평이 열릴 것이다.

그리고 이것이 바로 이 작품, 『잃어버린 신을 찾아서』가 해석의 준거로 삼는 세계관의 대강이다.

THE GOSPEL OF THOMAS

Translations by Stephen J. Patterson and James M. Robinson

도마복음
해설

이 은밀한 말씀은
살아 있는 예수께서 말씀하고
쌍둥이 유다 도마가 기록하였다.

✦✦✦ ① 그리고 그분께서 말씀했다. 이 말씀을 깨닫는 자는 누구라도 죽음을 맛보지 않을 것이다.

죽음을 위시한 일체의 고통과 두려움을 극복하는 것은 모든 고등종교의 공동 이상이다. 그런데 여기서 아무리 강조해도 지나치지 않은 사실은 종교적 가르침 일체는 외적이고 물질적인 세계를 대상으로 하는 것이 아니고, 내면의 심층 마음 차원에서 펼쳐진다는 점이다. 종교적 깨달음은 속성상 언어와 논리의 한계를 초월해 있다. 그러므로 이런 이해를 다시 현실에 소통하기 위해서는 불가피하게 상징과 은유를 사용할 수밖에 없다. 상징과 은유들은 현실적인 의미로 해석되어야 하는데, 이때 그 상징, 은유의 지시 대상이 원칙적으로 내면이라는 점을 늘 유의해야 한다.

'죽음을 맛보지 않는다'는 것은 물리적 육체가 죽지 않는다거나 사후 세계에 영이 생전의 자의식을 지닌 채 영생한다는 것이 아니다. 모든 깨달음은 살아 있는 상태에서의 의식 변용을 목적으로 한다. 그러므로 여기서 죽음을 맛보지 않는다는 것은 살아서 죽음에 대한 두려움을 초월한 상태가 된다는 것이다. 죽음에 대한 두려움은 모든 공포의 대명사다. 그러므로 죽음의 공포를 이겨낸다는 것은 모든 두려움을 떨친다는 것과 같다. 종교 일반의 목적이 재천명되는 장면이다.

두려움 일체가 사라지는 것은 아무것도 '외부'로 여기지 않고 만물과 자의식의 일체를 이룬다는 말이다. 힌두교에서 불교로 전승된 '범아일여(梵我一如)'의 이상이나 유교의 '물아일체(物我一體), 격물치지(格物致知)'의 이상도 이와 동일하다. 그래서 중용의 마지막은 죽음이 그 사람의 뜻을 꺾을 수 없을 때 그는 군자라고 했다.

영생은 기독교만의 전유물이 아니다. 그것이 만물의 운동과 생명의 기초로서 '영[Spirit]의 지속'이라면, 동양의 도 개념과 다를 바 없고, 그것이 '영원성을 내면화 한 의식상태'라면 불성의 깨달음과 다를 바 없다.

오히려 지금 현세 일부 교회의 해석은 영성을 인격화하거나 기복에 쓰이는 물리적 힘으로까지 곡해한다. 죽음을 맛보지 않는 사람은 살아서 자아를 초월하고 그로 인해 지복의 내적 평화를 누리고 대자대비의 '보살심'과 이웃 사랑의 정신을 체화하고 살아가는 이에 다름 아니다.

002절

✦✦✦   ① 예수께서 말씀하기를, 추구하는 자들은 찾을 때까지 계속 추구하라. ② 찾고 나면 낙심할 것이다. ③ 낙심한 때 놀라워 할 것이

며, ④ 모든 것을 다스릴 것이다.

구도의 발심이 생겼다는 것은 이미 세상의 기존 질서와 가치에 심각한 회의가 들었음을 전제한다. 인간의 의식은 밑으로는 '감각-감정' 위로는 '이성-영성'에 이르는 수준별 층위를 가지고 있고, 한 층으로의 도약은 비가역적이다.

그래서 기존 가치에 대한 철저한 비판의식을 지닌 이가 높은 수준의 대안 의식에 이르지 못하면 염세주의, 허무주의를 면치 못하게 된다. 불교에서는 이를 '악취공(惡取空)'이라 하여 공 사상에서 좋지 못한 부작용만 취했다고 표현하는데, 이런 공에 대한 오해가 사람 망친다고 경계한다. 그러므로 이미 구도의 길에 들어선 이라면 멈추어서는 안 되며 인간의 진화적 본성이 그 추구를 지속하게 뒷받침하기도 한다.

② 찾은 이가 낙심한다는 것은 무슨 뜻일까? 영생이나 깨달음을 얻어 누리는 지복은 흔히 생각하는 욕심의 성취와 거리가 멀다. 세간에서 원하는 복 받는 일과도 무관하다. 한마디로 요구 충족이라는 의미의 통상적 행복과 관계없다. 그것이 물적인 것이든 관념적인 것이든. 따라서 대개 신앙의 출발점인 기복적 동기는 그 실상을 알았을 때는 무의미해지고 만다. 깨달음을 얻었다고 더 유식해지거나 더 부유해지는 일은 없다. 그러니 세상의 눈으로 볼 때는 어찌 낙심이 아니겠는가. 그럼에도 불구하고, 예

수천국·불신지옥은 말할 것도 없고, 믿으면 살아서 온갖 복을 받는다는 전도는 언제나 넘쳐난다. 그 복은 영적 지복과 관계없다는 것이 이 말의 의미다.

③ 이 '놀람'은 세상이 완전히 새롭게 보임을 의미한다. 마치 언어를 알았을 때 헬렌 켈러의 상태와 비슷할 것이다. 세상을 바라보고 관계 맺는 시각이 도약했을 때, 이미 언제나 있었던 모든 것들이 새로운 '의미'를 띠게 된다. 이를 두고 우리는 '새롭게 태어났다'고 표현하는 것이다. 기독교에서 말하는 처녀수태는 이것으로 이해되어야 한다. 처녀수태는 비물질적인 방식으로 새 생명이 탄생했음을 알리는 상징이다. 그러므로 '빛으로 잉태'했다고 하는데, 그 빛은 곧 지혜와 혜안의 상징이다. 말씀, 영, 빛에 의해 새 생명이 났다는 것은 어떤 감화에 의해 비약적인 의식변화, 따라서 존재변화가 일어난 사태를 의미한다. 그러므로 '성령'이 임한 사태는 다름 아닌 어떤 정신 상태로의 도약이다. 마치 감정과 이성이 우리 정신의 한 상태이듯 영성 역시 정신의 한 상태다. 이 점이야말로 종교 이해에 핵심적으로 중요하고 아무리 강조해도 지나치지 않은 점이다.

④ '모든 것을 다스림'에서 모든 것은 인간의 마음 안에 일어나는 모든 사태다. 온갖 앎과 감정, 욕동, 욕망. 영적 관조의 눈을 얻은 이가 자신의 내면을 응시함으로써 얻는 상태를 묘사한 말이다.

003절

✦✦✦ ① 예수께서 말씀하기를, 너희를 인도하는 자들이 말하기를, '보라, 나라가 하늘에 있다' 하면, 하늘의 새가 너희를 앞 설 것이다. ② 그들이 너희에게 말하기를 '나라가 바다에 있다' 하면, 물고기가 너희를 앞 설 것이다. ③ 오히려 나라는 너희 안에 있고 너희 밖에 있다. ④ 너희가 자신을 알 때 너희를 알게 될 것이며, 너희가 바로 살아계신 아버지의 아들들임을 깨달을 것이다. ⑤ 그러나 너희가 자신을 모른다면 가난 중에 살게 되고 그 가난이 바로 너희이다.

이 대목은 보기 드문 직설법이다. '나라'는 지시할 수 있는 외적 대상이 아니라는 말이다. 별 해석의 여지가 없다. 그것은 어디까지나 마음의 상태다. 이렇게 이해하면, '밖에도 마음이 있는가?'라는 반문을 할 수 있는데, 당연히 육체의 밖에도 마음이 있다. 마음이 한 육체를 매개로 나타나면 행동이요, 그 행동이 상호 연관을 맺으면 관계와 질서고, 그것이 집단 체계를 이루면 사회체제다.

그러므로 마음은 안에도 밖에도 있다. 인간에게만 있는 것이 아니라 식물에는 식물의 마음이, 동물에게는 동물의 마음이 있다. 보이는 움직임을 만들어내는 보이지 않는 의지는 일체 마음이요, 그런 점에서 일체유심조(一切唯心造)가 비유가 아닌 사실로 이해될 수 있는 것이다. 힌두교에서는 개체의 안에 거한 마음을 '아트만(Atman)'이라 하고 세상에 편재한 마음을 '브라흐만(Brahman)'이라 했다. 불교에서는 '난아트만(Non-Atman, 무아)'을 말하지만 그것은 아트만과 브라흐만이 질적 경계가 없음을 말하는 것이지 마음의 실재성을 부정하는 말은 아니다.

'살아계신' 아버지라는 대목도 대단히 중요하다. 신성은 6천 년 전에 천지창조를 하고 이후 계속 쉬고 있는 어떤 '신인동형동성설(Anthropomorphism)'적인, 수염 달린 할아버지 같은 존재가 아니다. 그것은 자연과 우리 마음의 움직임을 통해 나타나는 쉼 없는 생명의 약동 자체다. 인간 존재에 대한 성찰이 만물일체감을 이룰 정도가 되면 세상과 개체적 자아의 분리 경계는 사라지고, 그 상태는 현존하는 신성의 일부로서 자신과 세상을 바라본다. 신성은 내 속에도 만물 속에도 이미 살아 움직이는 힘인 것이다! 그러므로 '하느님의 아들'임은 알든 모르든 모든 인간의 존재적 숙명이다.

서양의 성령 개념은 동양의 도와 내용상 다르지 않다. 유교의 중용에서는 '도야자 불가수유리야 가리 비도야(道也者 不可須臾離也 可離 非道也)'라 한다. 도는 떠날 수 없는 것이고, 떠날 수 있다면 도가 아니라는 말이다. 다만 어떤 이는 그것을 인식하고 살고 다른 이는 모르고도 도의 영향 아래 사는 차이일 뿐이라는 것이다. 하느님의 아들과 사람의 아들은 존재적으로 무경계이나 그 차이는 인식에 있을 뿐이다.

잃어버린 신을 찾아서

분리 경계가 없으면 결핍감이 없다. 한 마디로 가난이 없다. 이 가난은 물질적인 가난이 아닐 뿐 아니라 좋은 의미로 쓰이는 '마음 비움'도 아니다. 말 그대로 결핍, 궁핍을 의미한다. 깨우친 자는 인위적인 집착, 탐욕을 떠난 자다. 그는 더 바라는 것이 없는 자이기도 하다. 현상적으로 그가 바라고 행하는 것이 있다 해도 그것은 '무위자연(無爲自然)'이거나 '종심소욕불유구(從心所慾不踰矩)'의 그것이지 더 이상 개체 에고의 욕구 충족이 아니다.

그러므로 이 상태에 이르지 못한 이는 가난을 면할 수 없고 결핍, 궁핍감에서 파생되는 온갖 질투, 분노, 망상을 면할 수 없고 업보 윤회의 고통이건 원죄의 대가이건 동일한 갈등을 되풀이한다. 내 마음과 나는 별개가 아니다. 마음이 곧 나다. 그러므로 결핍감에 시달리는 자는 언어상으로는 주어와 술어로 나뉘어 있지만 실재 차원에서는 그 결핍감이 곧 그 존재 자체다. 우리가 세상과 본질적으로 무경계 존재인 자신을 모른다면 '탐진치(貪瞋癡)' 삼독의 반복을 면할 수 없고, 그것이 인생이 고통인 이유가 된다는 것이 예수의 가르침이다.

004절

✦✦✦ ① 예수께서 말씀하기를, 나이 든 사람이 이레 된 작은 아이에게 삶의 자리에 대해 묻기를 망설이지 않으면 그 사람은 살 것이다. ②

왜냐하면 첫째인 많은 사람이 꼴찌가 되고, ③ 그들이 하나 된 자가 되기 때문이다.

삶과 죽음이 하나라는 말이다. '나이 든 사람'은 단지 늙은 사람이 아니라 죽음을 눈앞에 둔, 생을 다한 사람을 말한다. 삶의 전 과정을 경험한 이가 새로운 생명을 보며 생명의 본질을 물을 때, 그는 물질적인 차원을 초월한 생의 본질을 통찰할 수 있다는 말이다.

이 구절은 두 가지로 해석할 수 있다. 첫째, 영원의 의미에 대한 깨달음이다. 영원은 영구 지속이 아니다. 물리적인 영구 지속은 단지 불가능한 환상일 뿐이다. 물리적 차원이 아니라 정신적 차원의 영원은 시작과 끝의 통합이다. 즉 시작도 끝도 없는 무엇이다. 그것은 자연의 차원에서는 모든 운동의 영원회귀로 나타난다. 자연의 모든 운동은 주기적이며 순환적인 운동이다. 인간도 자연의 일부고 우리가 개체적 자아라는 제한된 인식만 벗어난다면 인류라는 종, 나아가 인류를 포함한 모든 생명 종의 생성 소멸도 어김없이 영원회귀적 순환운동이다.

둘째, 일상에서 인위적인 모든 이분법을 벗어남을 뜻한다. 마음의 차원에서 영원은 실재에서 분리 구별되지 않는 것을 언어와 의식으로 분별했던 것을 초월하는 것이다.

'우리는 죽어가는 중인가, 살아가는 것인가?' 물론 답은 개념

잃어버린 신을 찾아서

적으로 모순인 두 질문의 실재적 공존이다. 언어와 의식은 근본적으로 분별할 수 없는 것을 분리해내어 버린다. '볼록과 오목'은 같은 존재의 다른 면이다. 마찬가지로 우리의 나날의 삶은 내가 나라고 인식하는 육체 범위와 내 육체를 지속시키는, 그런 면에서 내 존재와 분리해낼 수 없는 공기와 자연과 음식과 인간관계와의 대사 과정인데, 이 과정은 끊임없는 죽음과 삶의 교차 그 자체다. 그러므로 죽음은 멀리 있는 것이 아니라 크고 작은 매 교류운동의 순간마다 있는 것이고, 그 교류운동은 다시 크고 작은 순환의 분리가 불가능한 연속 속에 있다. 때문에 '도'라는 차원에서는 뭇 생명은 불생불멸이다.

첫째니 꼴찌니 하는 것은 인간 의식이 만들어낸 관념의 조작적 차원일 뿐이다. 시작과 끝은 신성의 차원에서는 구별되지 않는다. 하나의 끝은 다른 하나의 시작으로 끝없이 연기(緣起)한다. 그러므로 자신의 관계 범위 인식, 즉 정체성이 만물일체에 달한 이에게는 시작과 끝, 현상적인 죽음과 삶이 비록 구별은 되어도 분리되거나 대립하지 않는다. 그런 영원을 내면화한 의식은 살아서 자아를 극복한다는 점에서 개체 자아의 소멸을 경험하고 그럼으로써 죽음에 대한 공포를 극복한다. 이것이 영생을 얻는다는 표현의 실제 과정이다. 서양 속담에 '살아서 죽은 자는 죽어서 죽지 않는다'가 이를 의미한다.

005절

✦✦✦ ① 예수께서 말씀하기를, 네 눈에 보이는 것을 깨닫도록 하라. 그리하면 너에게 가려진 것이 드러날 것이다. ② 왜냐하면 숨긴 것이 나타나지 않는 것이 없기 때문이다.

눈 밝은 이가 되라는 말이다. 그러나 그것은 얼마나 어려운가? 불교식으로 말하면 번뇌장(煩惱障)과 소지장(所知障)이 우리의 눈을 가린다. 감정적 갈등과 이성적 통념, 편견이 '있는 그대로'를 보지 못하게 한다는 말이다. 심리적으로 과거에 대한 집착이 굳게 축적된 이미지를 만들고 미래에 대한 기대가 선택적 지각을 부추긴다. 한 마디로 '개 눈엔 똥만 보이'는 식으로, 자신의 고집스러운 이해관계와 한계 안에서 세상을 편집해서 본다는 것이다.

생텍쥐페리의 『어린왕자』에 나오는 왕자의 별에는 화산이 세 개가 있었다고 한다. 그중 둘은 활화산이고 하나는 휴화산이라 한다. 불타는 두 화산은 청소를 잘해주면 부드럽게 타올라 밥 짓기에 알맞다고 한다. 생계에 도움이 된다는 말이다. 이 두 화산이 상징하는 바가 바로 우리의 이성과 감정이다. 이것들은 우리의 생존 조건 때문에 생겼다. 그래서 진화적으로, 기능적으로 설명된다. 앞으로 어찌 될 줄 모른다고 한 또 하나의 화산. 분명히 우리 마음 안에 있으나 아직 불붙지 않은 화산. 그것이 감정과

잃어버린 신을 찾아서

이성을 뛰어넘을 때 활성화되는 제3의 눈, 심안이며 영성이다. '물리-감각적'이고 '정신-현상학적'인 두 단계를 넘어서면 비로소 심적 장애에 의해 굴절된 대상을 넘어 그동안 보이지 않던 것이 뚜렷이 보이게 된다.

예수가 보이는 것을 깨달으라고 한 말씀은 세상의 실상을 보라는 뜻이다. 그 실상은 심안으로 지각되는 것이다. 그래서 '너에게 가려진 것' 즉 네 눈의 '대들보(감정과 이성)'로 인해, 너로 인해 가려진 것이 드러난다고 가르친다.

중용에서라면 징조와 기미를 아는 것이고 불교에서라면 12연기(十二緣起)의 인드라망을 아는 것이다. 그런 심안의 소유자에게 감춰질 수 있는 것은 없으며, 이를 전지전능이라 한다. 전지전능은 물질 차원의 무제한 데이터 인식이나 기능적 능력을 말하는 것이 아니고 이와 같이 세계의 실상을 뚜렷하게 봄을 뜻한다.

006절

✚✚✚　① 그분을 따르는 자들이 그분께 여쭈어 말씀드리기를, 저희가 금식하기를 바라십니까? 저희는 어떻게 기도해야 합니까? 구제를 해야 합니까? 어떤 음식금기를 지켜야 합니까? ② 예수께서 말씀하기를, 거짓말 하지 말라, ③ 그리고 너희가 싫어하는 것을 하지 말라. ④ 하늘 앞에 모든 것이 드러나 있기 때문이다. ⑤ 왜냐하면 숨겨진 것이

나타나지 않는 것이 없고, 덮인 것이 벗겨지지 않음이 없기 때문이다.

제자들이 예수께 물은 것은 계율에 대한 것이었다. 범인들에게 계율. 율법. 규범은 마치 종교에 대해 가진 환상적 기대를 실현해줄 조건부 방법론 같은 것이다. 이렇게 저렇게 살면 이런저런 복이 보장된다는 보상 기제다. 그러나 세상이 천변만화하는데 그런 고정 도그마 공식이 통할 리가 있는가?

그래서 유교에서는 상황에 맞는 균형적 판단능력이라는 의미의 중용이 제시되었고, 불교에서는 각자의 근기에 맞는 방편설법이 중시되었던 것이다. 언제나 중요한 것은 근본적인 깨우침이지만 그것이 불가능한 이에 대한 급 처방전이라는 제한된 의미로만 계율이나 율법은 의미가 있는 것이다. 그래서 예수는 많은 곳에서 사람을 위해 율법이 있지 율법을 위해 사람이 있지 않다는 원칙을 여러 차례 밝힌다.

그럼에도 불구하고 오랜 '자극-반응', '명령-복종' 기제에 익숙한 이들은 권위적인 방법론을 얻고 싶어 하며, 스스로 그것에 매이고 싶어 한다. 이것만 지키면 도깨비방망이를 얻는 규칙을 찾고 싶어 한다. 또 그것을 기준으로 내집단과 외집단을 갈라 자기 소속감을 충족시키고, '자기구원-구도'의 수고로움은 그 뒤로 숨겨버린다.

그런 제자들의 물음에 예수는 준엄한 답을 내린다. 오직 세계의 실상을 있는 그대로 볼 수 있는 이가 되는 것만이 유일한 율법이라고. 거짓말을 하지 말라는 명령은 단순히 고의적, 계산적 속임수만을 말하는 것이 아니다. 죄[sin]의 어원이 '과녁을 잘못 맞힌다'에서 나온 것이듯, 윤회의 시작이 무명이듯, 진리를 알지 못하는 무지는 거짓말의 원천이다. 그러므로 거짓말하지 않는 것 하나도 결코 지키기 쉽지 않다.

그리고 이어지는 말, 싫어하는 짓을 하지 말라는 구절은 자신을 속이지 말라는 말씀이다. 하늘이 달리 어디 없고 우리 마음이 하늘이요 그곳에 깃든 신성이 하느님이라면 자신을 속인 자는 하늘을 속인 자다. 이것이 공자가 말한 획죄어천(獲罪於天), 하늘에 죄지은 자는 숨을 곳이 없다고 했다.

인간의 천성은 성령이라 하든 4단(四端)이라 하든 진실하지 못하고 부패한 것을 절로 싫어하는 힘이 있다. 그러나 여기에 세상에 대한 공포와 두려움, 그것을 피하려는 온갖 계산이 끼어들면 사람은 마음 깊은 곳에서 싫은 짓을 기꺼이 하곤 한다. 그러나 하늘, 즉 자기 마음을 한없이 응시하면, 묵상. 기도. 명상. 참선. 관조가 이어지면 진실과 거짓은 명명백백해질 수밖에 없다. 그것이 이 장의 예수의 가르침이다.

007절

✚✚✚　① 예수께서 말씀하기를, 복 되도다 사자여! 사람에게 먹혀 사람이 되도다. ② 저주가 있으라 사람이여! 사자가 그대를 먹어 삼키고, 그 사자가 사람이 되도다.

이런 대목이 해석의 정밀함이 요구되는 곳이다. 사자는 동물성, 곧 육욕의 상징이다. 사람은 동물로부터 진화해 내면에 육욕을 물려받았지만 그것을 조절, 통제할 줄도 안다. 사람을 먹은 사자란 바로 이런 자기 초월 능력을 일컫는다. 그러므로 그는 신성에 한 걸음 다가섰다. 그러나 거꾸로 사자에게 먹힌 사람은 육욕의 굴레에서 전혀 자유롭지 못한 채 사는 이다. 한 마디로 탐욕의 노예로 살며 사람 행세하는 이들을 말한다. 세상에 그런 이들이 많은 것도 모자라 그런 이가 되라고 권장하는 사회라니.

008절

✚✚✚　① 그리고 그분께서 말씀하기를, 그 사람은 지혜로운 어부와 같다. 그 사람은 바다에 그물을 던져 작은 물고기들을 가득 건져 올렸다. ② 그중에서 지혜로운 어부는 멋지고 큰 고기 한 마리를 찾았다. ③ 그 사람은 작은 고기들을 모두 다시 바다에 던져놓고 어렵지 않게 큰 고기를 골랐다. ④ 누구라도 들을 귀가 있으면 듣게 하라.

여기의 지혜로운 어부는 성령이거나 깨달은 자다. 그들이 세상을 향해 진리를 설파하면 그중 크게 깨닫는 자가 나온다. 진리를 듣는다고 해서 모두 깨달음을 얻는 것은 아니다. 오히려 그 소통의 어려움으로 인해 곡해하기에 십상이다. 그런 어려움은 많은 경전의 곳곳에서 전해진다.

부처가 보리수 아래 첫 깨달음을 얻었을 때, 그는 너무도 세상의 인식과 동떨어진 자신의 깨달음이 전해질 수 있을까 고민했다고 한다. 그 고민을 해결해준 계기가 찰랑거리는 연못 위 연꽃이었다. 연꽃이 물결에 밀리며 수면 위로 잠시 나왔다 이내 잠기는 부분을 보며 그와 같이 깨달음의 경계면에 선 이들이 있을 수밖에 없다고 생각했고, 그들을 위해 설법할 마음을 냈다는 것이다. 큰 물고기는 바로 그 경계면의 자들이다. 그래서 어쩔 수 없이 '들을 귀가 있는 자'만 듣게 되는 것이다. 물론 이 들을 귀는 세상 기준의 부, 신분, 지성과는 무관하다.

009절

✢✢✢ ① 예수께서 말씀하기를, 보라! 파종하는 자가 씨앗을 듬뿍 쥐고 나가 그것들을 뿌렸다. ② 더러는 길 위에 떨어져 새가 와서 먹어버렸다. ③ 더러는 바위 위에 떨어져 흙에 뿌리를 내리지 못해 이삭을 내지 못했다. ④ 그리고 더러는 가시덤불에 떨어져 가시가 씨앗을 질식

시켰고 벌레가 먹어버렸다. ⑤ 그리고 나머지는 좋은 토양 위에 떨어져 훌륭한 열매를 내었다. 씨앗은 육십 배 백이십 배 소출을 내었다.

파종하는 자는 자연이고 도이고 신성이다. 씨앗은 생명의 근원으로서 영성이다. 영성은 내적으로 만물의 상호연관성을 자기정체성으로 삼은 의식이고 외적으로 그 비가시적 연관에서 오는 모든 운동변화의 순리다.

장소에 대한 비유는 모두 우리 마음 상태다. 새가 와서 먹어버렸다는 것은 외부의 어떤 대상에 마음을 뺏겨버렸다는 말이다. 사이비 종교가 되었든 이데올로기 맹신도가 되었든 내적 주체성을 잃어버린 마음을 뜻한다.

바위에 떨어져 뿌리를 내리지 못했다는 것은 영성에 도달하지 못해 탐진치의 삼독을 벗어나지 못한 상태를 뜻한다. 가시와 벌레는 영적 성장을 방해하는 모든 요소에 대한 비유다.

외부 동일화 대상과 탐욕과 온갖 장애를 뚫고 비상(飛上)한 정신은 드디어 인격의 완성이라는 열매를 맺는다. 성령이 되었든 부처가 되었든 성인군자가 되었든 그 명칭은 시대 문화의 산물일 뿐이고 의미는 동일하다. 이 완성된 인격이 곧 신성의 증거이고 이 드문 열매에서 인간은 자기 구원을 통한 세계 구원의 가능성을 얻는다.

잃어버린 신을 찾아서

010절

✦✦✦　① 예수께서 말씀하기를, 내가 세상에 불을 던졌다. 그리고 보라! 나는 그 불이 활활 타오를 때까지 지키고 있다.

'불'은 빛의 다른 이름이요, 지혜와 영성을 뜻한다. 앞의 장을 이어 예수는 스스로 그 육십 배, 백이십 배의 소출을 낼 열매임을 증명했고, 그 열매의 번성을 볼 때까지 세상의 영성을 엄호하겠노라 선언한다. 이것은 의지의 표현이 아니라 하나의 예지라 보아야 한다.

　자연의 필연을 아는 이에게 봄의 싹이 가을의 열매가 됨을 의심하는 이가 없듯 인간이 신성의 산물임을 아는 이는 그 열매로서 영성에 인간이 필히 도달할 시대가 다가옴을 의심할 수 없는 것이다.

011절

✦✦✦　① 예수께서 말씀하기를, 이 하늘은 사라질 것이다. 그리고 이 하늘 위의 하늘도 사라질 것이다. ② 죽은 자들은 살아 있지 않다. 그리고 살아 있는 자들은 죽지 않을 것이다. ③ 너희가 죽은 것들을 먹었던 그 날들에 너희가 그것을 살아 있는 것으로 만들었다. 너희가 빛 가운데 살 때 너희는 무엇을 할 것인가? ④ 너희가 하나였던 그 날

너희는 둘이 되었다. 그러나 너희가 둘이 될 때 너희는 무엇을 할 것인가?

① 물질적이고 형태를 갖춘 모든 것들은 덧없이 사라진다. 그러므로 궁극성과 초월성을 다루는 종교는 오직 형상을 넘어선 마음만을 다룰 뿐이다.

② 죽은 자는 무엇인가? 실재하지 않는 것을 실재하는 것으로 여기게 만드는 모든 망상 작용이다.

불교에서는 마음이 만들어내는 망상의 윤회를 '무명(無明), 행(行), 식(識), 명색(名色), 육처(六處), 촉(觸), 수(受), 애(愛), 취(取), 유(有), 생(生), 노사(老死)'라는 12연기로 설명한다. 이것들은 이미 지나간 과거에 대한 집착이 만들어 낸 상들일 뿐이다. 이것들은 살아있는 것들이 아니다. 살아있는 것은 오직 지금 이 순간 인식하고 운동하는 무경계의 경험뿐이다.

③ 그럼에도 불구하고 인간은 죽은 것들을 먹고(取하여) 그것들을 동기부여로 삼아 실제적인 관계와 갈등을 만들곤 한다. 편견, 선입관, 통념, 자극-반응의 축적과 이미지, 온갖 신념 체계. 이것들은 고정되고 부패할 수밖에 없는 것이지만 인간의 마음을 사로잡고 그로 인해 마치 살아있는 실재처럼 작용한다. 기억과 집착을 통해 죽은 것이 산 것을 대신한다. 그러나 이 모든 것이 '비어있음[空]'을 '깨달은 자[覺者]'는 무엇을 할 것인가? 죽은

것들로부터 오는 모든 족쇄를 태워버리는 것 외 달리 무엇을 하겠는가?

④ 종교적 초월성이 결국 닿고자 하는 만물과의 일체감은 우리 존재가 주어지는 그 순간에 이미 있었다. 그러나 불가피한 분별식의 작용에 의해 우리 모두는 세상을 아상(我像)으로 뒤덮고 말았다. 그렇게 해서 심리적 공포를 만들어냈고, 그에 기초해 갈등과 불화의 드라마를 스스로 쓰고 있다. 그 자체도 피할 수 없는 인간의 숙명이었지만, 이제 그렇다는 사실을 안 사람은 무엇을 할 것인가? 그 망상적 분리, 경계 의식을 통합하고 치유하는 것. 그것이 모든 종교가 마땅히 추구할 보편 과제가 아닌가.

012절

✚✚✚ ① 따르는 자들이 예수께 말씀드리기를, 당신이 우리를 떠나가실 것을 압니다. 누가 우리의 지도자가 되어야겠습니까? ② 예수께서 그들에게 말씀하기를, 너희가 어디에 있든지, 너희는 의로운 자 야고보에게 가야 한다. 그를 위하여 하늘과 땅이 생겨났다.

영성은 의식의 한 상태고 인간 의식의 스펙트럼은 우리 존재의 태초부터 있었다. 그러므로 시대를 초월해 최고 수준의 깨달음을 드러낸 이들은 언제 어느 때고 있었다. 다만, 그들 중 시대의 요청(주로는 문명 전환과 같은 필요)에 시절 인연이 부합한 이는 기록된 성인으로 남고 그렇지 못한 이들은 소박한 삶을 살고 간 것뿐이다. 드러나건 드러나지 않건 이들의 존재는 가능성으로 있는 인간 완성의 전형을 인격에 구현하고 보이지 않게 인간 존재 진화의 방향과 힘을 제시한다.

예수와 부처가 성인인 것은 인격 개체성으로서가 아니라 그들의 정신과 사고에 의해서다. 그러므로 그와 같은 정신과 사고를 갖춘 이는 모두 예수고 부처라 할 수 있다. 그래서 오늘날 '내 안의 그리스도'라는 표현을 쓰는 것 아닌가. 신성을 내재한 인성과 그 체현자는 끊길 수 없고 그 인내천의 완성자가 하늘과 땅과 더불어 세상을 운영하는 주체로서의 인간, 의인인 것이다. 여기에서 예수는 자신 뒤의 의인이 이어질 수밖에 없음을 설한다.

013절

✚✚✚　① 예수께서 따르는 자들에게 말씀하기를, 나를 누군가와 비교해보고 내가 누구와 같은지 말해 보라. ② 시몬 베드로가 예수께 말씀드렸다. 당신은 의로운 천사와 같습니다. ③ 마태가 예수께 말씀드렸다. 당신은 지혜로운 철학자 같습니다. ④ 도마가 예수께 말씀드렸다. 스승님, 당신이 누구와 같은지 저의 입으로 전혀 말할 수 없습니다. ⑤ 예수께서 말씀하기를, 나는 너의 스승이 아니다. 너는 내가 마련해 놓

은 광천 샘을 마셨기에 취하였구나. ⑥ 그리고 도마를 데리고 물러나 그에게 세 가지를 말씀했다. ⑦ 도마가 친구들에게 돌아오니 그들이 물었다. 예수께서 너에게 무엇을 말하시든가? ⑧ 도마가 그들에게 대답했다. 내가 예수께서 내게 말씀하신 것 중 한 가지라도 너희에게 말한다면, 너희가 돌을 들어 나에게 던질 것이며, 그 돌에서 불이 나와 너희를 태워버릴 것이다.

예수를 천사 같은 존재로 여기는 것은 정령과 주술을 믿는 신화적, 신학적 세계관의 반영이다. 예수를 철학자로 여기는 입장은 이성적, 논리적 의식의 반영이다. 그러나 예수는 그런 시각을 '취했다'고 표현한다. 동양에서는 '미혹한 꿈'에 젖었다고 흔히 표현한다. 같은 상태다.

우리는 우리가 경험한 수준만큼 세상을 보기 때문에, 영성의 자각이 있는 이들에게, 그 상태는 취하거나 꿈과 같은 상태이므로 '깨어나야 한다'고 끊임없이 요청을 한다. 그러나 그 깨어남의 상태는 결코 깨어나기 전의 사람들이 생각할 수 있는 무엇이 아니다. 사람들이 자신의 내적 결핍을 메우기 위해 기대하고, 의지하고, 희망하는 그 무엇이 깨달음에는 없다. 실은 그 기대와 희망 자체가 환상에서 비롯된 것이었기에. 그래서 깨달음의 단순 소박한 진실이 드러날 때, 부풀고 큰 기대를 가졌던 이들은 심지어 배신감을 느낄지도 모른다. 그래서 준비되지 않은 자들이 진실을 직면하면 극렬한 거부 반응을 보일 것이고 견딜 수 없을 것이라는 도마의 전언이 이어진다.

014절

✦✦✦ ① 예수께서 말씀하기를, 너희가 금식 한다면 스스로 죄를 짓게 될 것이며, ② 그리고 너희가 기도한다면, 너희는 정죄 받을 것이다. ③ 그리고 너희가 구제한다면, 너희는 너희 영에 해를 끼칠 것이다. ④ 너희가 어느 지방에 가든지 그곳 동네를 둘러보라. 사람들이 너희를 영접하면, 그들이 대접하는 것을 먹으라, 그리고 그들 중에 있는 병자(病者)를 고쳐주라. ⑤ 너희 입으로 들어가는 것이 너희를 더럽게 하지 않고, 너희 입으로부터 나오는 것, 바로 그것이 너희를 더럽게 하는 것이기 때문이다.

이 절의 전제는 '영성에 대한 깨달음이 없는 상태'다. 그런 상태에서 금식, 기도, 구제는 모두 영의 눈을 흐리는 행위가 되기에 차라리 하지 않는 것이 낫다고 말한다. 영성을 특정한 신념 체계나 누군가에게 가르쳐야 할 도그마로 이해하는 한 그것은 세상의 갈등이라는 불에 기름을 붓는 격에 지나지 않는다.

실제 시대정신의 한계 안에서 문화적으로 수용된 종교는 폐쇄적 정체성을 강화하는 역할로 인해 인류사에 가장 무시무시한

　　　　　　　　　　`잃어버린 신을 찾아서

차별화 기제로 작용해왔다. 그러므로 전도란 철학적 계몽이 그러한 것처럼, 나의 빛을 타인에게 강제하는 것으로 이해되어서는 안 된다.

정신적, 영적 성숙의 지표는 얼마나 다양하고 이질적인 타자를 내면의 일부로 수용할 수 있는가에 있다. 이 혁명적 수용성으로부터 이해와 용서, 참회와 화해가 생겨난다. 물론 이것이 잘못된 것을 지지, 옹호하는 것일 수는 없다. 다만 그 잘못조차 인간 본성의 필연적 일부임을 받아들이고 사랑으로 대하는 태도를 말한다. 그러므로 탁발승의 걸식이 그러하듯 사람들의 영접에 세간의 잣대로 왈가왈부하지 말라고 가르친다. 주어진 것은 그대로 인정하되 그중 병든 부분을 고치기 위해 최선을 다할 것! 이런 태도는 '부귀, 빈천, 길흉, 수요는 재천이니 진인사대천명하라'고 한 공자의 언설과 일맥상통한다.

015절

✦✦✦ ① 예수께서 말씀하기를, 여자의 몸을 통하지 않고 세상에 나온 자를 보거든 얼굴을 땅에 대고 경배하라. 그가 너의 아버지이다.

반복되는 비유다. 이 의미를 확실히 하지 않고는 기독교가 주술 수준을 빠져나오지 못한다. 여자의 몸은 육체적인 생명을 말한다. 육체적 생명이 아닌 새로운 정체성을 지닌 자란 곧 영의 자식, 신의 아들이다. 신의 아들이란 별개의 존재가 아니라 영적 깨달음을 얻은 이고, 그에 대한 경배는 곧 인간 완성의 최고 경지에 대한 존중을 말한다. 그가 너의 아버지라는 말은 너에게 영적 스승이 될 것이라는 말에 다름 아니다.

016절

✚✚✚　① 예수께서 말씀하기를, 아마도 사람들은 내가 세상에 평화를 주러 온 줄 알 것이다. ② 그들은 내가 이 땅에 불화를 주러 온 줄 모른다. 불과 칼, 전쟁을 주노라. ③ 한 집에 다섯 식구가 있을 때, 셋이 둘을 둘이 셋을, 아비가 자식을, 자식이 아비를 대적하기 때문이다. ④ 그리고 그들은 각기 홀로 설 것이다.

고통 없는 성장이 어디 있으랴. 진화는 분열과 통합의 연속이다. 진리의 발견은 끝없는 부정의 끝에서만 가능하다. 이것도 아니고 저것도 아니며, 제행무상(諸行無常)하고 제법무아(諸法無我)하다는 깨달음의 끝에서 공(空)이 경험된다. 그리고 그 공의 체현자는 하나와 전체라는 원초적 이분법을 넘어서 버린다.

　'호울-원(Whole-One, 전체-하나)'이 일체가 된 상태를 현대 과학에서는 '홀론(holon)'이라 칭한다. 분열과 불화는 그 끝에서 통합

　잃어버린 신을 찾아서

과 그 통합을 통한 '존재의 변형(Transformation)'이 출현하기 위한 조건이기도 하다. 때문에 비약적 통합의식의 발달 이전에는 필연적으로 우선 분열이 따른다. 이것이 불과 칼, 전쟁의 의미다. 그러나 이 분열은 다시 재통합됨으로써 진화한다.

그렇게 새로 태어난 이는 관계의 단절을 전제하는 고립이 아니라 부분 속에 전체를 구현했다는 의미에서 단독자가 되는 것이다.

017절

✚✚✚　① 예수께서 말씀하기를, 어느 눈도 본 적이 없는, 어느 귀도 들은 적이 없는, 어느 손도 만져 본 적이 없는, 사람의 마음에서 결코 떠오르지 않은 것을 줄 것이다.

영지주의 전통에서 말하는 인간의 세 가지 눈, 감각의 눈, 이성의 눈, 영혼의 눈에 대한 비유다. 감각의 눈은 가시적이고 물질적인 대상을 다룬다. 이성의 눈은 보이지 않지만 추론할 수 있고 추론으로부터 고도의 추상화가 이루어진 의식적 상징과 표상들을 다룬다. 영혼의 눈은 상징, 표상으로 인식 불가능한 세계의 전일적 연결성, 일체성을 다룬다.

영적 진리는 만져지거나 사고 할 수 있는 것이 아니다. 그것은 오로지 직관적으로 직접 체험될 수 있을 뿐이다. 그래서 종교의 일정 단계에서는 '수행론'이 필수가 된다. 언어와 숫자의 학습에 의해 이성의 눈이 열리듯 영적 눈도 그런 수행을 요구한다. 여기서 조심할 것은 이 직관적 직접 체험이 신들린 상태나 일종의 정신병과 구별되어야 한다는 것이다. 그 구별은 간접적으로는 신뢰할 만한 영적 공동체의 추인이요, 직접적으로는 변형된 존재로서의 그의 인격을 통해서만 확인된다.

018절

✦✦✦ 따르는 자들이 예수께 말씀드리기를, 우리의 종말이 어떻게 될지 말씀해 주십시오. 예수께서 말씀하기를, 그러면 너희가 시작을 발견하였는가? 그리하여 종말을 구하는가? 왜냐하면 시작이 있는 곳에 종말이 있기 때문이다. 시작에 자신의 자리를 두는 자는 복되도다. 그는 종말을 알 것이며 죽음을 맛보지 않을 것이다.

우리 모두는 태어날 때 이미 죽음을 경험했다. 실로 탄생은 소멸과 함께 오는 것이다. 인간 태아는 어머니의 자궁 속에서 단순한 단백질에서 시작해 인간의 형상을 갖추기까지 수없는 계통 진화를 반복했다. 이 자체가 이미 존재 변형으로서 삶과 죽음의 연속이었다.

우리가 탄생이라 부르는 그 순간, 어머니의 자궁 속에서 시간 관념 없이 영원한 지복을 누리던 한 개체는 홀로의 세계에서 다자의 세계로, 어둠의 세계에서 빛의 세계로 내던져졌다. 이쪽에서 탄생이라 부르는 그 상황은 태아 쪽에서는 절대 미지의 시공간으로 던져지는, 즉 죽음의 경험이다.

일찍이 장자는 죽은 마누라 앞에서 질그릇을 두드리며 노래를 불렀다. 친구 혜자가 그를 탓하자 장자는 태연히 대답했다.

'생명의 시원을 돌아보니 본래는 없었던 것 아닌가. 더 거슬러 올라가면 생명은커녕 형체도 없던 때가 있었고, 형체는커녕 그걸 구성하는 기가 없던 때도 있었다. 그 혼돈 속에서 어쩌다 기가 생기고, 기가 변해 형체가 생기고, 형체가 변해 생명이 되었는데, 그게 지금 다시 변해 죽음이 되었다. 이는 봄, 여름, 가을 겨울이 번갈아 오는 것과 다를 바 없다. 그런 걸 울고불고 곡을 해서 시끄럽게 해야겠나. 그건 운명에 대한 무지의 소치일세.'

자연과의 모든 연결 고리를 끊어내고 개체로서 자신을 의식하는 이는 죽음에 대한 공포에서 벗어날 길 없다. 그러나 그 자의성을 벗겨내는 순간, 죽음은 자연의 연쇄적인 생명 순환의 한 고리일 뿐이다. 실로 생명의 시원에 마음을 두고 그 전체성이 자신의 정체성인 자는 죽음을 맛볼 수 없다.

019절

✢✢✢ ① 예수께서 말씀하기를, 존재하기 전에 존재한 자는 복되도다. ② 너희가 나의 제자가 되어 나의 말을 듣는다면, 이 돌들이 너희를 섬길 것이다. ③ 왜냐하면 너희를 위해 낙원에 나무 다섯 그루가 있으니 여름과 겨울에 변하지 않으며 그 잎사귀들이 떨어지지 않기 때문이다. ④ 누구라도 그 나무들을 아는 사람은 죽음을 맛보지 않을 것이다.

존재하기 전에 존재한다는 말은 개체 자의식 전의 모든 생명력을 동일화한 의식을 말한다. 돌들이 섬긴다는 말은 세상 모두가 바로 그 생명력에 의지해 탄생했고, 인간의 의식은 그중 가장 근원적인 힘이라는 말이다.

낙원의 나무 다섯 그루는 확정할 수 없다. 유대교 전통의 고대 종교 '카발리즘(Kabbalism)'에는 생명의 나무 '세피로트(Sephiroth, **그림9**)'라는 게 있다. 신이 자신의 형상을 10단계로 세상에 현현한 모습을 일컫는다. 이와 같은 형상은 중동이나 극동 모두에서 발견된다.

이란에서는 아몬드 나무, 미트라 신앙에서는 소나무, 인도에서는 보리수 등이 생명의 나무로 여겨진다. 구체적인 물상이 아니더라도 불교에서는 세상을 이루는 물질을 '지(地), 수(水), 화(火), 풍(風)' 4대로 규정하고, 동양에서는 만물의 공통 코드로 '수(水),

잃어버린 신을 찾아서

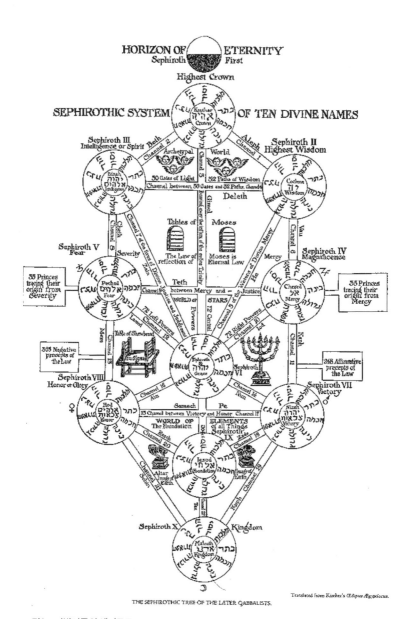

THE SEPHIROTHIC TREE OF THE LATER QABBALISTS.

Translated from Kircher's Œdipus Ægyptiacus.

그림9 카발리즘의 세피로트

화(火), 목(木), 금(金), 토(土)'의 오행을 사용한다.

세피로트가 세계로 현현하는 모습과 '무극-태극-오행'으로 세상이 분화 형성되는 주자의 태극도설(그림10)을 비교해보자.

세부 논리는 달라도 그 대의는 동일하다. 보다 미세한 힘으로부터 조대한 물질로 세상이 생성, 소멸하는 순환 논리를 보여주고 있다.

예수의 말씀이 이 중 어느 것이었는지는 중요하지 않다. 어느 것이라 하더라도 그 의미는 동일하다. 정묘한 신성에서 조대한 물질과 생명으로 순환이 이루어지며, 그 과정은 불생불멸이라는 것이다. 깨달음이 이에 도달하고 의식이 이런 생명 운동과 일치된 이들은 죽음을 맛볼 수 없다는 것이 그의 가르침이다.

020절

✦✦✦ ① 따르는 자들이 예수께 말씀드리기를, 하늘나라가 무엇과 같은지 일러 주십시오. ② 그분께서 그들에게 말씀하기를, 그것은 한 알의 겨자씨와 같다. ③ 겨자씨는 모든 씨앗 중에서 가장 작다. ④ 하지만 갈아 놓은 땅에 떨어지면 거대한 식물을 내고 하늘의 새들을 위한 보금자리가 되느니라.

陽動　　　陰靜

火　　水
土
木　　金

乾道成男　　坤道成女

萬物化生

○此所謂無極而太極也即陰陽而
指其本體不雜乎陰陽而爲言耳
此○之動而陽靜而陰中○者其
本體也○者之根也☾者之根
此陽變陰合而生水火木金
土也
也

此無極二五所以妙合而無間也
○乾男坤女以氣化者言也各一其
性而男女一太極也○萬物化生以
形化者言也各一其性而萬物一太
極也

그림10　태극도설

겨자씨가 작다는 것은 '희소함'을 의미한다. 한 인간의 의식에 있어서도 물질 감각은 압도적이다. 조금 배우고 나면 논리와 이성이 또한 압도적이다.

베이컨이 말한 4대 우상, 인간이기에 어쩔 수 없이 인간 중심적으로 보는 '종족 우상'. 자기 경험 안에서만 생각하는 '동굴 우상'. 권위를 따를 수밖에 없는 '극장 우상'. 남들이 그러니까 그런가 보다 하는 '시장 우상'. 이런 것들이 우리 의식에서 차지하는 비중은 필설로 다하기 힘들다. 그러니 이 우상들을 모두 뚫고 비상하는 정신이 어찌 희소하지 않은가?

한 인간 안에서 이렇듯 희소한 정신의 씨앗은 집단 인류로 확대해도 마찬가지로 희소하다. 그러나 다행인 것은 이 희소한 정신은 그 미약함에도 불구하고 사라지지 않고, 그것이 싹을 내고 성장할 때, 언제 그랬냐는 듯 세상을 뒤덮고 만다.

막스 베버는 권위의 유형을 나누며 '합리적, 법적 권위', '전통적 권위', '카리스마적 권위'로 구분하고 차례대로 영향력과 타당성이 크다고 논한 바 있다. 당장 눈앞의 현실을 보면 그렇다.

그러나 그것은 즉자적 경험일 뿐이다. 시공간을 조금만 늘려 생각하면 순서는 뒤집힌다. 시대의 합리성과 법은 논리와 이해에 따라 달라지는 것이어서 전혀 안정성이 없다. 수십 년 전 학문의 진리가 지금은 뒤집힌 것이 한둘인가? 법은 매년 새로이 입법되거나 폐지되지 않는가? 그에 비해 전통은 시간상으로 수

잃어버린 신을 찾아서

백 내지 수천 년을 영위하고, 공간적으로 일국의 범위를 초월한다. 서양의 그리스 문화와 기독교, 동양의 유교가 그렇다. 국가와 문명이 수없이 엎치락뒤치락하는 동안에도 굳건히 건재한다. 그런데 예수와 공자가 없는 기독교와 유교를 상상할 수 있는가? 그리고 그 인물들은 당대에 모두 한없이 작고 외로운 개인들이 아니었던가? 겨자씨처럼 말이다. 그러나 그 작은 씨는 작을 뿐이지 근원적인 것이고 인간 내면의 고향 귀숙처에 뿌리내린 것이어서 법과 전통을 뚫고 인류의 정신세계에 도도한 강과 바다를 이룬다.

021절

✦✦✦ ① 마리아가 예수께 여쭈었다. 당신을 따르는 자들은 어떤 사람들입니까? ② 예수께서 말씀하기를, 그들은 그들의 것이 아닌 밭에 사는 어린아이들과 같다. ③ 밭의 주인들이 와서 '우리 밭을 우리에게 돌려 달라' 할 것이다. ④ 아이들은 주인이 보는 앞에서 옷을 벗고 그들의 밭을 도로 가지도록 하여 밭을 돌려줄 것이다. ⑤ 이런 연고로 내가 말한다. 집의 주인이 도적이 올 것을 알면, 도둑이 오기 전에 방비를 시작할 것이며, 그의 재물을 가져가려는 도둑이 그의 소유의 집에 도둑이 뚫고 들어오지 못하도록 할 것이다. ⑥ 그렇다면 너희는 세상에 대해 스스로 방비하도록 하라. ⑦ 너희 스스로 강력한 힘으로 무장

하여 강도들이 너에게 다가오는 길을 찾지 못하도록 하라. ⑧ 왜냐하면 너희가 예상하는 어려움이 분명 다가올 것이기 때문이다. ⑨ 너희 중에 깨달음을 지닌 자가 있으라. 곡식이 익었다면 그 사람이 곧 손에 낫을 들고 그것을 추수하였을 것이라. 누구라도 들을 귀가 있으면 듣게 하라.

그들의 것이 아닌 밭이란 우리 삶 자체를 상징한다. 즉 인간의 삶은 자기 소유물이 아니라는 말이다! 우리가 임의로 생각하는 자아라는 관념을 미루어두고 보면 실로 우리 생은 우리 것이 아니다. 우주와 자연환경의 협동으로 생겨난 일시적 생명이다.

　나의 성질, 체질, 운명 어느 것도 내가 임의로 결정한 것은 없다. 하물며 생사야! 밭의 주인은 자연에 만연한 신성, 브라흐만이자 '도'다. 자연은 때가 되면 삶을 걷어간다. 우리 육신을 이루는 4대 5행의 물질과 기운은 모두 자연으로 되돌아간다.

　도둑이란 죽음이다. 도둑에 대한 방비란 곧 영생의 준비다. 삶을 빼앗으려는 도둑인 죽음의 공포에 맞서 영생의 의식을 마련해야 한다는 말이다. 그리고 이 준비는 다름 아닌 세상으로부터의 방비, 즉 세속적 탐욕에 빠지지 않는 것이다. 예상하는 어려움 역시 죽음이다. '곡식이 익었다면 추수'한다는 말 역시 필연적인 생명 순환을 뜻한다. 요컨대, 생명의 순환은 자연의 필연이지만 그것이 곧 소멸에 대한 공포와 거부로 이어지는 것은, 오직

　　　　　　　　잃어버린 신을 찾아서

이 육체와 그에 부가된 욕망을 나라고 여길 때만 그렇다는 말이다. 그 개체 자의식을 살아서 초월하는 것이 곧 도둑으로부터의 방비이며 영생의 길이다.

022절

✦✦✦ ① 예수께서 아기들이 젖을 빨고 있을 것을 보시었다. ② 예수께서 그를 따르는 자들에게 말씀하기를, 젖을 빨고 있는 이 아기들은 나라에 들어가는 자들과 같다. ③ 그들이 예수께 말씀드렸다. 그러면 우리도 아기라야 나라에 들어갈 수 있습니까? ④ 예수께서 그들에게 말씀하기를, 너희가 둘을 하나로 만들 때, 그리고 너희가 속을 겉과 같이, 겉을 속과 같이, 그리고 위를 아래와 같이 만들 때, ⑤ 그리고 너희가 남자와 여자를 하나 된 자로 만들어 남자는 남자가 아니며 여자는 여자가 아닐 때, ⑥ 그리고 너희가 한 눈 대신 눈들을, 손을 위해 손을, 발을 위해 발을, 그리고 모습을 위해 모습을 만들 때, ⑦ 그러면 너희는 나라에 들어갈 것이다.

둘을 하나로 만든다는 말은 전형적인 불일이불이의 법문과 같다. 언어와 숫자라는 논리 추상 기제에 의해 분류, 분리되어 버린 표상에 매이지 않고 있는 그대로를 살필 줄 안다면, 만물은 자기를 둘러싼 환경과 떼려야 뗄 수 없는 관계에 있다는 것을 실감하고, 그것은 구별은 되나 결코 대립적 분리가 될 수 없는 것으로 이해된다. 그리하여 영적 개안을 통해 새롭게 사물을 볼 때 만물은 그 대립물과 분리되어 이해되지 않는다. 오히려 남자는 여자와 함께, 겉은 속과 함께 위는 아래와 함께할 때만이 이해되는 한 생명이다.

이어지는 눈, 손, 발, 형상은 '존재의 대변형(Transformation)'을 상징한다. 의식이라는 내용물이 달라지면 같은 육신이라도 이미 같은 존재가 아닌 것이다. 그리하여 그 감각 지각과 이해는 겉보기에는 같아도 이미 하늘과 땅만큼의 차이가 난다. 동일한 감관과 인식능력을 가지고 있으나 다른 눈으로 보는 새 세상, 새 존재의 탄생을 뜻한다.

023절

✦✦✦　① 예수께서 말씀하기를, 내가 너희를 천에 하나, 만에 둘을 택할 것이다. ② 그리고 그들은 하나 된 자로 서 있게 될 것이다.

앞의 겨자씨 비유처럼 그 희소함을 뜻한다. 주의할 것은 이런 희소함에 대한 지적을 오만한 '선민의식'으로 왜곡해서는 안 된다는 점이다. 개인에게든 집단에게든 영성이 인간 정신의 최고 상태로서 희소함은 틀림없지만, 그 희소함은 감성, 이성이라는 토

　　　　　잃어버린 신을 찾아서

대 위에서 그 토대와 함께 일체로 작용하는 것이기도 하다. 그럼으로써 더 낮은 곳에 대한 연민과 사랑, 대자대비의 보살심이 필연적으로 발생하는 것이다.

'천에 하나, 만에 둘'이 희소함을 뜻하는 정형구라면, '하나 된 자'란 그 희소함에 대한 인식이 오만한 차별의식은커녕 전체와의 일체감으로 나타나 자기 안에 모두를 포괄한 완성자가 됨을 뜻한다.

024절

✚✚✚ ① 그분을 따르는 자들이 말씀드리기를, 우리에게 당신이 계신 자리를 보여 주십시오, 우리는 그것을 찾아야 합니다. ② 예수께서 그들에게 말씀하기를, 귀를 가진 자는 누구라도 듣도록 하라. ③ 빛의 사람 속에 빛이 있다. 그리고 그 빛이 온 세상을 비춘다. 그것이 빛나지 않으면, 그것은 어둠이다.

빛의 사람이란 지혜와 영생을 갖춘 사람이다. 그 속에 빛이 있다는 것은 누구라도 그 존재를 통해 깨달은 자의 지혜를 들을 수 있고 볼 수 있게 확인 가능하다는 것이다. 물론 그 확인은 물질적인 방식이 아니라 그 존재의 삶의 양태로서만 확인되는 바이다. 주머니 속의 송곳이 삐져나오지 않을 수 없듯 내면에 빛을 밝힌 자는 주위를 그 빛으로 밝히지 않을 도리가 없다. 무위적으로 이루어지는 그 검증이 없다면 어떤 미사여구도 깨달음을 증명할 수 없는 법이다.

025절

✚✚✚ ① 예수께서 말씀하기를, 네 형제를 네 삶처럼 사랑하라. ② 그를 네 눈의 동자처럼 보호하라.

반복되는 가르침이다. 내가 만나는 모두가 곧 나의 일부라는 지적이다. 나는 내 경험, 관계, 환경과 완전히 연결된 전체의 부분이자 완성체라는 말이다. 인간 존재는 우주의 '프랙털(Fractal)'이며 '홀론'이고 영성은 주체와 대상을 분리하지 않는다. 눈동자가 없는 눈이 없듯, 너 없는 나는 없다.

026절

✚✚✚ ① 예수께서 말씀하기를, 네 형제 눈의 티끌은 보지만 네 눈속의 들보는 보지 못하는구나. ② 네 눈에서 들보를 빼낼 때 비로소 네 형제의 눈에서 빼낼 티끌을 볼 수 있으리라.

잃어버린 신을 찾아서

인간은 누구든 자신의 상태를 투사, 반영하여 대상을 보기 마련이다. 권력욕에 찬 사람은 늘 우열의 시각으로 사람을 대하고 평가한다. 물욕의 인간은 상호관계를 이해득실 관계로 전환해서 본다. 포악하고 잔인한 자는 자신이 그런 이유를 세상이 자신에게 포악하고 잔인해서 그렇다고 합리화한다. 그러므로 내 눈에 보이는 상대방의 흠은 그 기준이 나 자신에게 있고 대개 흠이라고 힐난하는 그 기준에 이미 흠이 있기 마련이다. 나의 편견과 선입관이 강할수록 그 기준에 보이는 상대의 흠이 커 보이기 마련이다.

그렇다고 세상 모든 잘못을 부정하지 말라는 말은 아니다. 예수 스스로 '예' 할 것은 '예'라고 '아니오' 할 것은 '아니오'라 말하라고 늘 가르쳤다. 문제는 그 기준이다. 기준이 편향적일수록 비난은 과오를 바로잡기는커녕 갈등만 증폭시키고 만다. 그러므로 악에 악으로 대할 수 없는 것처럼 신념 대 신념, 논리 대 논리, 이해 대 이해의 대립은 무용하다. 내 눈의 들보를 빼낸다는 것은 적어도 탐욕, 근거 없는 신념, 검증 불가능한 논리를 넘어선 보편 가치를 기준으로 행한다는 것이다. 그럴 때만 편 가르기의 어느 한쪽 우위 논리가 아닌 진리를 논할 수 있고 그럴 때만 실제로 진짜 티끌이 무엇인지도 논할 수 있을 것이다.

✦✦✦　① (예수께서 말씀하기를), 너희가 이 세상에 대해 금식하지 않으면, 나라를 발견하지 못하리라. ② 너희가 안식일을 안식일로 지키지 않으면, 너희는 아버지를 볼 수 없을 것이다.

세속의 논리를 늘 경계하라고 가르친다. 세속의 논리는 성스러운 것마저 언제든 타락시킬 수 있다. 깨달음의 가르침이 계율과 율법으로 변하고, 그것이 다시 교조적 규범이 되면 규범에 대한 해석과 집행의 독점을 통한 권력이 생겨나고, 그것이 세상의 추악한 이해 세력의 토대가 되는 일은 늘 벌어지는 일이다. 그러므로 세속의 논리 자체에 대해 늘 거리를 두라고 가르친다. 이것은 종교에 대해서도 예외일 수 없다. 정직한 눈으로 보면, 이미 종교가 산업이 되고 정치경제 이권의 배후가 됨을 누구나 알 수 있는 세상에 우리는 살고 있지 않은가? 그것으로부터 의욕의 자양분을 얻는다면 실로 깨달음은 요원해진다.

　그래서 안식일을 안식일로 지키라 한다. 이것은 이중부정이다. 안식일 자체가 세속 탐욕에 대한 금욕의 상징인데, 오히려 그 금욕이 또 다른 형태의 권력 작용이 되었다면 실제 영적 가치를 위해 언제든 그 세속 종교의 도그마를 부정할 줄 알아야 할 것이다. 그것이 예수의 가르침이다.

✦✦✦ ① 예수께서 말씀하기를, 나는 이 세상 한가운데 내 자리를 잡았다. 그리고 나는 그들에게 육으로 나타났다. ② 나는 그들 모두 취해 있다는 것을 알았으며 그들 아무도 목마르지 않음을 알았다. ③ 그리고 나의 혼은 사람의 아들들을 위해 고통스러워한다. 왜냐하면 그들은 마음의 눈이 멀어 보지 못하기 때문이다. 빈 채로 이 세상에 왔다가 빈 채로 이 세상을 떠나기를 추구하기 때문이다. ④ 그러나 지금 그들은 취해 있다. 그들이 포도주를 흔들어 버릴 때, 그들은 마음을 바꿀 것이다.

이 세상 한가운데 자리 잡았다는 구절은 성령이 영성이라는 형태로 인간의 마음에 감지된 바를 말한다. 그리고 그 영의 인간은 언행으로 존재를 실증한다.

취해 있다는 것은 의식이 특정 단계에 깊이 침잠, 중독되어 있음의 비유다. 생리적 욕구가 거의 전부인 때, 감정적 동일시가 거의 전부인 때, 사회적 인정이 인생의 의미인 때, 앎이라고는 하나 논리의 범위를 한 발짝도 벗어나지 못하는 때, 이 모든 것들이 취함의 한 상태들이다. 우리 모두는 각각의 상태에서는 자신의 상황과 인식 한계가 전부일 수밖에 없다. 그 상태에서는 다른 상태를 상상할 수도 욕망할 수도 없다. 그러므로 깊이 침잠된 이들은, 꿈의 미망에서 깨지 않는 자들은 구함조차 있을 리 없다. 예수의 이 가슴 아픔이야말로 영성에 눈뜬 자가 느끼는 연민이다.

여기서 주의할 것 하나. 성경에는 '눈 먼 봉사'의 비유가 자주 등장한다. 처음에 밝혔듯 모든 경전의 무대는 그것이 상징, 은유인 한에서는 어디까지나 우리 마음이다. 그러므로 봉사는 물리적 봉사가 아니라 '인식의 수준(감각의 눈, 이성의 눈, 영혼의 눈이 그것이다)'을 말한다. 성경에 나타난 봉사의 예는 특정 수준의 인식에 무지한 상태를 말하며, 그러하기에 예수의 가르침에 의해 새로운 존재, 새로운 눈을 가진 존재로 거듭남이 곧 봉사가 눈 뜨는 기적인 것이다. 그들은 눈이 멀었다. 봉사다. 그러나 이 봉사는 말 그대로의 봉사가 아니라 '눈뜬장님'이다. 아직 영성과 관조의 눈을 뜨지 못해 허무하기 그지없는 육욕의 노예에서 벗어나지 못했음을 안타까워하는 장면이다.

포도주는 우리를 취하게 만드는 모든 것들이다. 불교식으로 말하면 '안이비설신의(眼耳鼻舌身意)'의 6근(주체의 감각 기관)이 '색성향미촉법(色聲香味觸法)'의 6경(감각 기관에 대응하는 대상의 성질)을 만나 만들어내는 '108번뇌'가 모두 포도주다. 유교식으로 말하면 4단이 외물을 만나 7정이 동하여 만드는 희로애락의 발동이다. 현대 심리학이 말하는 생존, 안전, 인정, 자존, 실현 욕구 모두다. 욕구와 그에 기초한 인식 한계가 만들어내는 환상 너머를 바라볼 때, 인간은 비로소 깨어난다.

잃어버린 신을 찾아서

029절

✦✦✦ ① 예수께서 말씀하기를, 영으로 인해 육신이 왔다면, 그것은 기적이다. ② 그러나 육신으로 인해 영이 왔다면, 그것은 기적 중의 기적이로다. ③ 진실로 내가 놀라는 것은 어떻게 이토록 위대한 풍요가 이런 빈곤 속에 자리 잡았는가 하는 것이다.

사실 모든 창조는 기적이다. 창발이라 번역되는 'Emergence'는 지금도 곳곳에서 일어나는 자연 현상이다. 우리는 그 과정을 '진화'라 표현하지만, 실제 출현한 현상을 관찰할 뿐 창발의 원리는 알지 못한다.

원자가 이합집산해서 분자를 이루고 분자가 이합집산해서 생명체를 만든다. 단세포 생물에서 다세포, 복합세포로 진화하면서 식물, 동물, 인간으로 진화한 역사는 얼마든지 관찰된다. 그러나 정작 알 수 없는 것은 바로 그 질적 비약의 불가사의다.

A라는 속성과 질이 모여 B가 되는 것이야말로 마술 같은 기적인 것이다. 물이 모여 불이 되거나 나무가 모여 돌이 된다면 기적이 아닌가. 의식이 그러하듯 영은 보이지 않는 파동에너지다. 이 비가시적 에너지의 이합집산이 우리 육신을 만들어 낸 것은 틀림없는 사실이지만 기적이다.

② 이 말은 반어적 표현이다. 그런 일은 원리상 불가능하다는 말씀이다. 동양식으로 양과 음은 자연 상태에서 등가치적인 힘

이지만, 적어도 생명의 발현과 관련해서 운동과 변화를 이끄는 우선성은 양에 있다. 마찬가지로 몸과 마음은 분리 불가한 이원적 일원이지만, 행동을 이끄는 우선성은 마음에 있다. 우주에서 물질은 에너지 운동의 결과로 만들어지지 그 반대는 아니다. 영에서 육이 나올 수는 있지만 거꾸로는 불가능하다는 말이다.

③ 영성에 눈뜬 이는 만물 속에서 영원한 생명력으로 차오르는 힘을 자기 정체성과 분리하지 않고 일체화해 느낀다. 도도한 자연의 흐름과 그 모든 것을 인식하는 생생한 인간 의식, 감각이 포착할 수 없는 것을 보는 정신세계와 창조적 상상의 약동을 전일적인 한 틀로 느낀다. 이 얼마나 위대한 풍요인가!

그러나 우리의 빈약한 감각지각과 거기 얽매인 감정적 집착, 이로부터 파생된 온갖 부정적 의식들은 또 얼마나 인간 자신을 티끌 같은 존재로 여기게 만드는가. 이런 하늘과 땅 차이가 나는 이유 역시 인간이라는 존재의 본성에 내재해 있다고 보아야 할 것이다.

인간은 지구별에서 가장 진화한 존재임이 틀림없다. 이 말은 인간 의식의 스펙트럼이 그만큼 넓을 수밖에 없다는 말이기도 하다. 가장 단순한 수준에서 가장 정묘한 수준까지 그 모든 가능성을 다 내포한 존재가 인간이다. '광물-식물-동물'이라는 물질적 진화사와 '이성-영성-공·신성'이라는 의식적 진화 가능성까지 다 내포한 존재가 인간이기에, 그 존재 가능성의 최하위에서 최고위까지 자연의 다채로움만큼 인간 성질의 다채로움이 펼쳐진다.

✦✦✦ ① 예수께서 말씀하기를, 세 신이 있는 곳이라면, 그들은 신들이다. ② 둘 혹은 하나가 있다면, 나는 그와 함께 있다.

여기 세 신(성)은 기독교식으로 보자면 '삼위일체'와 연결할 수밖에 없어 보인다. 삼위일체와 관련된 분분한 논쟁은 모두 논리적 가정과 주장에 불과하므로 큰 의미가 없다. 그 근거가 성경에 있다 해도 성경 편집사의 역사적, 정치적 배경을 고려하면 그것을 근거로 두기도 힘들다.

오히려 인류 지성의 보편사 입장에서 보자면 3이라는 숫자가 세계의 근본이라는 의미를 갖는 원류는 서양에서는 플라톤, 동양에서는 주역과 오행의 논리에서 찾을 수 있다.

우주론을 기하학적으로 추론했던 플라톤은 세상의 공간 형상을 5가지의 정다면체와 연결했다. 그것을 '플라톤 입체'라 한다. 이 중 가장 기본적인 것이 정사면체고, 사면체의 평면은 삼각형이다. 그래서 삼각형은 모든 형상의 기초 단위로서 의미를 가진다.

동양에서 3은 오행 상 나무[木]이며, 그 의미는 물질과 생명의 탄생이다. 3에 앞서는 1과 2는 각각 물[水]과 불[火]이다. 음양 구조로 보면 기운의 분화가 없는 통일 상태로서 태극적인 1이자 '수태극'이고, 이 태극이 음양 분화를 일으키면 그 상태를 2와 화로 이해했다. 1태극과 2음양이 상호작용하면 1과 2가 공존하는 가운데 물질과 생명의 운동이 시작된다는 논리로 3은 형상, 생명의 상징으로 이해되었다.

이러한 이해를 공간적으로 표상하면 8괘의 3획괘가 된다. 동서양을 막론하고 3이라는 숫자는 생명, 창조, 최초 원형의 탄생, 완성이라는 다중적 의미를 가진다. 이 드러난 운동의 형상이 신성이라는 말로 해석될 수 있다.

② '그와 함께 있다'는 예수의 말씀은 위의 이해와 별도로 미완성의 곳에 거하라는 가르침이다.

이미 완성된 곳이 있다면 거기 달리 무엇을 더 보태겠는가? 더구나 완성이라는 말은 관념상 상상될 뿐 현실에 실재할 수는 없다. 마치 시시포스(Sisyphus)의 바위처럼 목적지인 정상에 서자마자 반대 방향으로의 필연적인 운동이 시작된다.

'엔트로피(Entropy)' 증대가 극점에 이르면 역(逆)엔트로피 증대가 나타나듯 세상은 불완전에 의해 운동하고 요동치는 곳이다.

목적지로서의 완성이라는 관념은 인간의 의지를 끌어당기는 '어트랙터(Attracter)'로 작용하지만 정작 정점을 경험한 인간은 곧

잃어버린 신을 찾아서

낮은 데로 임하는 보살심과 연민의 화신이 된다. 그러므로 예수는 생명운동으로 나타나기 전의 그 불완전함 속에 오히려 있다고 말한다.

031절

✦✦✦ ① 예수께서 말씀하기를, 선지자는 아무도 자신의 마을에서 환영 받지 못한다. ② 의사는 아무도 그 의사를 아는 자들을 치료하지 않는다.

동서고금에 늘 있었던 속담과 같은 내용인데, 왜 이렇게 되는 걸까? 상식적으로 보자면 선지자가 워낙 앞서가고 충격적이며 놀라운 얘기를 하기 때문이라고 생각하면 이해하기 쉽다. 그러나 단지 그것뿐인가? 그것 때문이라면 자신의 마을 아닌 다른 어떤 곳에서도 사정은 같아야 하지 않는가? 더구나 의사가 자신을 아는 자들을 치료하지 않는다는 뒷말이 같은 의미로는 연결되지 않는다.

소통에서 가장 큰 문제는 '축적된 이미지'다. 우리의 마음은 무한대로 쏟아지는 정보를 모두 인식하지는 않는다. 그중 관심과 의미가 있는 것을 골라내어 이미 알고 있던 틀에 끼워 인식하곤 한다. 심리학에서는 이런 마음의 작용을 일러 '인지 구두쇠'

작용이라 한다. 이런 인지 구두쇠 효과는 인간의 오랜 진화 과정의 산물이다.

디지털과 아날로그 모두 필수적인 인식 방식이기는 하나, 자연 상태에서 눈앞에 만난 맹수에 대한 즉각적인 판단의 필요는 아날로그적 인식을 극적으로 강화했다. 몇 가지 지표로 대상 전체의 의미를 단적으로 판단해야 하는 순간이 반복되어 온 것이다.

이렇게 반복된 경험에 입각한 '자극-반응' 양식으로 만들어진 이미지는 우리 뇌 속의 편도체라는 부분에 각인되어 있다가 대상을 연상시키는 이미지나 개념을 접할 때 본능적으로 발휘된다.

가령, 흑인에 대해 인종차별적 의식을 어린 시절 갖게 된 사람은 나중에 성장하여 이성적으로 인종차별을 부정하게 되었다 하더라도, '흑인'이라는 낱말이나 이미지를 보는 순간 자신의 이성적 의식과는 달리 이미 편도체가 감정 수준에서 인종차별적으로 반응 작용하는 식이다. 자기도 모르게 대상에 대한 관점이나 시각을 적용하고 있는 것이다.

이런 고착된 관점은 되먹임 현상을 통해 강화된다. 내가 누군가를 '선한 사람'이라는 가정 아래 관찰한다면 그의 선한 점만 편집적으로 보게 될 것이다. 반대도 마찬가지다. 한편, 관찰되는 그 사람은 자신이 인지하는 타인의 시각을 의식하며 행동한다. 이것을 우리는 사회적 기대와 책임이라 하지 않는가. 누구든 자

잃어버린 신을 찾아서

신이 기대 받는 역할을 쉽게 배신하지 못하는 법이다. 이런 과정들이 반복되면 인간관계는 둔감한 편견과 통념의 덩어리에 지배받는다. 내 눈앞에 있는 저 사람을 나는 이미 알고 있다. 그가 뭐라 말하고 행동하든 그것은 내가 알던 그의 이미지 안에서 의미화된다.

그러므로 익숙한 사람들에게 선지자는 선지자일 수가 없다. 그냥 동네 꼬마거나 친구거나 내가 익히 알던 그렇고 그런 인간일 뿐이다. 한편, 인간은 몸과 마음의 이중 코드로 얽힌 유기체라는 단순한 이유로 심적 태도는 신체 상태와 행동 전반에 막대한 영향을 미친다.

오늘날 근대인들은 거의 전적으로 부정하고 있지만 고대인들에게 흔했던 주술적 치유가 전혀 근거 없는 것은 아니었다. 마술적 인식을 믿고 있던 그들에게 (진정한) 주술은 의식의 움직임에 대한 미세한 조정을 통해 물리적 효과를 실제로 낳을 수 있었던 것이다. 명상이나 '플래시보 효과(Placebo Effect)'가 인체에 미치는 영향을 고려하면 이런 현상은 얼마든지 가능하다.

오늘날처럼 순 물리적, 기술적으로 접근하는 치료가 아니던 시절, 의사가 자신을 '단정적으로' 알고 있는 이를 어떻게 치유하겠는가? 더구나 그것이 신체에 대한 것이 아니고 마음에 대한 것이라면?

032절

✦✦✦　① 예수께서 말씀하기를, 높은 산 위에 요새처럼 지어진 마을
은 무너질 수 없고 또한 숨겨질 수도 없다.

영적 상태에 대한 전형적인 비유다. '높은 산'은 정신의 높은 경
지를 의미한다. 시간 인식과 죽음의 공포라는 존재 불안에서 비
롯된 탐진치 삼독을 넘고 자아라는 개체의식을 넘어 이웃과 뭇
생명과 우주와 일체감을 이루고 공(空)에 이른 상태다. '요새'는
그 견고함을 상징한다. 정신적 경지란 단지 어떤 이해가 아니라
정체성 자체이므로 일단 어느 경지에 오른 이는 다시 퇴행할 수
없다. '마을'이란 표현은 이것이 어느 누구의 개인적 성취거나
소유물이거나 도구가 아님을 뜻한다. 이런 정신은 불퇴전이며
주머니 속 송곳처럼 언제든 드러나기 마련이다. 세상은 이름 없
는 창조적 정신들에 의해 진화한다.

033절

✦✦✦　① 예수께서 말씀하기를, 너희 귀로 듣는 것을 너희 지붕 위에
서 전파하라. ② 어느 누구도 등불을 켜서 됫박 아래 두지 않으며, 그것
을 숨겨진 자리에 두지도 않는다. ③ 오히려 그것을 등경 위에 걸어두
어 들어오고 나가는 모든 사람이 그 빛을 볼 것이다.

　　　　잃어버린 신을 찾아서

이 대목은 예수를 비롯한 모든 성인과 선지자들의 운명을 알려준다. 보고 듣고 깨달은 자의 남은 사명은 오직 그것을 전하는 데 있다는 말을 반복해서 강조한다. 한 개인에서든 사회에서든 혹은 인간사를 뛰어넘는 자연과 우주의 차원에서든 도덕의 황금률이 있다. 그것이 인간관계 차원에서 나타날 때는 역지사지로 표현된다. 사회 규범으로 나타날 때는 '공정 교환-눈에는 눈 이에는 이-호혜성'으로 표현된다. 자연과 우주의 차원에서는 열역학 법칙이나 음양 순환의 논리로 표현된다. 이 모두는 뿌린 대로 거둔다는 단순한 원리의 다른 차원일 뿐이다.

생태계와 자연의 순환은 상호의존하며 공존하는 질서를 극명하게 보여준다. 바닷물은 강물에서 왔고 강물은 샘물에서 왔고 샘물은 지하수에서 왔다. 지하수는 빗물에서 왔고 빗물은 구름에서 왔고 구름은 빛에 의해 증발한 바닷물에서 왔다.

식물은 광물을 먹고 동물은 식물을 먹고 인간은 동물을 먹고 미생물은 인간을 먹고 광물로 돌아간다.

그런 점에서 만물의 목적은 자신의 본질을 실현하는 것이고, 인간의 보편적인 삶의 목적 역시 자신의 본성을 발현하는 것이다.

이것을 우리는 간단히 '자아실현'이라고 하거니와 그런 삶을 살게 하는 교육을 '전인 교육'이라고 하지 않는가.

중용의 첫 대목은 '천명지위성, 솔성지위도, 수도지위교(天命之謂性, 率性之謂道, 修道之謂敎)'다. 하늘의 이치가 생명에 깃든 것이 곧 본성이요, 그 본성을 이끌어내고 따르는 삶이 도이며, 그 도를 갈고 닦는 것이 교육이라는 말씀이다.

고로 교육은 우주 자연의 순리에 의해 각자에 깃든 본성을 깨치는 것 외에 다른 것일 수가 없다. 일단 그렇게 본성이 개발된 자의 사명은 그 본성을 다시 세상에 되돌리는 것 말고 달리 있을 수가 없다.

모든 선지자의 각성은 근대가 가정하는 뛰어난 천재의 개인적 성취가 아니다. 풀 한 포기, 바람 한 점도 우주의 합작물이듯, 인간 최고의 정신 역시 인류사 공동덕의 발현이라고 보아야 한다. 그 공동덕의 정수가 흐르고 흘러 선지자의 정신에 깃든다. 그 정신은 개체 고립을 훌쩍 뛰어넘어 만물 일체의 보편성을 선포하는 우주적 선언이며 모든 인간 고통의 산물이자 해결책이다. 그것은 어떤 소유나 권리의 대상이 될 수 없고 독점의 대상이 될 수 없다. 그것은 개성의 표현일 수 없고, 그렇게 쓰일 수도 없다.

그리하여 빛이 된 자의 사명은 거둔 대로 뿌리는 것, 모든 인간 고통의 근원을 모아 거둔 그 경지를, 오직 스스로 그 빛을 밝히는 것뿐이다. '더 이상 바라는 바가 없는 경지, 행복'이라고 에피쿠로스가 설한 뒤로도 그 경지에 오른 이들이때로는 핍박과 조롱을 무릅쓰고, 때로는 목숨을 걸고 깨달은 바를 설파해 왔다.

세간 사람들의 눈에는 그것이 헌신이나 봉사로 보일 수도 있

잃어버린 신을 찾아서

겠으나, 엄밀히 보면 그것은 그냥 존재가 빛이 된 이들이 발하는, 무주상보시(無住相布施)의 존재적 향기일 뿐이다.

034절

+++ ① 예수께서 말씀하기를, 소경이 소경을 인도하면 둘 다 구덩이에 빠지리라.

유명한 구절이다. 여기서 소경은 물론 깨달음에 눈 뜨지 못한 자를 말한다. 감각의 눈이야 자연으로부터 타고나는 것이지만 이성의 눈, 영성의 눈은 수행을 통해 얻어지는 것이다.

눈먼 자는 영성에 어둡고 미욱한 모든 자를 말한다. 문제는 그들 중 어떤 이는 스스로 왜 그러는지 모르고 왜곡된 영성으로 영성에 반하는 행위를 스스럼없이 저지른다는 데 있다. 영혼의 구원에 관심 없는 종교 산업 종사자들을 비롯해 자기 탐욕을 투사한 우상 수호신을 떠받들고 이용하는 모든 자들이 그들이다.

이 구절과 관련해 미리 언급해 둘 것은 성경에 수없이 등장하는 '소경을 눈 뜨게 하는 기적'은 물리적으로 이해해서는 안 된다는 점이다. 소경과 소경 아님의 기준이 영성에 대한 이해임이 분명하다면 예수가 눈 뜨게 한 소경이란 '낫 놓고 ㄱ자 모르는 상태'의 사람을 영적으로 깨닫게 한 사실이라는 점 또한 자명하다. 이런 은유를 이적으로 포장하여 슈퍼맨 초능력자 수호신의 우상 이미지를 만들고 떠받드는 그 사람들이 바로 뭇 소경을 이끄는 더 나쁜 소경들인 셈이다.

영성이란 마음의 한 상태다. 만물일체감을 바탕으로 사랑과 자비로 뭇 세상을 대하는 태도 그 자체다. 물론 이 태도는 거저 얻어지지 않는다. 생명이 이곳에 어떻게 오고 가게 되는지, 우리 삶의 의미와 목적은 무엇인지, 기왕 주어진 삶을 어떤 원칙으로 살아야 하는지 등의 근본적인 문제에 대한 내적 해결을 통해 아상(我像)의 허구를 철저히 깨닫고, 모든 분리경계심, 집착, 탐욕을 넘어설 때만 비로소 주어지는 새로운 눈이다. 스스로 이러한 상태를 내면화하는 것 이외의 어떤 교조적 교리나, 대상화된 신도 영성과는 관련이 없다. 이 자명한 명제야말로 인류의 모든 성인이 한목소리로 알려준 보편적 지혜다.

연기무아 공(空)이든 범아일여든 격물치지든 '원수사랑'이든 무위자연이든 이 무경계라는 문제의식의 다른 표현들이다.

035절

✚✚✚ ① 예수께서 말씀하기를, 누구라도 강한 자의 집에 들어가 힘으로 빼앗을 수 있으려면 그의 손을 결박해야 한다. ② 그리하면 그의 집을 구석구석 약탈할 수 있으리라.

잃어버린 신을 찾아서

여기서 강한 자는 누구인가? 경전의 은유가 모두 마음을 장으로 삼고 있다는 점을 고려하면, 이 강한 자는 우리 마음을 사로잡고 영성에 이르고자 하는 인간 의식 진화의 본능을 가로막는 장애물, 또는 그 힘을 의미할 것이다. 철학자들이 '존재 불안'이라 칭하는 그것. 공포와 두려움의 근원. 삶에 대한 애착과 소멸에 대한 두려움에서 비롯되는 맹목적 생존본능이 그것이다. 유한자로 자신을 인식한 인간은 소멸에 맞서 영원불멸성을 추구한다. 실제적인 영원의 길은 오직 내면의 영성인 아트만이 우주에 편재한 영성인 브라흐만과의 합일을 통해 개체 소멸이 하나의 환상임을 이해함으로써만 가능하다.

그러나 원죄에 해당하는 인간의 최초 인식은 그 출발부터 만물의 상호 유기, 교차적 상관성을 분리해 냄으로써 성립한 것이었다. 그래서 한편으로는 철썩같이 자신을 유한자로 인식하고, 다른 한편 그 인식의 전제 위에서 영원성을 추구하려는 자기 모순적이고 이율배반적인, 불가능한 도전에 나선다.

결국 유한하기도 하고 영원하기도 해야 한다는 모순 명제 앞에서 인간이 찾은 타협책은 일종의 대리만족 시스템의 개발이었다.

삶에 대한 보존 본능은 의식 진화와 어울려 미래에 대한 불안을 낳는다.

하루 치의 식량은 하루의 생을 보장하고 열흘 치의 식량은 열흘의 생을 보장한다. 1년, 10년, 영원의 생명을 보장받고 싶은 인간은 가능한 최대치의 재화를 축적하고자 한다. 한번 발동 걸린 탐욕이 축적의 물리적 한계를 넘어서기 위해 만든 것이 가치의 추상화이자 그 추상물을 통해 시간과 공간을 뛰어넘어 재화 축적이 가능하게 된바, 우리는 그 추상물을 화폐라 칭한다.

일단 안전보장 본능이 집착적 탐욕으로 전환되는 그 출발은 물질에 대한 축적욕이지만, 이는 곧 의식적이고 관념적인 가치 축적으로 확대된다.

삶에 대한 집착과 재화의 축적은 자연히 공동체 인구 팽창을 유도하고 대규모 공동체는 질서의 필요를 위해 내적 위계질서를 갖추게 된다.

자연적 삶이 아니라 사회적 삶이 발생한 이후 인간의 생존 본능은 더 많은 재화뿐 아니라 더 많은 사회적 인정도 바라게 된다. 자기 삶의 안전은 단순한 재화 축적이 아니라 사회의 인정 여부에 더 많이 의존하게 되었기 때문이다. 이제 물질의 축적욕은 관념적 '인정의 축적욕'으로 진화한다.

사회적 인정을 획득하는 대표적인 두 가지 방식은 소속과 지배다. 스스로의 힘이 약할 때는 더욱 강한 상위 공동체의 일원이 됨으로써 인정욕이 채워진다. 일정한 범위 안에서 상대적으로 강한 힘을 확인했을 때는 지배함으로써 인정욕이 충족된다.

피학성이든 가학성이든 인정 욕구는 보다 강한 힘에 대해 자신을 동일시하는 의존 심리다. 우리는 이를 권력욕이라 칭한다. 아이러니하게도 권력욕은 의존심이 그 본질인 것이다. 피지배자도 지배자에게 의존하지만 지배자 역시 피지배자에게 의존한다.

『어린왕자』에 나오는 첫 번째 별의 왕이 어린왕자를 떠나지 않도록 애걸복걸하며 잡는 장면이 지배자의 의존을 잘 묘사하고 있다.

현실에서도 여론이 떠난 지도층의 초라한 몰락은 어디에나 있다. 이 권력욕이 몇 가지 변수를 덧붙여 진화하면 명예욕이 된다. 직접적인 소속과 인정이 아니더라도 어떤 의미가 부여되거나 비가시적 보상이 전제되면 인간의 인정 욕구는 순수한 관념의 형태로 충족된다.

물적 소유욕이든 사회적 권력욕, 관념적 명예욕이든 그 출발점은 유한 개체를 뛰어넘는 영원성의 확보에 목적이 있었다. 그리하여 인간은 스스로 찾은 영원의 대체물을 실제 영원한 것이라 선포하기에 이른다. 부, 권력, 명예의 힘이 영원히, 사후 세계까지 이어짐을 선포하고 그 현실적 상징물과 인물을 만들어냈다 (거대한 무덤과 신화, 신학의 탄생. 살아있는 인신으로서 제사장인 왕의 탄생). 인생의 목표를 현실적으로든 비현실적으로든, 물질적으로든 관념적으로든 이렇게 만들어진 집착 대상과 얼마나 동일시 되는가로 설정해 버렸다. 이렇게 얽힌 안전보장 심리, 습관, 집착은 애초에 그 목표 달성이 불가능할 뿐 아니라 불안과 공포를 증가시켜 의식의 자유로운 진화를 가로막는다.

탐진치 삼독이라 불리는 망상의 악순환이 윤회적으로 일어나 일체개고(一切皆苦)를 완성한다. 이 강한 자의 수족을 묶어버리지 않는 한 구원은 없다. 그러나 그 뿌리 깊고 강한 자의 수족을 어떻게 묶을 것인가?

036절

✦✦✦ ① 예수께서 말씀하기를, 아침부터 저녁까지 또 저녁부터 아침까지 무엇을 입을까 염려하지 말라. 너희는 길쌈도 아니 하고 실 잣지도 아니 하는 백합화들보다 더욱 귀하니라. 너희에게 있어서 의복이 없을 때 너희는 무엇을 입겠느냐. 누가 너희 키를 더하겠느냐. 바로 한 분만이 너에게 의복을 주시리라.

단지 입을 것에 대한 얘기가 아니라 생존 본능, 즉 삶에 대한 두려움 일체에서 벗어나라는 말이다. 바로 앞에서 그것이 우리 마음을 사로잡는 '마라(악마)'임을 밝혔고 여기서 다시 생존의 가장 밑바닥, 의식주에 대한 걱정부터 내려놓아야 한다고 말한다. 경전의 다른 곳에서 예수는, 이 구절에 이어 하늘의 새도 들의 꽃도 무엇을 먹을까 입을까를 하느님이 정해두었다고도 말한다.

자연에서 인간은 빛과 공기와 물과 땅과 그 위의 온갖 동식물을 거저 얻었다. 천적이 없어 쫓기지 않고 풍성한 식량과 여가를 즐길 특권을 오랫동안 누렸다. 분별심이 없어 삶과 죽음의 경계도 없었고, 미래에 대한 불안이 없으니 갈등 역시 존재하지 않았던, 그런 천국의 나날들을 오랫동안 누렸다. 역설적으로 우리가 발전이라 칭하는 그 과정이야말로 불안에서 갈등, 갈등에서 적대적 투쟁과 파괴를 양산해 온 과정에 다름 아니었다. 그런 의미에서 인간은 문명과 함께 빈곤과 고난을 창조했다.

무엇을 먹을까, 입을까를 걱정해야만 하는 상황이 먼저가 아니라 불확정한 앞날에 대한 인식과 불안에서 오는 '미래 쇼크'를 바탕으로 축적 경쟁으로 치달아, 태산 같은 재화를 쌓아두고 의식주에 매인 삶을 양산해 낸 것이다.

'유한성의 인식(원죄)-미래쇼크(불안과 탐욕)-욕구 발달'로 이어지는 과정은 탐진치 삼독의 또 다른 표현이다. 그 가장 밑바닥의 생존에 대한 집착에서 벗어나지 못하는 한 고통의 윤회는 멈추지 않는다.

같은 메시지를 공자는 '부귀빈천길흉수요(富貴貧賤吉凶壽)는 재천(在天)'이라 표현한다.

우리가 늘 걱정하는 존재의 근본 양식은 모두 하늘이 정해 준 바대로 간다는 것이다. 그러므로 걱정해도 소용없고, 소용없는 일을 걱정할 바가 아니라 한다. 소용 있는 일, 천명에 대한 이해에 바탕 하여 솔성, 자기 본성을 이끌어내고, 끝없이 수행하는 것만이 인간의 할 바(진인사)이고 그 결과는 다시 하늘에 맡기라(대천명) 한다.

037절

✦✦✦ ① 예수를 따르는 자들이 말씀드리기를, 언제 당신은 우리에게 드러나실 것입니까? 그리고 언제 우리가 당신을 보게 됩니까? ② 예수께서 말씀하기를, 너희가 어린아이들처럼 부끄럼 없이 옷을 발가벗고 그 옷을 들어 발아래 둘 때, ③ 비로소 너희는 살아 있는 자의 아들을 볼 것이며, 두려워하지 않을 것이다.

눈앞에 있는 예수에게 언제 당신을 보게 되느냐고 묻는다. 그러므로 이 '당신'은 물리적, 육체적 존재로서 인간 예수를 말하는 것이 아님이 분명하다. 제자들이 질문하는 '당신'은 곧 성령으로서의 예수를 말하며, 영성이 정신의 한 상태인 이상, 예수의 답은 그 정신 상태를 비유적으로 지시하는 것일 수밖에 없다. 그래서 예수의 답은 아래와 같이 이어진다.

'부끄러움 없는 아이와 같아질 때.' 대단히 직설적인 구절이다. 일체의 분별 의식을 떠난 상태에 대한 비유다. 특히 인간을 단죄하고 차별하는 근거가 되는 일체의 도덕적 이념으로부터 벗어날 것을 요청한다. 그 가장 순수한 형태는 '선악과' 아니던가.

감각지각이 우리의 기관을 자극하면 축적된 기억에서 쾌, 불쾌 판단을 포함한 '오호 판정'이 일어난다. 그것은 다시 의지를 일으키고, 이 의지에 대한 계산된 방법론으로서 의식이 유도된다. 소위 인간의 이성이라는 것은 이 메커니즘에서 벗어나지 못한다. 대단한 합리성을 가장하지만 근본적으로는 편견과 선입관의 틀 안에서 움직이게 되는 것이다. 복잡다단한 법도 그 근원은 '국민의 법 감정'이라 불리는 '시장 우상'에 다름 아니다.

한나 아렌트가 사회적 악의 근원이라 지적했던 '생각 없음'도 '극장우상'의 변형이다. 그리고 모든 우상적 인식은 근본적으로 기계적인 편견이다. 인종, 민족, 종교, 국가, 이념. 이 모든 것들이 편견의 원료이다. 이 편견들의 조합으로 도덕적 단죄가 구성된다. 그러니 이 편견의 눈에 얽매인 이상 어떻게 '지금·여기'를 투명하게 볼 것이며 '있는 그대로'를 볼 수 있겠는가.

모든 경전에서 어린이가 성인의 비유로 등장하는 이유는 어린이들이 아직 그 우상 확립이 덜 된 존재이기 때문이다. 그런 의미에서 어린이는 전(前) 관습적 존재다. 그러나 이미 관습화의 단계에 들어선 어른이 전 단계로 돌아갈 길은 막혀 있다. 그리하여 사회화, 관습화에 들어선 인간이 다시 인식의 투명성을 회복할 길은 오직 초관습적 내지 탈관습적인 수준으로 상승하는 길 외에는 없다. 그 수준의 의식 상승이 된 이는 비로소 누구를 단죄하기를 내려놓는다.

탐욕도 신성의 왜곡된 표현임을 이해하는 순간, 연민은 있어도 증오는 사라지게 된다. 그리하여 남의 눈의 티끌보다 자기 눈의 들보를 볼 줄 알게 되고, 무한히 용서할 수 있게 되고, 그 무엇도 절대시하지 않음으로 맹세하지 않게 되고, '예' 할 것과 '아니오' 할 것에 대한 소박 진솔한 분별이 생기고, 원수도 사랑할 수 있게 된다.

모든 편견과 선입관에서 벗어난 투명한 관찰력을 가질 때, 그때 살아있는 자, 즉 '지금·여기'에서 창조를 일으키고 있는 성령의 우주적 힘을 느끼며, 그 아들, 즉 모든 생명이 그 힘으로부터 나와 그 힘과 함께 존재하고 다시 근원으로 돌아감을 이해한다는 말이다. 그럼으로써 진정한 의미의 생명은 불사의 힘이고, 그 힘은 늘 깨어있는 의식과 함께 간다는 이해 속에서 비로소 자아가 고립된 개체로서의 홀로가 아니라는 안심과 함께 죽음에 대한 두려움이 극복된다. 삶과 죽음의 경계에 대한 두려움의 극복은 나아가 모든 두려움을 극복하게 한다고 말한다.

038절

✦✦✦ ① 예수께서 말씀하기를, 여러 번 너희는 내가 지금 너희에게 하는 이 말씀을 듣기를 간구하였다. 그런데 너희에게 이 말씀을 들려 줄

　　　　　잃어버린 신을 찾아서

이 아무도 없도다. ② 너희가 나를 찾겠지만 나를 발견하지 못할 날들이 있을 것이다.

인간은 영혼을 품고 세상에 나왔지만 그 영혼의 눈이 생전에 모두 열리는 경우는 드물다. 영성은 인간 의식의 진화적 동력 자체이면서 그 최고 수준이기도 하다. 그래서 '중생이 곧 부처'이기도 하지만, 그것은 어디까지나 중생의 삶을 가능케 하는 힘 자체가 영성에 바탕 한다는 말이지 중생이 생겨먹은 대로 불성의 체화일 수는 없다.

같은 뜻으로 공자는 '도는 떠날 수 있는 것이 아니고 떠날 수 있다면 도가 아니다. 그래서 군자는 보이지 않는 것, 들리지 않는 것도 조심하며 홀로 있을 때 몸을 삼간다(道也者는 不可須臾離也니 可離면 非道也라 是故로 君子는 戒愼乎其所不睹하며 恐懼乎其所不聞이니라 莫見乎隱이며 莫顯乎微니 故로 君子는 愼其獨也니라)'라고 한다. 이것이 도 혹은 깨달음의 이중성이다. 가능성과 잠재력으로서 늘 함께하지만 그 체화 실현은 극히 어려운 경지라는 것이다.

불경에서는 인간으로 태어난 인연의 희귀성에 더해 올바른 법을 생전에 만날 희귀성을 강조한다. 그래서 이 귀한 인연을 놓치지 말고 용맹정진할 것을 권한다. 이 장의 예수의 말씀도 같은 뜻이다.

모든 인간이 본성적으로 마음에 품고 있는 존재에 대한 근본

질문들(이것이 있다는 것 자체가 인간이 영성을 타고났다는 증거이기도 하다), 누구나, 언제나 인간은 이 질문들에 대한 바른 답을 얻고 싶어 하나 진실로 이 문제들에 대한 보편적 깨달음을 얻은 의식의 출현은 희소한 것이다. 그러니 기회가 있고 인연이 있을 때 귀한 가르침에 정성 들여 귀 기울이라는 말이다.

039절

✚✚✚　① 예수께서 말씀하기를, 바리새인들과 서기관들이 지식의 열쇠를 차지하고 숨겨 버렸다. ② 그들은 스스로 들어가지 않았고 또한 소원하는 자들이 들어가도록 허락하지도 않았다. ③ 그러므로 너희는 뱀처럼 지혜롭고 비둘기처럼 순결하라.

성인과 사이비 교주의 결정적 차이는, 전자가 자신의 깨달음을 모두와 공유하려는 데 반해 후자는 유사 지식을 자신의 탐욕에 이용한다는 점이다. 통상적인 의미의 세속적 지식은 그 출발부터 권력과 밀접히 관련되어 있다.

　문자와 수학, 천문학 등의 기초 학문이 모두 권력의 발생, 유지, 확장과 연관되어 생겨났으므로 근대에 회자하는 '지식-권력'이라는 개념은 이성, 합리주의 시대에 두드러진 특징인 것은 맞지만 고유한 것은 아닌 셈이다. 그러나 언어 문자와 숫자의 논리 수준을 벗어난 직관적 통찰력은 지식을 넘어선 곳에서 주어진다. 불안, 탐욕의 뿌리가 분리 정체성이고, 지식은 분별 의식을 전제로 생긴다. 그러나 이 감정과 앎이 모두 환상임을 철저히 자각할 때, 비로소 개체 정체성을 벗어난 영적 일체감이 자라나기 시작한다. 그러므로 그 영성의 성장은 곧 탐욕의 제거와 같은 과정이다. 진정한 의미의 영성을 얻은 이는 탐욕스러울 수가 없고 영성을 지식의 형태로 포장하여 자신의 독점 무기로 사용하는 자가 있다면 그가 영적 지도자일 수 없는 법이다.

이런 의미에서 본다면 본질적으로 모든 종교에서 자체적으로 가장 큰 내부 모순은 무형의 권위, 위계질서인 셈이다.

불가피하게 발생하는 의식 수준의 차이를 인정한다 하더라도, 그것을 위계 제도화시켜 놓고 그 위계 제도가 다시 집단 질서의 논리로 사용되는 순간 사랑과 자비로 표현되는 영적 일체감을 교조와 계율이 대신하게 되고, 그 시스템 속에서 다시 인간의 온갖 불안과 의존이 악순환적으로 심화한다. 그런 점에서 선불교의 조종인 임제 대사가 '봉불살불(逢佛殺佛)하고 봉부모살부모(逢父母殺父母)하라(부처를 만나면 부처를 죽이고 부모를 만나면 부모를 죽여라)'고 한 말은 의미심장하다. 여기에서 죽임은 일체 의존을 하지 말라는 의미다.

근대의 성자로 불렸던 지두 크리슈나무르티(Jiddu Krishna-murti)가 1929년 8월3일 네덜란드 오멘에서 자신을 메시아로 추대하려던 신지학 단체 '동방의 별'을 해체하며 남긴 다음의 선언문 일부 역시 같은 맥락이다.

아마 여러분은 이 옛이야기를 기억하고 계실 것입니다.

어느 날 악마와 그의 친구가 길을 걸어가다. 그들 앞에서 한 남자가 허리를 굽혀 땅에서 무언가를 주워 바라보더니, 호주머니에 넣는 것을 보았습니다. 친구가 악마에게 물었습니다. "저 사람이 뭘 주웠지?" 그러자 "한 조각의 진리를 주웠다네"라고 악마가 말했습니다. "자네에겐 안 될 일이군"하고 친구가 말했지만, 악마가 이렇게 대답했다고 합니다. "아, 전혀 그렇지 않아. 난 저 사람이 그걸 조직화하도록 할 거야."

저는 진리란 길 없는 대지라고 분명히 말씀드립니다. 어떤 방법을 통해서도, 어느 종교, 어느 종파를 통해서도 진리에 다가갈 수 없습니다. 이것이 저의 견해이며, 이에 대한 저의 신념은 확고하고 절대적입니다. 진리란 무한하고 무조건적이며 그 어떤 방법을 통해서도 다가갈 수 없는 것이기에, 이를 위해 단체를 조직할 수도 없습니다. 다시 말씀드리면, 단체를 설립해 사람들로 하여금 특정한 방법을 따르도록 인도하거나 강요하는 일을 해서도 안 됩니다. 우선 이것을 이해한다면, 그러면 단체를 통해 믿음을 구현한다는 게 얼마나 불가능한 일인지도 이해하실 것입니다. 믿음은 순전히 개인의 문제이기에, 단체를 통해 구현할 수도, 하려고 해서도 안

잃어버린 신을 찾아서

됩니다. 만약 여러분이 그렇게 한다면, 진리는 죽어, 결정체가 되어버리고 말 것입니다. 교리, 종파, 종교가 되어버리고, 그것들이 다른 사람들에게 강요될 것입니다. 이게 바로 세상 사람들 모두가 시도하고 있는 일입니다. 그래서 진리는 왜소해져, 심약한 사람들, 그저 일시적인 불만에 사로잡혔을 뿐인 사람들의 노리개로 전락하고 말았습니다. 진리를 우리가 있는 곳으로 끌어내릴 수는 없습니다. 반대로, 각자 그곳에 오르기 위해 노력해야 합니다. 산꼭대기를 계곡 아래로 끌어내릴 수는 없습니다. 산꼭대기에 오르기 위해서는 계곡을 넘고 절벽도 타오르고 위험한 낭떠러지조차도 두려워하지 않아야 합니다.

따라서 이게 바로, 제 견해로는, 별의 교단이 해산되어야 하는 첫 번째 이유입니다. 그럼에도 불구하고 아마 여러분들은 다른 교단을 만들지도 모르며, 진리를 찾는 다른 단체에 계속 가입해 있을지도 모릅니다. 저는 영적인 세계를 추구하는 그 어떤 단체에도 속하고 싶지 않습니다. 부디 이 점을 이해해 주시기 바랍니다. 앞으로도 어떤 단체를 활용하기는 할 것입니다. 예를 들어, 런던에 갈 경우 런던까지 저를 데려다 줄 그러한 단체 말이죠. 하지만 이는 편지를 부치고 전보를 치는 일과 마찬가지로, 완전히 다른 성질의, 그저 기능적인 역할만을 수행하는 단체에 지나지 않습니다. 여행할 때는 자동차나 배도 이용할 것인데, 이런 것들은 영성과는 아무런 관련이 없는 그저 물리적인 구조물일 뿐입니다. 하여 저는 여기서 다시 한 번, 그 어떤 단체도 인간을 영성으로 인도할 수 없다는 점을 분명하게 말씀드립니다.

만일 이러한 목적으로 단체를 만든다면, 그 단체는 개개인이 의지해 살아가야 하는 목발이 되어버리고 말 것입니다. 결함 덩어리, 족쇄가 되어, 틀림없이 개개인을 불구로 만들어 버리고 말 것입니다. 그리하여 그가 성장하는 걸, 각자 지니고 있는 고유한 가치를 발견하고 구현하는 걸 방해할 것입니다. 인간 존재의 고유한 가치는 자기 스스로 절대적 진리를 발견하는 속에서 찾을 수 있습니다. 그래서 이 교단의 교주 자리에 앉게 된 제가, 이를 해산하기로 마음먹은 또 다른 이유가 바로 여기에 있습니다. 제가 이러한 결정을 내리도록 설득한 사람은 아무도 없습니다.

바리새인들이 지식의 열쇠를 숨긴 행위가 바로 영성을 지식권력으로 이용하는 행태다. 그리고 세속의 온갖 '종교 산업'은 그와 같은 신성모독을 계속 이어왔다. 바로 그 행위로 그 자신도 영성을 만날 수 없고, 타인 역시 그른 길로 인도하고 있다.

  뱀은 인류사에 반복적으로 등장하는 정신 진화의 상징이다. 우로소로스의 뱀, 창세기의 뱀, 이집트 파라오의 카두케우스 문양, 동양의 복희와 여와 초상, 인도의 7개 차크라, 어린왕자의 뱀 등등이 모두 개체 인간에서 만물 일체의 성령으로 진화해가는 과정을 상징하고 있다.

뱀이 영적 지혜의 상징이라면 비둘기는 생명과 평화의 상징이다. 뱀 같은 지혜는 모든 분별지의 망상을 물리쳐 줄 것이며, 비둘기 같은 순결은 태초의 깨끗한 마음을 잊지 않게 해 줄 것이다. 내면에 이와 같은 지혜를 추구한다면 달리 무슨 조사가 필요하고 권위가 필요한가?

그리하여 예수께서는 경전의 다른 곳에서 '주여, 주여, 하고 따르는 자'가 아니라 '자신의 십자가를 지고 자신의 골고다를 오르는 자'만이 구원을 얻는다고 선언하지 않았는가.

040절

✦✦✦ ① 예수께서 말씀하기를, 포도나무 한 그루가 아버지 밖에 심겼다. ② 하지만 튼튼하지 못하므로, 그것은 뿌리째 뽑히어 소멸할 것이다.

이 장은 별도의 해설이 필요 없을 만큼 명쾌하다. 성령에 기초하지 못한 어떤 의식, 행위, 집착도 공허한 소멸을 면치 못한다는 말씀이다.

모든 탐욕은 충족될 수 없다. 모든 생명은 생장소멸을 반복할 것이다. 모든 집착은 끝내 그 집착으로 인한 헛된 고통의 배가로 끝날 것이다. 모든 문명은 무너질 것이다. 우리가 세상을 바꾸고 싶다면 '아버지 바깥' 즉, 무자성의 공 혹은 성령 임재가 아닌 무언가에서 답을 찾아서는 안 된다. 기술, 문화, 체제의 문제는 결국 인간 의식의 상태에 의존한다. 모두가 어울린 상호 연관체라 해도 언제나 운동의 출발점은 있으며, 그것은 인간이 만든 세상에서는 결국 인간의 마음일 수밖에 없다.

인간의 마음에 근본적인 변화를 일으키지 않는 어떤 시도도 흔적 없이 사라진다. 사회주의, 공산주의라는 정치경제적 실험들도, 과학만능주의도 인간의 내면에 대한 직시가 없으므로, 선의로 일으킨 재앙들이 되었다.

비용과 효율, 기술과 배분으로 해결할 수 없는 내면의 근본 갈등을 직시하고 이에 대한 해결책에 기반 하지 못한 어떤 움직임도 흔적 없이 사라질 것이다.

041절

✦✦✦ ① 예수께서 말씀하기를, 손에 무엇이라도 지닌 자는 더 받게 될 것이며, ② 그리고 아무것도 지니지 못한 자는 그가 지닌 조그만 것조차 빼앗길 것이다.

여기서 가졌다 혹은 못 가졌다는 것은 영성을 일컫는 말이다. 일단 탐욕이 일체 허황된 망상에서 온 것임을 알고 나면, 당장 모두 털어내지 못한다 해도 점진적으로 정신적 진화를 향해 나가기 마련이다. 이를 두고 조금이라도 가진 자가 더 가진다(더 진화한다)고 말한다.

이와 대비하여 영성의 세계에 들어서지 못한 정신은 탐욕의 대상들을 자기 소유인 줄 아는바, 그들이 집착해 마지않는 그 소유물조차 곧 흩어지리라는 말씀이다.

042절

✚✚✚ ① 예수께서 말씀하기를, 방랑자들이 되어라.

불교의 연기, 무아든 유교의 중용이든 예수의 말씀이든 한결같이 집착하지 말 것을 요청한다. 악은 정해져 있는 무엇이 아니라 조건부의 것을 절대화하는 데서 온다.

학자들이 흔히 일으키는 일체의 '범주 오류'나 '과도한 일반화'도, 보통 사람들의 선입관과 편견도 종교적 이념적 감정 몰입과 우상 숭배도 모두 집착의 한 형태다. 중용에서는 '희로애락지미발 위지 중이요, 기발 조 위발 화'라 한다. 감정이 일지 않은 상태가 중(中)이고 이미 일었지만 편향되지 않으면 화(和)라는 말이다. 집착하지 말라는 것이 목석이 되라는 말은 물론 아니다. 다만 그것을 절대시-동일시하여 편향 분리에 의한 갈등을 증폭시

키지 말라는 가르침이다. 일체 집착을 초연히 떠나는 자, 그가
여기의 방랑자다.

043절

✦✦✦ ① 예수를 따르는 자들이 여쭙기를, 당신은 누구시기에, 우리
에게 이런 일들을 말씀해 주십니까? ② (예수께서 말씀하기를) 내가 너
희에게 말하는 것으로 너희는 내가 누구인지 알아내지도 못하고, ③ 유
대인들처럼 되어버렸다. 왜냐하면 그들은 나무는 사랑하지만 그 열매
를 미워하거나, 열매를 사랑하지만 그 나무를 미워하기 때문이다.

예수를 따르는 자들의 질문은 잘못되었다. 그들은 예수에게 당
신은 '누구?'라는 자격을 물었다. 어떤 권위, 어떤 계시, 자격으로
그런 담대한 말을 하는가?

　오늘날 우리도 늘 동일한 패턴을 반복하고 있다. 직업이나 학
위나 제도가 보장하는 권위 밖에 있는 자의 말은 콩으로 메주를
쑨다고 해도 믿지 않다가 사회가 정한 틀의 전문성을 가졌다고
공인된 누군가의 말에는 맹신하는 식이다.

　의사가 내 몸에 대해 나보다 더 잘 알고, 목사가 내 영혼에 대
해 나보다 더 잘 안다고 믿는다. 마음을 울리는 글이나 그림을
보아도 작자가 누구인가를 더 따져 더 감동하거나 덜 감동할 무

의식적 준비가 되어 있다.

그래서 예수의 말씀보다 그 말씀의 권위 출처를 더 궁금해한다. 그들은 믿을만하려면 뭔가 든든한 '빽'이 있어야 한다고 생각한다. 언어가 영혼의 집인 것이 사실이고 행위자와 행위를 구별할 수 없는 것이 당연하다면, 예수의 말씀과 통찰의 수준이 곧 예수의 인격과 위상 모두를 말해 주는 것이다. 그러나 '사회화'된 마음은 그 자연스러움을 왜곡한다.

나무와 열매의 비유는 행위자와 행위, 화자와 메시지에 해당한다. 이 둘이 분리 불가능한 것은 자명하다.

'나무를 사랑하지만 열매를 미워하는 것.' 권위만 맹신하고 그 메시지에 대한 이해와 공감은 없는 경우다. '열매를 사랑하지만 나무를 미워하는 것.' 메시지에 공감했음에도 불구하고 발신자의 권위 출처를 의심하는 경우다.

믿음의 제도화, 규격화와 사고의 사회 보증 의존 심리, 이것들이야말로 투명한 소통에 심각한 장애물들이다.

044절

✦✦✦ ① 예수께서 말씀하기를, 누구든지 아버지를 모독하는 자는 용서받을 것이다. ② 그리고 누구든지 아들을 모독하는 자는 용서 받을 수 있다. ③ 그러나 누구든지 성령을 모독하는 자는 땅에서도 하늘에서

도 용서받지 못할 것이다.

여기서 '아버지와 아들'은 신성의 인격화된 비유를 의미한다. 모든 신화가 불가피하게 그러하듯, 인류의 집단 지성 수준이 아직 마술적 수준을 벗어나지 못한 시절, 모든 신성은 '신인동형동성설'적인 모습을 띨 수밖에 없었다.

그것이 불가피한 것도 사실이지만 그것이 은유와 비유의 집적물이지 실제가 아님 또한 엄연한 사실이다. '성부–성자–성령'이라 일컬어지는 삼위 중 '실재(Est)'에 해당하는 것은 오직 성령이다.

모든 종교에는 '보편 진리'라는 측면과 '기복 신앙'이라는 양축이 불가피하게 공존해왔다. 전자가 고등종교의 공통 메시지로 평화롭게 조화되는 '존재의 대사슬'을 표현하는 데 반해, 후자는 언제나 문화 역사적인 맥락 속에서 현실 권력과 동반된 '우상 숭배'를 양산해왔다. 그래서 종교는 늘 평화를 말하면서 갈등을 부추기는 중심축이기도 했지만, 그럼에도 불구하고 그 갈등을 극복, 승화할 수 있는 유일한 통로이기도 했던 것이다.

인격화된 위계 표상-아버지와 아들-이 대중문화 수용의 표현이라면, 성령은 그 은유, 비유를 걷어내고 직설적으로 보편 진리의 핵심 속성을 일컫는 말이다.

045절

✦✦✦ ① 예수께서 말씀하기를, 포도는 가시나무에서 수확되지 않고, 무화과 또한 엉겅퀴에서 수확되지 않는다. 왜냐하면 이들은 열매를 맺지 않기 때문이다. ② 선한 사람은 그의 창고에서 선한 것을 내어온다. ③ 하지만 악한 사람은 그의 가슴속 악한 창고에서 악한 것을 내어오며, 악한 것들을 말한다. 왜냐하면 가슴속에 넘치는 것으로부터 그는 악한 것들을 내어오기 때문이다.

앞 장에서 이미 보았듯 궁극적 의미에서 '선'이란 분별의식을 초월하여 뭇 생명을 북돋우는 일체의 지향이고 '악'이란 '원죄-존재불안-집착-탐욕'으로 이어지는 일체의 운동 지체 지향이다. 그러나 일상적인 의미의 규범으로서의 도덕은 이와 같지 않다. 오히려 당대의 갈등 구조를 전제하고 그 장에서 우위를 차지하기 위한 기능적 효율성이 사회적 선으로 권장된다. 그러므로 사회에서 권장하는 선이지만 보편 도덕에 어긋나거나, 보편 도덕에 합당하나 비사회적 혹은 반사회적이 되는 경우가 허다하게 생긴다.

위인전이 떠받드는 수많은 위인들은 그저 사회적으로 부러움을 받는 성공자이거나 자신의 성취를 위해 더 큰 희생을 만든 이들이기도 하다. 정치경제적 정복자들의 경우가 그렇다. 이들은 세상에서 칭송받으나 '가슴 속으로부터' 악한 것을 길어낸 이들이다. 반면 성공과 인정과는 다른 구도적 평화를 갈구한 이들도 많다. 이 이름 없는 창조적 소수들이 인간 진화의 보이지 않는 토양이 된다.

상식적인 말이지만, 선한 행동을 한다고 해서 선한 것은 아니다. 그 행동이 보상을 바라거나 거래의 수단이라면 말이다. 그러나 존재 자체가 선한 이의 행동은 개별 행동의 사회적 평가 여부를 떠나 일체 선한 지향일 수밖에 없다. 현실에서는 전자가 득을 보고 후자가 조롱받을지 모르나, 영혼의 성숙이라는 장에서는 전혀 반대 현상이 벌어진다.

예수가 말하는 열매는 우리 마음이라는 밭의 사태임을 늘 기억해야 한다.

046절

✚✚✚ ① 예수께서 말씀하기를, 여자로부터 난 자 중에, 아담에서 세례 요한에 이르기까지, 세례 요한보다 더 뛰어난 이는 없으므로 그 앞에서 세례 요한의 눈이 찌푸려지도록 해선 안 된다. ②내가 이미 말했듯이, 너희 중 누구라도 아이가 되는 자는 나라를 알게 되고 요한보다 뛰어나게 될 것이다.

'뛰어난 이'의 기준이 제시된 장이다. 다름 아닌 '아이가 되는 자'

잃어버린 신을 찾아서

다. 수 없이 등장하는 아이와 성인의 동일시 비유가 반복된다.

아이는 자의식 에고에 물들지 않고 따라서 탐욕, 편견, 선입관으로부터 자유로운 이를 일컫는다. 주의할 것은 아이가 요한보다 뛰어난 것이 아니라 욕망과 집착, 자의식과 편견의 과정을 거치고도 다시 아이가 될 수 있는 자가 요한보다 뛰어나게 된다는 점이다.

영성은 물질과 마음에 대한 집착을 초월한 인간 정신의 정수여서 물질과 마음이라는 정체성 수준을 거치고 초월하며 도달하는 단계다. 아이 자체는 사회적 질곡을 경험하기 전이어서 순수한 인간 정신의 상징이 될 수 있지만, 그 순수성과 영적 만물일체감의 수준이 동일한 것은 아니다. 그것은 이기탐욕적인 인간이 되기 '전' 단계와 이기탐욕을 '초월한' 단계를 동일시하는 것과 같다. 그러므로 오직 비유적인 의미에서만 아이는 성인의 표상이 될 수 있다.

047절

✚✚✚　① 예수께서 말씀하기를, 한 사람이 두 말에 올라타거나 두 활을 당길 수 없다. ② 그리고 한 종이 두 주인을 섬길 수 없다. 그렇지 않으면, 이 주인은 존경하고 저 주인은 업신여길 것이다. ③ 어느 누구도 묵은 포도주를 마시고 즉시 갓 빚은 포도주를 마시고 싶어 하지 않

는다. ④ 그리고 새 포도주는 낡은 가죽부대에 넣지 않는다. 그러면 가죽부대는 터져버린다. 묵은 포도주는 새 가죽부대에 넣지 않는다. 그러면 맛을 버릴 것이다. ⑤ 낡은 옷 조각을 새 옷에 기워 붙이지 않는다. 그러면 결국 터져버리기 때문이다.

두 말, 두 활, 두 주인, '낡은·새로운(포도주, 옷)'은 동일한 의미를 다른 표현으로 반복한다. 요점은 이원적이고 모순적인 두 상태, 탐욕과 영성이 공존할 수 없다는 뜻이다.

그래서 예수는 경전의 다른 곳에서 구원의 길을 묻는 부유한 유대 청년에게 자신의 재산을 모두 나누어 주고 오면 일러주겠다는 말씀을 한다. 도저히 그렇게 하지 못해 고개를 숙이고 가는 청년을 두고 '부자가 천국에 가기가 낙타가 바늘귀 뚫는 것보다 어렵다'고 했다.

영성과 물욕이 두 활, 두 주인에 해당하는 경우다. 신성, 영성에 귀의하고자 하는 이는 세상의 복을 바랄 바 아니다. 그러므로 당연하게도 모든 기도는 자아를 전제로 하여 복을 바라는 것일 수 없다. 자아와 일체의 탐욕을 내려놓는 길이 예수가 분명하게 밝힌 영혼 구원의 전제 조건이다.

048절

✦✦✦ ① 예수께서 말씀하기를, 이 한 집 안에서 둘이 서로 평화를 이루고, ② 그들이 산을 보고 '움직여라'라고 말한다면, 산이 움직일 것이다.

앞에서 계속 지적되고 있듯 평화를 이루는 전제는 일체의 자의식과 탐욕을 내려놓는 것이다. 감각과 감정, 욕망과 계산된 이성에 대한 집착을 모두 떨쳐내면 인간 정신은 새로운 상태의 세계로 나아간다. 그것은 반야심경에 등장하는 '오온(五蘊)이 개공(皆空)'함이다. 크리슈나무르티는 이를 '목적 없는 열정'이라 표현한다.

그들이 산을 움직일 수 있다는 말씀은 우주적 의미의 직설과 현실적 의미의 비유라는 양면을 다 담고 있다.

직설적인 의미로는 간단히 말해 오늘날 과학이 원칙적으로 인정하지 않을 수 없는바, 모종의 의식이 물질을 탄생시킨다는 점이다. 비가시적이고 비선형, 비인과적이지만 분명히 작용하는 창조 에너지가 실제 우주와 물질을 만들어냈다! 그러므로 산 아니라 일체의 존재가 이 의식의 산물이며 한 인간의 내면에도 이러한 의식과 접속할 수 있는 잠재력이 내재하고 있다.

비유적으로는 이런 청정한 의식 상태에 있는 이들은 도저히 일어날 것 같지 않은 일을 해낼 수 있다고 말한다.

직접적인 물질세계에 대한 영향이라는 면에서가 아니더라도 '관찰자 효과'라 일컬어지는 마음의 놀라운 작용력은 이제 흔치 않게 목격되고 인정되고 있다. 과학 실험에서 실험자의 의도에 대상이 영향 받는다는 사실은 정설이 되었고, 일상에서도 지속적이고 진심 어린 의도가 주변의 사물과 인간 의식 모두에 심대한 영향을 미친다는 보고는 수없이 발견되고 있다. 비록 그 정도는 복합적인 조건과 상황에 따라 달라지만 주관적 의식이 객관적 에너지와 물질에 상호작용한다는 명제는 현대과학이 그 첨단에서 발견한 새로운 패러다임의 진실이다. 청정한 의식은 무의식적 힘을 동반한 신념을 만들고, 신념의 공감은 집단 문화와 행동을 통해 문명으로 표현된다. 상상이 즉각적으로 현실을 만들어낸다는 마술, 주술적 수준에 대한 강박만 제외하면, 인류는 늘 신념이 기적 같은 현실을 만들어 낸 역사를 이미 줄곧 살아왔던 것이다.

049절

✦✦✦ ① 예수께서 말씀하기를, 복이 있도다, 홀로 되고 선택된 자여, 너희는 나라를 발견할 것이기 때문이다. ② 왜냐하면 너희는 나라에서 왔고 나라로 돌아갈 것이기 때문이다.

잃어버린 신을 찾아서

이 장의 '홀로'는 고립이나 외로움이 아니라 '천상천하 유아독존'을 선언한 부처의 일갈과 같은 뜻으로 이해되어야 한다.

'Solitary'의 사전적 의미는 'Existing, living, or going without others'다. 여기서는 일종의 독존적, 자기 완결적 완성자라는 뉘앙스로 쓰였다. 이 말은 상호 연관된 세계의 '연기(緣起)'를 부정한다는 게 아니고 일체의 의존과 구속을 벗어난 자유의 경지를 표현하고자 한 것이다. 그러므로 영성에 눈뜬 깨달음의 경험자들은 모두 하나같이 '유아독존자'들이다. 즉 '단수'의 절대 영웅이 아니라 '복수'의 공동 체험자들이다.

그들은 응당 나라, 천국, 마음의 평화를 발견할 것인데, 그 의식 자체가 인간 정신 가장 깊은 곳의 아트만에서 왔고, 또 범아일여적인 일체를 통해 우주로 확장되어 나갈 것이다. 그 의식 자체가 모든 경계와 이원성을 초월한 성격이므로 여기에는 개체적 자의식이 부여되어서는 안 된다. 그러므로 부처도 예수도 한 인간으로서는 개인이었으나 깨달은 자라는 자격격으로서는 그들 이전과 이후의 모든 깨달은 자들과 함께 '홀로 된 자들'인 것이다. 요컨대 이 장은 구도의 길을 재촉하는 내용이다. 이런 대목을 간악한 선민의식과 특권 의식을 뒷받침하는 뜻으로 해석하는 것은 특히 조심할 일이다.

050절

✦✦✦ ① 예수께서 말씀하기를, 그들이 너희에게 묻기를, '너희는 어디서 왔는가?' 하면, 그들에게 말하라. '우리는 빛에서 왔도다. 그리고 그곳은 빛이 스스로 생겼으며, 일어났으며, 그들의 형상으로 드러나게 되었다.' ② 만약 그들이 너희에게 묻기를, '그 빛이 너희인가?' 하면, 말하라. '우리는 빛의 아이들이다. 우리는 살아있는 아버지의 선택된 자들이다.' ③ 만약 그들이 너희에게 묻기를, '너희 안에 있는 너희 아버지의 증거가 무엇인가?'라고 하면, 그들에게 말하라. ④ '그것은 운동이며, 안식이다.'

① 이때의 빛은 '의식의 출현(물질 운동을 결정하는 정보 덩어리로서의 에너지)'이다. 내용적인 의식의 출현은 형식적으로는 전기 에너지 모습을 띠고 나타나며, 빅뱅을 비롯한 일체 우주의 생성소멸이 이 에너지들의 이합집산으로 실제 이루어졌다. 그러므로 이런 의식 상태를 깊은 명상의 상태에서 체험한 이들이 공통으로 전하는 바가 '빛으로부터 생명의 탄생'이라는 보편 명제다.

② 왜 '우리가 빛이다'라고 말하지 못하고 그 아이라고 하는가? 모든 유한 생명은 무한 빛으로부터 나왔고, 모든 인간의 내면에 영혼이 숨 쉬고 있으나, 현실에서의 존재가 모두 깨달음에 이른 것은 아니다. 무경계의 경지에 든 이만이 자신을 '길이요 진리요 생명이다'라고 선언할 수 있다. 그러나 종교적 구도자들

잃어버린 신을 찾아서

은 수준과 정도를 막론하고 의식의 최고 상태를 향해 정진하는 이들이므로 그들은 '살아있는 아버지(영성성령)의 선택된 자'인 것이다. 영성 개발을 향해 달려가고 있는 존재들이므로.

③ ④ 예수는 신의 증거를 대라는 세상의 주문에 모든 생명 운동 일체가 신성을 증명하고 있다고 말한다. '운동과 안식'은 동양적 개념으로는 '양과 음'이요, '동(動)과 정(靜)'이기도 하다.

모든 창조는 기적이요 모든 생명은 그 기적의 산물이고 그 기적은 한번 일어나고 사라진 일회성 사건이 아니라 한순간도 끊이지 않고 불생불멸의 연속으로 일어나는 이 세상 자체. 신의 존재는 창조, 생명, 운동의 불생불멸 그 자체에서 증명되는 바라는 말씀이다.

그런 입증도 반증도 안 되는 게 무슨 증명인가? 논리적 수준의 증명은 인과율을 벗어나지 못하지만, 창조 그 자체는 전혀 인과적 과정이 아니다. 그러므로 논리는 애초에 우리 인간이 세상을 편히 인식하고자 하는 의식의 습관적 도구일 뿐, 진리와는 아무 상관이 없다. '신=무한 생명 운동' 외의 어떤 입증도 논리로서는 세울 수 없다. 논리를 넘어 선 영역에서는 오직 '체험'만 가능할 뿐.

051절

✦✦✦　① 예수를 따르는 자들이 그분께 말씀드리기를, 언제 죽은 자

들을 위한 안식이 일어납니까? 그리고 언제 새 세상이 옵니까? ② 예수께서 그들에게 말씀하기를, 너희가 기다리는 것은 이미 와 있다. 단지 너희가 그것을 깨닫지 못할 뿐이다.

영생불멸이나 부활로 표현되는 종교적 목표는 어느 종교에나 있다. 그런 바람이 비실제적임을 알면서도 포기하지 못한다는 것은 인간의 가장 뿌리 깊은 불안이 소멸, 즉 죽음의 공포라는 이유 때문이다. 종교가 근원적인 고통의 해결을 목표로 삼는 이상 어떤 식으로든 죽음의 초월 문제는 피할 수 없는 문제다.

기독교에서는 사후 세계의 천국과 예수의 실제 부활을 모티브로 이 문제에 답한다. 불교에서는 업보 윤회와 해탈의 논리로 이 문제에 답한다. 도교나 유교에서는 정식화된 논리는 없으나 음양오행으로 설명되는 자연 순환의 논리에 기대어 인간사도 함께 설명한다.

당대 다수 민중들의 신앙 대상으로 숭배되는 도그마와 종교 자체의 진의 사이에는 차이가 있다. 그래서 불교에서는 사람들이 믿음으로써 되는 사실을 '속제'라 하고 그 너머의 사실을 '진제'라 구분하기도 한다.

묻는 자와 답하는 자 사이의 전제에 큰 차이가 있다. 예수에게 묻고 있는 이들은 현실적이고 물리적인 차원을 전제하고, 예수는 심적이고 영적인 차원을 전제하고 있다. 그래서 겉보기에는

잃어버린 신을 찾아서

동문서답처럼 되어버리는 것이다.

'죽음의 공포로부터 언제 벗어나는가? 나아가 일체의 고통으로부터 해방되는, 실제 유토피아적인 날은 언제 오는가?' 이 질문에 대한 물리적 차원의 답은 '그런 날은 오지 않는다'일 터이다. 생성소멸은 우주의 운동 자체고 그 생성소멸이 없어지는 시공간은 존재할 수 없다.

사회적으로 본다면 갈등을 전제로 운동이 일어나고 운동을 전제로 역사의 진화가 일어나는 한, 전 단계 문명의 문제를 해결한 보다 나은 사회는 있어도 유토피아는 있을 수 없다. 그럼에도 불구하고 늘 조급히 이 유토피아를 이루고 싶어 하거나 선언했던 수많은 시도들이 있었고 그 시도들은 한결같이 피의 복수라는 역사적 악순환만 강화해왔다.

예수는 그 천국을 찾는 문제를 마음의 문제로 전환한다. 깨달음의 문제인 것이다. 우선, 공포와 고통 자체가 심적 현상임을 철저히 자각하고 인정해야 한다. 진리 차원에서는 '주관-객관(의식-물질)'이 이분법적으로 분리될 수 없고, 어떤 개체도 그 개체를 둘러싸고 작용하는 모든 환경과도 분리될 수 없다. 시간이 공간과 분리될 수도 없으며, 인간 인식을 떠나 과거와 미래가 분리되지도 않는다. 그럼에도 불구하고 인간의 문명은 그 기초부터 이 모든 분리 불가능한 것들에 대한 분리 의식을 전제로, 분리된 자기 정체성-이것이 원죄다-을 보존하는 데 초점이 맞취 왔다. 틀린 전제에서 출발한 믿음을 억지 영속화하려는 것이 인간의 탐욕이고, 그 탐욕이 다시 공포와 갈등, 고통을 악순환적으로 키운 것이라면 문제의 해결은 불가피하게 '직지인심(直指人心, 사람의 마음이 문제의 근원임을 곧바로 직시하는 것)'이 되지 않을 수 없다. 이 차원에서라면 천국은 이미 도달해 있다는 선언이 가능하다.

온갖 탐욕의 수준도 인간에게 내재한 본성이지만, 그것을 포함하며 초월하는 유교의 4단, 불교의 불성, 기독교의 영성 역시 엄연히 인간에게 내재한 가능성이다. 수많은 종교의 성인들이 도달한 경지가 그것을 증명하고 있고 이 순간에도 곳곳에서 벌어지고 있는 인류의 자발적 진화의 노력과 선의의 헌신들이 그것을 뒷받침하고 있다.

예수의 말씀은 에고와 탐욕을 초월하는 성숙한 의식에서 온갖 마음의 고통이 사라질 것이라는 선언이다. 습관, 기억, 생각, 계산, 감정의 축적 등등의 과정을 통해 조작된 '만들어진 마음'이라는 비실제적 실제의 굴레를 벗어나 진심으로 그 마음의 작용을 직관하는 통찰에 닿는다면, 당장 스스로의 근본적 불안을 가라앉히고 주변의 관계를 평화롭게 만들고 나아가 세상이 바뀌리라. 깨달음의 세계에 이른 성인으로서 이외 달리 무슨 해법을 말하겠는가?

불교에서는 이조 혜가가 참선을 하고 있는 달마 대사를 찾는

잃어버린 신을 찾아서

고사가 있다. 혜가가 물었다.

"마음을 편안히 하는 법을 가르쳐 주십시오."

이에 달마대사가 말했다.

"그대가 자신의 마음을 가져오면 내가 편안히 해주겠다."

"아무리 제 마음을 이리저리 찾아보아도 얻을 수 없습니다."

"그렇지."

달마대사가 말했다.

"그대 마음은 이미 편안해졌네."

마음은 어떤 덩어리나 범위가 아니다. 그러나 우리 모두는 애석하게도 덩어리, 범주로 자의식을 규정하고 그로부터 스스로 고통받는다. 혜가가 얻은 배움은 하나였다. 자신이 죽을 만큼 불편하게 했던 그 마음은 실체가 아니었다.

052절

✦✦✦ ① 예수를 따르는 자들이 그분께 말씀드리기를, 스물넷 예언자들이 이스라엘에서 말했습니다. 그리고 그들 모두 당신을 말했습니다. ② 예수께서 그들에게 말씀하기를, 너희가 너희 앞에 살아 있는 자는 생략하고 오직 죽은 자들만 말했도다.

제자들이 과거의 예언자들을 말한 이유는 일종의 정통성 확보

시도다. 예언자라고 하는 특별한 지위의 사람들이 더 많이 언급할수록 더 믿을만하지 않느냐는 권위에 대한 의존심이 깔려 있는 언급이다.

더 많이, 자주, 여러 사람이, 반복적으로 얘기하고 수용할수록 그것이 믿음이 되고 진리가 되어버린다. 집착과 편견이라는 것도 결국 반복 축적의 산물이다. 익숙한 것들은 안정감을 가져다주고 근본적인 존재 불안에 자기도 모르게 노출되어 있는 인간들이 궁극적으로 바라는 바는 그것이 환상이건 아니건 이 안정감일지도 모른다. 그러나 영성에 눈뜬다는 것은 이와는 전혀 다른 의식의 성취를 의미한다.

주체와 대상이 최초의 이원성이고, 그에 이어 유와 무, 삶과 죽음, 고통과 쾌락, 선과 악 등이 뒤따른다. 영성을 얻는다는 것은 실재와 상관없는 이 인식 오류들로부터 벗어난다는 것이고, 그럼으로써 갈등에서 자유로워짐을 뜻한다. 그러나 이런 종교의 의미가 세속적이고 물질적으로 수용되면 큰 왜곡이 발생한다.

가령, '죽음을 맛보지 않는다(도마복음 2절)'는 것은 개체 소멸의 공포에서 벗어나 우주 보편 생명의 입장에 선 정체성을 얻는다는 것인데, 이것을 개체적 자아의 영구지속(Everlasting)으로 받아들여 '예수천국, 불신지옥'이라는 기막힌 이분법을 만들어내는 방식이다. 주체와 대상, 과거와 미래, 기억과 기대의 악무한에서 벗어나 순간을 영원으로 인식하는 속에서 느끼는 안심이야말로

잃어버린 신을 찾아서

영생의 실제적 의미다.

과거에 대한 후회나 미래에 대한 투사나 타자에 대한 원망과 단죄, 자신에 대한 고립, 소외감, 나아가 소멸의 공포에서 벗어나 주어진 순간을 만물 일체의 안정감 속에서 영원으로 느끼는 시간 의식을 기독교 전통에서는 '눙크 스탄스(Nunc Stans)'라고 칭해왔다. 이에 반해 과거에서 미래로 화살표 방향의 흐름을 가진 시간은 '눙크 플루엔스(Nunc Fluens)'인데 과거도 미래도 현재 의식의 산물에 불과할 뿐 실재가 아님을 철저히 자각하는 것. 이 순간과 영원을 통일하는 지름길이라는 것은 동서고금 고등종교의 보편적 메시지다. 모든 종교에서 '지금·여기'가 강조되는 것은 실로 이 맥락에서다.

그러나 순간을 영원으로 살지 못하고 내면의 신성을 자각하지 못한 이들은 언제나 과거, 외부, 경험 반복, 다중의 인정 구조 속에서 안정을 얻고자 한다. 그리고 그들에게는 얼마나 권위 있는 자들이 얼마나 더 많이 언급했나가 중요해진다. 지금, 이 순간 대면하고 있는 살아있는 영이 얼마나 초개인적 심금을 울리는 가에 귀 기울이지 못하고, 예전에 누가 어떤 약속을 해서 미래에 얼마만큼의 보상이 기다리고 있는지가 중요해진다. 물론 사이비 교주라면 이런 장면에서 그들의 기대 심리를 꼬드겨 자신을 높일 것이다. 그러나 예수는 생생하게 살아있는 영의 목소리를 들으라고 일갈한다! 과거도 미래도 없고 그러므로 불생불사인 그 영은 언제나 현존한다.

053절

+++ ① 예수를 따르는 '자들이 그분께 말씀드리기를, 할례가 유익합니까, 유익하지 않습니까? ② 예수께서 그들에게 말씀하기를, 만일 할례가 유익하다면 그들의 아버지가 아이들을 그들 엄마의 뱃속에서 이미 할례 된 채로 낳도록 하였을 것이다. ③ 오히려 영 안에서의 참된 할례가 온전히 이익이 되었도다.

예수가 생전에 가장 많이 받았던 비난이 각종 관습적 계명에 대한 것이었다. 왜 안식일을 지키지 않고 병자를 고치느냐는 힐난이 가장 대표적이다. 여기의 할례도 그런 문제 중 하나다. 이런 비난에 대해 예수의 답은 일관된 것이었다.

사람을 위해 계율이 있지 계율을 위해 사람이 있지 않다는 것이다. 요즘 식으로 보면 법치주의의 형식합리성과 목적합리성의 충돌이라고도 볼 만한 성격의 일이다. 예수뿐 아니라 일체 고등 종교들의 이 주제에 대한 입장은 동일하다.

『대승기신론』에서는 부처 말씀을 깨닫는 공덕에 대해 각 사람의 의식 수준별 효과를 나열하는데, 그중 가장 마지막이 도저히 깨달음을 얻기 힘든 하근기자를 위한 마지막 보루로 계율을 논한다. 내적 의식의 전환, 상승이 중요하지 행동 통제의 형식이 우선이 아님을 강조한 것이다.

유교에서도 '종심소욕불유구(從心所慾不踰矩)'라는 표현을 쓴다. 뜻 가는 대로 행해도 이치에 어긋나지 않는다는 말인데, 이 경지가 유교가 추구하는 군자 상을 대변한다.

도덕경 역시 대도가 땅에 떨어져 인위적인 '인, 예, 의, 지'가 할 수 없이 생겨났다고 날카롭게 지적한다. 결국 중요한 것은 어떠한 외적, 형식적 강제 규범이 아니라 '법 없이도 살 수 있는' 내면의 성숙이다.

그럼에도 불구하고 현실의 우리는 관습화된 계율과 형식에 대한 충실성으로 서로를 단죄하는 데 익숙해져 있다. 특정한 상징과 규칙을 따르느냐 않느냐로 종교나 이념에 대한 충성도를 판정한다. 『레미제라블』에서 세상의 규범에 맹목적이었던 자베르가 자기 구원을 얻지 못하고 생을 마친 이유나, 거꾸로 장발장이 평생에 걸친 불안 속에서도 끝내 구원이라는 마음의 평화를 얻을 수 있었던 것도 이와 관련된 태도의 차이에 기인한 것이다.

어떤 길이 마땅한 길인가? 예수는 이에 대해 영적인 기준에서 '다만, 예 할 것은 예하고 아니오 할 것은 아니오'라고 말하라'고 가르친다.

②, ③ 자연은 있는 그대로 아무 모자람이 없다. 생명의 순환은 자체적으로 완벽한 질서 속에서만 가능하다. 문명에 대한 인

간의 열정이 불가피한 진화 과정의 산물이라 하더라도, 원죄에 기초한 불안에서의 도피라는 성격을 피할 수 없는 인위적 규범이 절대시 되어서는 안 된다.

할례는 성욕에 대한 권위적 통제 관습으로 나타난 것으로 자연에서 주어진 인간성에 대한 폭력적 지배욕을 반영한다. 그것도 물리적인 방식으로! 한 마디로 무지의 소산일 뿐이다.

성욕이 문제가 되어 할례가 필요하다면 식욕이나 소유욕이나 권력욕의 문제는 어디를 제거해야 하는 것일까? 종교적 경건성을 단지 그 외양만 흉내 내려는 조급증의 산물이 내적 변화 없는 외적 틀의 강제라고 할 때, 할례는 이런 관습의 전형적 사례다. 본말이 전도된 것이다. 그래서 예수는 '영 안에서의 참된 할례'라는 가르침을 준다. 외적, 신체적 강제가 중요한 것이 아니다.

영적 할례는 일체 탐욕으로부터의 자유를 상징하는바, 이 자체가 전체성을 향해 진화하는 깨달음의 과정에서만 얻을 수 있는 무엇이다. 영적 할례는 인습의 악순환을 벗어남을 뜻하는 것이고, 어느 한 특정한 욕망에 대한 편향, 집착이 아니라 일체 편향, 집착으로부터 자유로워짐을 뜻한다. 경전의 또 다른 곳에서 예수는 동일한 가르침을 다른 표현으로 반복해서 말한다(마태복음 23장 25절).

'먼저 잔 속을 깨끗하게 하라. 그러면 겉은 저절로 깨끗해질 것이다'

잃어버린 신을 찾아서

054절

✦✦✦ ① 예수께서 말씀하기를, 가난한 자는 복이 있으니, 하늘나라가 너희 것이기 때문이다.

이 대목은 마태복음(5:3)의 '마음이 가난한 자는 복이 있나니'와 같은 구절이나 '마음이' 생략되어 있다. 그러나 의미는 같다고 보아야 한다. 마음이건 물질이건 가난하다는 것은 빈 것이요, 꽉 찬 것의 대구다. 신념이나 편견, 일체 외적 대상에 대한 집착과 의존이 없는 상태를 말한다.

기독교 신비사상가 마이스터 에크하르트(Meister Eckhart, 1260~1329)는 가난한 자에 대해 이렇게 설명한다.

> 마음이 가난한 사람은 아무것도 더 바라지 않고 아무것도 더 알려고 하지 않으며 아무것도 더 가지려고 하지 않는다. 욕망으로부터, 지식으로부터, 소유로부터, 신으로부터 자유로운 사람만이 진정으로 마음이 가난한 사람이다.

천국경계와 갈등을 초월한 마음의 평화 상태다. 소유, 권력, 명예와 같은 세속적 탐욕뿐 아니라, 개체 자아인 에고를 이루는 일체의 고착 정체성 범주는 모두 천국에 들지 못하는 조건이 된다. 자신의 신념, 민족, 신을 위해 쉽게 눈물 흘리는 자는 다른 신념,

민족, 신을 숭배하는 이들을 또한 쉽게 해치기도 한다.

예수가 말하는 평화의 조건으로서 사랑은 이런 상태에서 가능하지 않을 것이다. 신념과 신의 이름으로 저질러진 모든 악행이야말로 마음이 꽉 찬 자들의 이율배반이었음을 알아야 한다.

055절

✦✦✦ ① 예수께서 말씀하기를, 누구든지 그의 아버지와 그의 어머니를 미워하지 않으면 나를 따르는 자가 될 수 없다. ② 그리고 누구든지 그의 형제와 그의 자매를 미워하지 않고 나의 길에서 그 자신의 십자가를 지지 않으면 내게 합당하지 않다.

'예수의 길'은 진리의 길이며, 그 내용은 무경계의 공(空), 무조건적인 사랑과 대자유의 상태다. 그 길에 이르기 위하여 누구나 스스로 짊어진 세상의 모든 짐들, 원죄와 사회화에서 비롯된 자의식과 탐욕들을 내려놓는 과정을 거쳐야 하며 이것이 '그 자신의 십자가'다.

진리에 이르지 못한 이들에게 이 과정은 지난한 고통일 수밖에 없고 이 고난의 끝에는 자신의 존재 정체성을 부여한 모든 관계로부터 물러남까지 포함된다. 그리하여 세상의 눈으로 볼 때 매정하게도, 예루살렘을 향하는 예수의 마지막 길을 보고자 했던 어머니 마리아에게 예수는 '누가 내 가족이냐?'고 되풀이해서 물었던 것이다. 그러나 이 물러남은 조건부 사랑에서 조건 없는 사랑이라는 '대자유'를 향한 걸음임도 분명하다.

아버지와 어머니, 형제와 자매는 원죄와 사회화의 원천이기도 하며 가족, 종족, 인종의 바탕이다. 그러나 여기서 물러남은 모든 인간을 껴안기 위한 과정으로서 방편이지, 말 그대로의 부정이 아님을 기억해야 한다.

056절

✚✚✚ ① 예수께서 말씀하기를, 누구라도 이 세상을 깨달은 자는 오직 시체를 발견하였다. ② 그리고 누구라도 시체를 발견한 자는 이 세상보다 뛰어나다.

여기서 '이 세상'은 모든 세속적 가치를 뜻한다. 그 세속적 가치들이 추구하는바 일체는 마침내 '시체부패와 종말'의 상태를 면치 못함을 뜻한다. 이 구절을 달리 표현하면 '영원을 바라는 어떤 세속적 추구와 욕망도 허무함(세상에서 발견할 수 있는 모든 추구는 곧 시체가 될 것들일 뿐!)'에 대해 이해한 자는 비로소 세상을 초월한 지혜를 얻을 것이라는 말씀이다.

057절

+++ ① 예수께서 말씀하기를, 아버지의 나라는 좋은 씨를 가진 사람과 같다. 그의 원수가 밤에 와서 좋은 씨들 사이에 잡초를 심었다. ③ 그 사람은 사람들에게 잡초를 뽑으라고 하지 않았다. 오히려 그들에게 말하기를, 너희가 잡초를 뽑으려 하다가 그와 함께 곡식까지 뽑을까 염려스럽다. ④ 왜냐하면 추수하는 날에 잡초들은 쉽게 보이며, 뽑히어 불살라질 것이기 때문이다.

'좋은 씨'와 '잡초'의 대비는 우리 내면 의식 스펙트럼 중 영성에 가까운 것들과 물적 탐욕에 가까운 것들에 대한 비유다.

저차원의 생리, 안전 욕구부터 자아 실현욕을 넘어 초월과 만물일체로 나아가는 영성에 이르기까지 인간의 의식 스펙트럼은 실로 다층적이다. 이 각각의 스펙트럼들에는 분명한 위계와 차이가 있다. 그러나 그만큼 분명한 사실은 이 모두가 자연스럽고 필수적인 층들이라는 점이다. 그러므로 편의적으로 부정하거나 없애버릴 수 있는 것이 아니다.

욕망, 나아가 탐욕조차 근본적으로는 신성의 다른 표현이다. 잘못된 방식이기는 하나, 영원을 추구하려는 인간 본성의 심층에서 일어난 운동이기 때문이다.

물론, 그 뿌리가 필연적이라는 말이 탐욕을 옹호하거나 지속해야 한다는 말은 아니다. 다만 단순한 적대와 배제의 대상으로

잃어버린 신을 찾아서

삼아서 안 됨을 알아야 한다. 고통 없는 성숙은 없고 유치함 없는 지혜도 없다. 육욕의 허망함을 모르고 영성을 원할 수 없고 뚜렷한 자아의 형성 없이 그 초월을 논할 수도 없다. 그래서 '필요악'이라는 말이 있지 않은가.

예수는 '너희가 잡초를 뽑으려 하다가 그와 함께 곡식까지 뽑을까 염려스럽다'라고 한다. 욕망에 대한 억압은 더 큰 반발만 초래한다. 그래서 모든 성인들은 투쟁과 소멸이라는 극단의 방식을 피하라고 가르친다. 내부적으로는 의지적 금욕주의든 외부적으로 이단에 대한 투쟁이든 마찬가지다. 나아가 악마와의 싸움은 싸우는 사람을 악마로 만들기도 한다.

잔인한 자를 대적하기 위해 더 잔인해지고 영악한 자를 대적하기 위해 더 영악해지는 자신을 정당화해 온 현실의 부정적 사례들이 어디 한둘인가? 모든 나쁜 상태 자체가 하나의 필연적 과정이고 영적 성숙에 의해서만 자연히 해결되어야 할 것이라면 우리가 할 일은 예수의 가르침대로 평화적이고 비폭력적인 진실수호 이상일 수 없다. 무한한 용서와 자비에 바탕을 둔 포용으로만 잡초의 독성은 수그러들 수 있다.

모든 잘못된 탐욕과 집착의 종착은 필연적인 소멸이다. 그래서 추수하는 날, 심판의 날, 죽음의 때 앞에서 그 잡초들은 저절로 드러난다고 말한다. 인위적이 적대와 배타는 그 잡초의 투쟁력을 강화할 뿐이다.

그래서 영국의 시인 알렉산더 포프(Alexander Pope, 1688~1744)는 '실수하는 것은 사람이고, 용서하는 것은 신의 몫(To err is human,' to forgive devine)'이라 노래했다. 내면의 신이 영성이라면 그 영성의 할 바는 오직 용서밖에 더 있겠는가.

058절

✦✦✦　① 예수께서 말씀하기를, 고통을 겪고 삶을 발견한 자는 복이 있도다.

불교에 '일체개고'라는 명제가 있다. 살아있다는 것은 운동한다는 것이고, 모든 운동은 변화를 만드는 것이며, 그 변화는 어떤 식으로든 기존의 안정을 깨뜨린다는 면에서 고통이란 뜻이다.

음과 양, 변환과 변용, 분열과 통합, 보존과 증강, 사랑과 자유 등. 무엇이라 표현하든 인생은 대립하는 힘의 어울림 장이다. 이 간단없는 변화는 고착된 정체성과 집착, 탐욕과 극한 갈등을 만들어낸다. 그러니 어찌 일체개고가 아닐까.

삶의 고통은 그 자체로는 괴로움이겠지만 괴로움을 통해 집착할 바 없음에 대한 깨우침과 개체 에고에 대한 허망함을 일깨워준다는 점에서 성숙의 필수 요소이기도 하다.

변화의 흐름에 저항도 반대도 하지 않고, 그 자체를 삶의 자연스러움으로 받아들이며, 집착 일체를 마음에서 내려놓을 수 있어서 비로소 격변 속에서도 마음의 평화를 얻는 자가 있다면, 그야말로 삶의 새로운 차원, 천국을 발견한 자가 될 것이다.

059절

✝✝✝ ① 예수께서 말씀하기를, 너희가 살아 있는 동안 살아있는 자를 유의하라. 그렇지 않으면 너희가 죽어서 아무리 그를 보고자 하여도 그리할 수 없으리라.

앞의 '살아있는 동안'은 우리의 생애 중이라는 말 그대로의 뜻이다. 뒤의 '살아있는 자'는 살아서 이미 천국에 든 자를 말한다. 탐욕과 집착에 매인 상태가 '살아있으면서 죽은 듯이 사는 것'에 불과하다면 그로부터 자유로운 이가 로마 속담에서 말하는 '살아서 죽은 자'인 것이다. 쉽게 말해, 살아서 일체의 세속 탐욕으로부터 벗어나 자유를 얻은 자다. 우리 생애 동안 깨달음을 추구하지 않는다면 천국도 영생도 영성도 바랄 일이 못 된다는 가르침이다.

060절

✦✦✦ ① 한 사마리아 인이 양을 들고 유대 지방으로 가고 있었다. ② 예수께서 따르는 자들에게 말씀하기를, 저 사람이 양을 메고 가는구나. ③ 그들이 예수께 말씀드리기를, 양을 죽여서 먹고자 하기 때문입니다. ④ 예수께서 그들에게 말씀하기를, 양이 살아 있는 동안은, 그가 먹지 않을 것이다. 그러나 양을 죽였고 그것이 시체가 되었다면 먹을 것이다. ⑤ 따르는 자들이 말씀드리기를, 달리할 수는 없습니다. ⑥ 예수께서 그들에게 말씀하기를, 너희도 그러하다. 너희 스스로 안식 안에서 자리를 구하라. 그렇지 않으면 너희도 시체가 되어 먹히리라.

이 가르침의 핵심은 '안식 안에서'에 있다. 안식(Repose)은 고요한 마음의 평정, 침묵 상태를 뜻한다. 마음의 심층, 영성의 발견은 말과 논리, 생각과 욕망을 넘어선 곳에 있다. 그 상태에 이르는 것이 곧 천국의 발견이요, 만물일체감의 회복이요, 죽음을 맛보지 않는 순간·영원 일체로서의 영생의 발견이다. '시체가 되어 먹힌다'는 것은 살아서 그 깨우침을 얻지 못한 자에게, 죽음은 늘 소멸의 공포에서 오는 극한의 괴로움으로 다가오고, 집착했던 모든 대상이 허망하게 사라짐을 고통스럽게 겪게 되리라는 말씀이다. 탐욕에 대한 정신의 굴복과 좌절을 시체라 비유했다.

잃어버린 신을 찾아서

061절

✦✦✦ ① 예수께서 말씀하기를, 둘이 한 침대 위에서 휴식할 것이다. 하나는 죽을 것이며 다른 하나는 살 것이다. ② 살로메가 말씀드리기를, 남자여, 당신은 누구십니까? 당신은 나의 침대에 올라 나의 밥상에서 식사를 하였습니다. ③ 예수께서 그녀에게 말씀하기를, 나는 분열되지 않은 자로부터 존재하는 사람이다. 나는 아버지가 소유한 것들을 받았느니라. ④ 살로메가 말씀드리기를, 저는 당신을 따르는 자입니다. ⑤ 예수께서 말씀하기를, 그러므로 내가 말하노라, 만일 누구라도 분열되지 않은 온전함에 있다면, 그는 빛으로 가득 찰 것이다. 누구라도 사람이 분열되면, 어둠으로 가득 차리라.

영성의 핵심이 무엇인지를 단적으로 알려주는 장이다. 그것은 '분열되지 않은 온전함'이다. 인간 정체성의 역사는 실로 분열될 수 없는 것들에 대한 '적대적 경계 분립'의 역사라 해도 과언이 아니다. 한 개인이든 집단 인류든 성장 과정에서 겪는 불가피한 분리 구별 의식의 사정은 동일하다.

태초에 인간은 안과 밖을 구별하고 자신과 환경을 구분했다. 구분 자체는 인식 발달의 자연스러운 결과지만 문제는 우리 마음이 이 구분을 일종의 전선(戰線)으로 삼게 된다는 데 있다. 인간과 자연의 '대당(對當)'이 생긴 것이다.

자연은 두려움의 원천이자 정복해야 할 대상이 되었다. 자연적인 것은 배제해야 할 대상이 되고 이로부터 자연으로 돌아가는 것을 소멸이라 여겨 기피 1호로 삼는 한편, 자연으로부터 멀어질 수 있는, 혹은 그 영향을 최소화할 수 있는 정도를 문명의 발달로 여기기 시작했다.

유기체로서의 인간조차 다시 내적인 정신과 외적인 육체로 구분하기 시작했다. 문자와 계산의 발달에 힘입어 정신은 고귀한 것으로 육체는 죄의 씨앗으로 갈라졌다. 욕망은 어둠의 힘이자 위험의 원천으로 치부되었고, 육체는 조작과 통제의 대상이 되어버렸다.

그 정신조차 온전함을 잃고 다시 냉철한 이성과 변덕스러운 감정이라는 구별로 나뉘었다. 이성이 인간 존엄의 근거로 받들어지는 동안 감정은 정신의 어리고 유치한 단계이자 열등한 능력으로 치부되었다.

이성 역시 협의의 의미인 계산 능력으로 좁혀진 다음, 사회가 요구하는 역할에 조응하는 페르소나와 가려진 그림자로 더욱 세분화되었다. 여기서 한발 더 나가 페르소나에 과잉 긍정이 덧붙여지면, 『피로사회』가 지적하고 있는 성과주체가 탄생한다. 그리고 그 결과는 우울증과 자기 파괴다.

자연, 육체, 감정, 그림자 이 모든 것들이 평생 싸울 적들이 되었다. 안팎은 물론 전 방위로 번져나가는 파편적 정체성에 입각한 이 적대 의식이 인간을 무간지옥에 빠트린다. 그리하여 너무나도 자연스러운 지역, 인종, 성, 종교, 사상의 차이가 상대가 허용되면, 내가 부정된다는 상상적 위기로 전화되어 목숨을 건 적대 갈등의 진원지가 되고 말았다.

영성이 고통으로부터 구원을 가능케 하는 어떤 정신 상태라면, 그것은 필연적으로 이 분열 의식들을 극복하고 초월한 상태일 수밖에 없다. 예수는 성적 차별을 전제한 '남자여'라는 말이나 우월, 열등을 전제한 의존을 나타내는 '따름'이라는 말을 하는 살로메에게, 그런 경계 의식 자체를 벗어나는 길이 하느님께 이르는 길이라 가르친다. 종교적 질서 안에서조차 성차별, 위계 차별을 제도화하고 있는 우리는 과연 예수의 가르침을 제대로 이해한 것인가?

062절

+++ ① 예수께서 말씀하기를, 나는 나의 신비함에 합당한 자들에게 나의 신비로운 가르침을 말하노라. ② 너의 오른손이 하는 일을 너의 왼손이 알지 않도록 하라.

'가르침에 합당한 자들'이 있다. 물론 영적 메시지는 그 자체로 보편적 가치가 있으나 인간사의 소통 문제는 그와 또 다른 문제다. 욕망이나 지성의 단계도 분명히 있다. 세상의 고통에 대한 경험과 이해가 없는 이에게 해탈을 논한다는 것은 얼마나 무망한 일이겠는가. 그러므로 모든 가르침은 그 마땅한 때와 인연에 따라 소통될 수밖에 없다.

『논어』의 첫 마디는 '학이시습(學而時習)'인데, 여기서 가장 중요한 개념은 '시'다. 이 시는 흔히 직역되는 '때때로'가 아니라 '적절한 때에 맞게'로 해석되어야 한다. 그리고 이때는 비단 시간만이 아니라 상황 전체가 내포하는 인연을 다 고려하는 것이라 봐야 한다.

『중용』에서 드러나듯 공자 사상을 한 마디로 압축하면 '시중(時中)'인 바, '때에 맞는 역동적 균형감과 판단력'이 그 내용이고, 이때는 '상황 전체에 대한 고려를 염두에 둔 시점'이라는 말이다. 그래서 『논어』와 『맹자』의 곳곳에는 '그때그때 다르고, 사람에 따라 다르다'는 논법의 사례가 수없이 등장한다.

'강함이 무엇인가?' 묻는 제자에게 공자는 '남쪽의 강함인지 북쪽의 강함인지' 되물었다. 한 신하가 두 임금을 섬길 수 없다고 굶어 죽은 백이. 숙제가 성인인지, 늘 관직에 나아가려 했던 유하혜가 성인인지 묻는 제자의 질문에 맹자는 모두 아니라 답한다. 이에 그럼 공자는 어째서 성인일 수 있는가에 대한 맹자의 답은 '나아갈 만하면 나아갔고 물러날 만하면 물러났다'고 답한다.

불교 역시 상대의 근기에 맞는 설법의 중요성을 강조해 방편

잃어버린 신을 찾아서

설법(方便說法)이라 하고 적당한 사람이 아니면 도를 전할 수 없으니 비인부전(非人不傳)이라고도 하는 것이다.

너무나 당연해 보이는 이 원칙이 실제로는 너무나 가벼이 여겨지고 그로부터 온갖 왜곡과 오용, 남용이 뒤따른다. 영적 가르침을 세속적 욕망의 추구 수단으로 삼는 무수한 경우는 말할 것도 없고 신과 성인의 권위를 방패로 차별과 억압, 악행의 근거로 삼아 온 역사의 비극적 현장들이 얼마나 많았던가.

'예수천국, 불신지옥'을 외치며 파당 논리를 전도라 믿는 이들, 차별금지법을 반대하는 것이 자기 신의 뜻이라 주장하는 이들은 그 가르침에 합당하지 않은 자들이었다.

② 그리하여 '오른손이 하는 일을 왼손이 모르게 하라'는 가르침은 다의성을 띤다.

일차적인 의미는 보상과 대가를 바라지 않는 존재적인 초연한 사랑의 상태를 이루라는 뜻일 것이다. 주지하다시피 베푼다는 마음 없이 베푼다는 '무주상보시'와 같은 뜻이다.

세상의 인정과 박수에 끌려 하는 행위는 겉보기 아무리 선해 보여도 영적 가치일 수 없다. 그런데 앞의 맥락을 고려하면 여기에 하나의 의미가 더해져야 할 듯하다. '합당하지 않은 자들'에 영적 가르침과 행위가 전해지면 그들은 소여물통에 들어간 돼지처럼 자기도 먹지 않으면서 남도 먹지 못하게 하는 비루한 상황을 만든다.

보상은 마음에서 주어지는 것이요, 가르침과 의미의 전파는 하늘이 정한 인연의 때에 따르는 것이라면, 오른손이 하는 일을 왼손은 모르는 게 더 마땅하다.

063절

✦✦✦ ① 예수께서 말씀하기를, 많은 돈을 지닌 부자가 있었다. 그가 말하기를, '나의 돈을 투자하여 뿌리고, 거두고, 심고 하여 나의 창고를 곡식으로 채울 것이다. 그리하여 부족함이 없으리라' 그의 의중은 그러했다. 바로 그날 밤 그는 죽었다. 귀가 있는 자는 들으라.

삶의 가장 핵심적인 문제에 대한 가르침을 극히 간명히 보여준다. 일상의 우리에게 행복이란 세속적 탐욕에 대한 만족으로 이해하기 십상이다. 그 탐욕도 여러 색깔이 있겠지만 소유욕, 권력욕, 명예욕 등이 대표적인 것들이다. 모든 고등종교는 이 탐욕으로부터 벗어나는 것을 영적 성숙의 전제로 삼는다. 이 탐욕에 시달리는 것이 심리적 구속의 주된 요인이어서 마음의 자유로운 비상을 가로막고 있기 때문이다. 그런데 애초에 이 탐욕은 어디서 시작된 것인가?

결론부터 당겨 말하자면 탐욕의 뿌리는 원죄(최초의 인식 오류: 나와 타자의 분리)다. 이 원죄에 이어 나오는 인식은 불가피한 개별

유한자로서의 자기 인식이다. 일단 유한자로 자신이 인식되면 소멸과 죽음에 대한 공포가 뒤따른다.

사실, 소멸이나 죽음은 자연 상태에서는 좋은 것도 나쁜 것도 아니다. 그것은 단지 생겨나는 것은 당연히 사라진다는 순리일 뿐이다.

죽음은 자연으로 되돌아가는 것이지만 삶에 대한 애착과 죽음에 대한 회피의식으로 무장한 인간은 그 되돌아감, 즉 자연 순리를 적대시하지 않을 수 없게 된다. 이제 이 죽음의 공포를 피하는 것이 삶의 가장 큰 문제가 되고 나면 자연으로부터 달아날 수 있는 능력의 정도가 곧 문명이라 불리며 죽음을 관념적으로 거부(무덤, 제사의식, 사후 세계의 창조)하거나 물리적으로 지연시키는 모든 방법이 강구된다.

이 방법의 가장 초보적인 형태는 삶의 기본 조건들(의·식·주)을 축적하는 것이다.

하루 치의 식량은 하루의 삶을, 한 달 치의 식량은 한 달의 삶의 가능성을 높여주는 조건이다. 재화에 대한 축적욕이 생기고 나면, 그 축적을 대규모로 용이하게 할 수 있는 추가적 방법들이 강구되고, 그 방법에는 인류 집단의 규모가 커지는 것과 비례하여 점점 더 사회적 인정과 권력의 형태로 전환한다.

일단 발동이 걸린 축적욕은 멈출 줄 모르고 극한을 향해 달린다. 그리하여 단지 얼마간의 양이 아니라 영원과 무한을 추구하지 않을 수 없다. 궁극적으로는 영원과 무한의 수준에서 죽음을 회피하고 싶으므로.

그리하여 가치의 상징 압축물로서 화폐와 신용이 등장하고 최대치의 약탈을 가능하게 하는 제국적 권력이 나타난다. 이런 단계를 밟아 죽음 회피로부터 시작되는 탐욕의 스펙트럼이 내면화되고 나아가 제도화되고 나면, 누구도 애초에 그 탐욕의 목표가 무엇이었던지, 가능한지, 타당한지 묻지 않게 된다. 탐욕 추구 그 자체가 곧 삶으로 불린다.

그러나 모든 성인이 한결같이 지적하듯 탐욕의 만족이 행복에 이르는 방법일 수 없다. 여기서 한 가지 구별할 점은 모든 욕망이 곧 탐욕은 아니라는 점이다.

식욕, 성욕 같은 생리적 욕구는 말할 것 없고 애정 욕구, 인정 욕구, 자존 욕구 등은 그 자체로 자연스러운 에너지이자 인간의 본성이기도 하다. 그러므로 욕구와 욕망 일반을 죄악시하는 것은 삶에 대한 긍정을 거부하는 것이나 마찬가지다. 욕망은 삶의 적이 아니라 삶의 과정 그 자체다. 그래서 금욕주의는 성공한 적이 없다. 오히려 전도된 공격성만 키울 뿐이다. 이 자연스러운 욕망에 집착과 가속도가 붙어 '필요'를 넘어 강박적 '갈애'가 생기면 거기서부터 문제가 발생한다.

이 탐욕은 속성상 만족을 모른다. 그것은 일종의 결핍 신호, 자극에 대한 반응적 충족인지라, 시효가 정해진 한시적 충족이

잃어버린 신을 찾아서

끝나고 나면 더 큰 자극을 요구하게 된다. 이 '자극-반응'의 반복은 중독을 만드는데, 생리적인 것이든 심리적인 것이든 모든 중독의 속성은 동일하다. 탐욕에 대한 만족은 한시적이고 중독적이다. 추구하면 할수록 더욱 추구해야 하는 무간지옥일 뿐 애초에 바랐던 지속적 만족이란 처음부터 존재하지 않는다. 잠깐의 만족에 안도하고 나면 곧 더 큰 결핍이 기다린다. 이런 식의 그때그때의 만족이란 마치 구걸하는 걸인이 한 끼 동냥에서 얻는 만족과 다르지 않다.

더구나 탐욕은 '함께' 만족에 이르는 방법일 수 없다. 그것은 상대적 우월을 전제로 느끼는 안도감이므로 다양한 관계의 파괴를 동반한다. 위대한 지배자는 그를 위한 다수의 피지배자를 전제하지 않을 수 없고, 부자는 그를 위해 희생되는 다수의 빈자를 바탕으로 하지 않고 생길 수가 없는 법이다. 그러니 그 탐욕의 만족 추구는 일시적, 중독적이고, 늘 관계 맺는 대상의 도구적 희생을 동반하지 않을 수 없는데, 이는 자리이타(自利利他)가 아니고 자해배타(自害排他)라 할 만한 것인데, 이런 것을 행복이라고 할 수 있는가?

탐욕에 대한 이런저런 성찰을 떠나 처음 그 출발점이 무엇이었던가를 보면, 그것은 명백히 죽음에 대한 회피 노력이었다. 그러나 이 불확실한 인간의 삶에 확실한 것 한 가지야말로 우리 개체, 육체는 반드시 죽는다는 사실 아닌가? 그런 점에서 우리는 가장 확실한 사실을 애써 외면하려 하면서 가장 불확실한 일을 굳이 확정 지으려 애쓰고 살지는 않는가?

애초에 바랄 수 없는 것을 바라는 것. 이것이야말로 탐욕의 추구가 가지는 확실한 허무성이다. 즉 탐욕의 만족을 통해서는 원래 바랬던 그 무엇도 충족되지 않는다. 그리하여 수없이 많은 탐욕과 그 충족에 대한 기대(우리는 이것을 희망이라고 부르지는 않는가?)에 들떠 있었던 어떤 사람도, 그날 밤(이 밤은 언제든지 올 수 있다), 확실한 육체적 소멸과 정신적 심판의 밤을 피할 수 없다.

삶과 죽음의 분리 의식으로부터 시작된 인간 마음의 갈등은 그 어떤 대체물로도 해결되지 않는다. 오로지 삶과 죽음의 관계에 대한 새로운 의식 정립, 영적 성숙만이 그 문제에 답할 수 있을 뿐이다. 그런 점에서 '죄의 삯이 죽음'이라는 말은 죄를 지어 그 대가로 죽는다는 말이 아니라 잘못된 인식을 바탕으로 다시 잘못된 회피 방법을 추구한 것의 결과도 그렇게 두려워했던 죽음을 두려워했던 상태 그대로 맞게 되는 지름길이라고 이해하는 것이 옳을 것이다.

064절

✚✚✚ ① 예수께서 말씀하기를, 한 사람이 손님을 맞았다. 만찬 준비를 끝낸 뒤, 종을 시켜 손님들을 초대하러 보냈다. ② 그 종이 첫째 사

잃어버린 신을 찾아서

람에게 말하기를, 저의 주인께서 당신을 초대합니다. ③ 그 사람이 말하기를, 몇몇 상인들이 내게 빚을 지었습니다. 그리고 그들이 오늘 밤내게 올 것입니다. 내가 가서 그들에게 지시해야 합니다. 만찬에 가지못함을 용서해 주십시오. ④ 그 종은 다른 사람에게 가서 그 사람에게 말하기를, 저의 주인이 당신을 초대하셨습니다. ⑤ 그 사람이 종에게 말하기를, 제가 집을 한 채 샀습니다. 그러니 하루 동안 붙들려 있어야합니다. 저는 시간이 없을 것입니다. ⑥ 그 종은 또 다른 사람에게 갔다 그리고 ⑦ 그 사람에게 말하기를, 저의 주인이 당신을 초대합니다. 그사람이 종에게 말하기를, 나의 친구가 결혼합니다. 그러니 내가 연회를준비하기로 되어 있습니다. 저는 갈 수가 없습니다. 만찬에 갈 수 없음을 용서하십시오. ⑧ 그 종은 또 다른 사람에게 갔다 그리고 그에게 말하기를, 나의 주인이 당신을 초대합니다. ⑨ 그 사람이 종에게 말하기를, 나는 농장을 하나 샀습니다. 그래서 소작료를 거두러 가야 합니다. 용서하여 주십시오. ⑩ 그 종이 그의 주인에게 돌아와서 말하기를, 당신께서 만찬에 초대한 사람들이 사양함을 용서해달라고 했습니다. ⑪ 주인이 그 종에게 말하기를, 거리에 나가서 만찬을 들고자 하는 누구라도 데리고 오라. ⑫ 구매자들과 상인들은 나의 아버지의 자리들에 들어오지 못하리라.

사람들은 늘 바쁜 삶을 찬양해 왔다. 적어도 문명사회에서 부지런히 축적하고 성취하는 것은 미덕이 된 지 오래다.

'노느니 장독 깬다'는 말이 있을 정도로 적막과 고요를 두려워한다. 홀로 있을 때조차 머릿속으로 끊임없이 혼잣말을 재잘거린다. 고요한순간을 권태로 여기며 그 정적을 벗어나기 위해, 그 순간을 잊게 해주는 무언가를 찾아 끊임없이 움직인다. 스스로의 내면을 응시하는 것을 극히 기피하는 것이다.

이 권태에 대한 망각을 가능하게 해주는 무엇인가가 곧 삶의 온갖 중독 기제들이다. 중독에는 여러 종류가 있다. 퇴행적인 것으로는 알코올, 마약, 온갖 도락들이 있고, 일 중독이나 섹스 중독이나, 온갖 종류의 편집증들도 그런 중독의 한 형태다.

이런 뚜렷이 드러나 보이는 것들이 아닌 무의식적인 것들도 있다. 언어나 문화에 의해 주어지는 선입관과 편견, 모든 종류의 필사적 동일시 대상들도 중독 기제이기는 매 한 가지다. 그래서 우리네 삶은 이 중독 기제들에 쫓기거나 강박적으로 쫓으며 살기 바쁘다.

그리고 중독의 속성상 여기에는 어떤 새로움도 열정도 궁극성도 없다. 그래도 우리는 바쁘게 산다. 그래서 바쁘지만 몽롱하고 열심히 사는데 한 것 없는 공허감에 빠지기 일쑤다. 죽은 듯이 사는 것이다. 생텍쥐페리의 『어린왕자』 7장에는 다음과 같은 재미있는 장면이 나온다.

"시뻘건 얼굴의 신사가 살고 있는 별을 나는 알고 있어. 그는 꽃향

잃어버린 신을 찾아서

기라고는 맡아 본 적이 없어. 별을 바라본 적도 없고. 아무도 사랑해 본 일도 없고. 오로지 계산만 하면서 살아왔어. 그래서 하루종일 아저씨처럼 '나는 중대한 일을 하는 사람이야. 중대한 일을 하는 사람이야'라고 되뇌고 있고 그래서 교만으로 가득 차 있어. 하지만 그는 사람이 아니야. 버섯이지!"

"뭐라고?"

"버섯이라니까!"

어린왕자는 화가 나서 얼굴이 하얗게 질려 있었다.

"수백만 년 전부터 꽃들은 가시를 만들고 있어. 양도 수백만 년 전부터 꽃을 먹어 왔고. 그런데도 꽃들이 아무짝에도 쓸모없는 가시를 왜 만들어 내는지 알려는 건 중요한 게 아니라는 거지? 그건 시뻘건 얼굴의 뚱뚱한 신사가 하는 계산보다 더 중요한 게 못 된다는 거지? 그래서 이 세상 아무데도 없고 오직 나의 별에만 있는, 이 세상에 단 하나뿐인 한 송이 꽃을 내가 알고 있고, 작은 양이 어느 날 아침 무심코 그걸 먹어 버릴 수도 있다는 건 중요한 일이 아니라는 거지?"

어린왕자는 얼굴이 새빨개져서 말을 이었다.

"수백만 개의 별들 중에 단 하나밖에 존재하지 않는 꽃을 사랑하고 있는 사람은 그 별들을 바라보고 있는 것만으로도 행복할 수 있어. 속으로 '내 꽃이 저기 어딘가에 있겠지'하고 생각할 수 있거든. 하지만 양이 그 꽃을 먹는다면 그에게는 갑자기 모든 별들이 사라져 버리게 되는 거나 마찬가지야! 그런데도 그게 중요하지 않다는 거지?"

그는 더 말을 잇지 못했다. 그는 별안간 흐느껴 울기 시작했다.

– 『어린왕자』(생텍쥐페리, 전성자 역, 문예출판사) 중에서

꽃향기는 마틴 부버(Martin Buber)의 『나와 너』에 나타나는 대상과 주체의 실존적 어울림을 뜻한다. 꽃이 있다고 모두 향기를 맡을 수는 없지 않은가? 물아일체의 응시와 존재적 일체감 속에서만 우리는 대상의 향기를 느낄 수 있다.

별은 우리 존재의 고향과 귀환점, 궁극의 상징이다. 우리가 어디서 왔고 어디로 가는 존재인지에 대한 물음이다. 사랑은 그 자체로 삶의 내용이다. 사랑이 없다면 생명도 창조도 운동 변화도 있을 리 없다. 어린왕자는 그런 문제에는 아무 관심 없고 오직 자기 탐욕에 대한 계산만 열심인 인간을 버섯이라고 한다. 버섯은 뿌리가 없지 않은가!

이 꽃들에는 '갈등의 씨앗'을 상징하는 가시들이 있다. 그리고 인간의 내면에는 간단히 주변을 대상화시키고 폭력적으로 파괴할 파괴적 '양(욕동)'도 있다. 그래서 신을 닮아 신성을 타고났다는 인간 세계는 늘 아수라 상태를 벗어나지 못했다. 그러나 그런 상태로 계속 살아갈 수 있고 살아도 되는 것이 인생은 아니지 않은가? 어린왕자는 온몸으로 이 물음을 절박하게 던지고 있는 것

잃어버린 신을 찾아서

이다.

생계, 규범, 탐욕이라는 다층화 된 중독 기제들에 늘 바쁜 이들은 내면으로의 초대를 듣지 못한다. 비교경쟁과 이윤의 논리는 우리가 새로운 눈을 뜨지 못하는 한 죽음의 순간까지 삶을 바쁘고 몽롱하게 만들 것들이다. 그리고 그들은 '아버지의 자리에 들어가지 못하리라'.

065절

✦✦✦　① 예수께서 말씀하기를, 포도원을 소유한 한 사람이 있었다. 그리고 포도원을 몇몇 농부들에게 빌려주어, 그들이 포도원을 경작하도록 하고 그들로부터 소출을 거두도록 하였다. ② 그가 그의 종을 보내어 농부들이 그에게 포도원의 소출을 내어놓도록 하였다. ③ 그들은 그 종을 붙잡고, 그를 거의 죽도록 때렸다. 그리고 그 종은 돌아가서 그의 주인에게 말했다. ④ 그의 주인이 말하기를, '아마 그가 그들을 알지 못한 것 같구나.' ⑤ 그는 다른 종을 보냈다 그러나 농부들은 그 종도 마찬가지로 때렸다. ⑥ 그러자 주인은 그의 아들을 보내며 말하기를, '아마도 그들이 나의 아들에게 어느 정도 존경심을 보일 것이다.' ⑦ 농부들은 그가 포도원의 상속자임을 알았기 때문에, 그들은 그를 붙잡아 죽였다. ⑧ 여기 누구라도 귀가 있는 자는 듣도록 하라.

탐욕에 물든 인간 세상은 그 초월을 요구하는 영성의 메시지를 단순히 거부하는 것이 아니라 적극적, 폭력적으로 적대시한다. 그 메시지가 분명할수록 반응도 더 뚜렷하다. 그래서 종이 아니라 상속자가 왔을 때 그냥 억압이 아닌 제거에 나설 정도다.

궁극적으로 보면, 애초에 배타적 소유는 별 근거가 없다. 판매를 목적으로 만들어진 물건이 상품이고 그 상품 교환을 통해 얻어지는 이윤이 소유의 대상이다. 그런데 상품을 만들어내는 주체인 인간과 원천인 자연은 상품이 아니다.

우리는 자신의 생명과 그 생명 유지를 가능하게 하는 모든 조건, 환경을 공짜로 얻었다. 무에서 유가 나올 수 없듯 상품 아닌 것에서 상품이 나올 수는 없는 노릇이다. 값없이 얻어진 것에 값을 붙여 소유 대상으로 삼기까지 인간 문명은 무수한 논리적 비약을 일삼았다. 그리고 그 과정은 탐욕의 발달사에 다름 아니다. 즉 값어치란 우리 마음이 만들어낸 주관적 평가 조작이다.

이윤이란 근본적으로 모종의 불공정 교환에 기초한다. 인간의 오래고 보편적인 도덕 감정에서 도출되는 정의(Justice)의 정의(Definition)는 공정 교환, 즉 '호혜성'이다. '눈에는 눈, 이에는 이'라든가 '내가 좋은 것으로 타인을 대하고 싫은 것으로 타인을 대하지 말라'는 도덕의 황금률들이 모두 이 호혜성에 바탕을 두고 있다. 그러나 이윤은 이 호혜성에 모종의 +@를 더하지 않고는 발생할 수 없다. 문명 발달에 따른 필요 때문에 불가피하게 상거

래나 대부업의 이윤 취득을 인정했다 해도 근대 이전까지 동서고금에서 이익 추구 행위는 부자연스럽고 비도덕적이며 공동체의 갈등을 유발하는 것으로 간주했다.

서구에서 유랑 민족으로 유대인이 생계를 위해 자신들의 유랑조건을 상행위에 이용한 것은 불가피한 일이었겠지만, '도덕의 병균' 취급을 받은 것도 역시 불가피했고 동양에서 사농공상은 단지 반상 차별의 논리가 아니라 보편 가치의 위계 같은 것이었다. 정신적 가치, 생존 필요가 사농이라면 편의적 가치가 공이고 불공정을 통한 이윤 추구가 상이었던 것이다.

모든 탐욕이 그렇듯 소유욕 역시 자아 발달의 산물이다. 확고한 자아감은 세상으로부터 분리 의식을 강화하고, 그 분리 의식은 고립감과 불안의 기초가 되어 온갖 방어적 울타리를 원치 않을 수 없게 인간을 내몬다. 그 울타리를 외적, 물적으로 구축하고자 하는 노력이 독점 배타 소유욕의 뿌리다. 이 강해진 두려움과 그로부터 파생된 소유욕이 어느 임계점에 달했을 때, 인간은 내면 본성의 도덕률을 외면하고 기꺼이 '만인에 대한 만인의 투쟁' 상태를 당연한 것으로 받아들인다. 그러고 나면 공정하다는 것의 정의가 만인의 공유와 호혜가 아니라 사회적으로 강제된 경쟁적 취득의 게임 룰 준수 여부가 되어버린다. 그리고 그 게임의 룰은 언제나 공동체로부터 가장 큰 혜택을 입은 자들, 기득권자들의 이해관계 보호의 관점에서 결정된다. 그런 점에서 맥베

스에 나오는 명언처럼 '공정한 것이 그른 것이고 그른 것이 공정한 것이다(Fair is foul, Foul is fair)'.

우리의 본성은 소유를 모른다. 생명을 유지하게 해주는 숨쉬기에는 소유가 없다. 들숨은 날숨과 공정 교환을 통해서만 작동한다. 대상과의 교감에서 느끼는 모든 '오욕칠정'도 자연 상태에서는 한순간도 고정되거나 축적되지 않는다. 우리의 심신은 세포 하나의 수준에서조차 보이지 않는 우주와 끊임없는 대사 교환으로만 '삶'이라 불린다. 그러나 이 세계와의 열린 교감을 닫고, 안전의 영구 보존을 위하여 분열과 갈등을 생활 방편으로 받아들인 이들은 영혼의 메시지가 불편하다.

"소유할 수 있는 것은 없다. 죽을 때 가지고 갈 수 있는 것이 없듯이. 독존할 수 있는 것은 없다. 우주와 자연이 어울려 존재하므로. 배타 고립된 존재는 없다. 처음부터 모든 존재는 자연 전체의 합작물이며 그 거대한 생명 순환 시스템의 부분이므로. 그러므로 당연하게 함께 나누고 어울려 살고 언제든 세상으로부터 잠시 빌려 쓰고 있는 네 모든 것들을 세상에 순환시켜라. 네 생명조차."

누군가 오늘날 거리에서 이런 말로 보편 가치가 당위라 외치면 사람들은 뭐라 할까? 예수를 십자가에 매달듯 또 매달지 않을 것인가?

✦✦✦ ① 예수께서 말씀하기를, 집 짓는 자들이 버린 그 돌을 나에게 보여 달라. 그것이 바로 모퉁이 돌이니라.

술, 담배 하지 않는 것을 종교인의 당연한 의무라 생각하는 사람들이 많다. 불교라면 여기에 육식 금지까지 더해진다. 안식일이나 금식 주간은 말할 것도 없고, 번잡하고 다양한 금기들이 대부분의 종교에 늘 따라다닌다.

단지 일상적인 것들에 그치지 않고 사회적, 공적 윤리 도덕, 심지어 법적 규제 영역까지 거침없이 종교의 이름으로 많은 요구들이 행해진다. 그 자체는 불가피한 일이기는 하나 그것이 종교의 본질적인 성격에는 오히려 위배된다는 것 역시 명백하다. 비록 종교가 세간의 도덕에 큰 영향을 주기는 하나 종교 그 자체는 언제나 도덕을 초월한다.

선과 악이라는 개념은 시대와 문화에 따라 상대적인 것이지만 종교가 추구하는 것은 어디까지나 보편적이고 궁극적인 가치이기 때문이다. 실상 많은 경우 상대적 도덕은 개체 수준에서건 집단 수준에서건 모종의 제한적 정체성 유지, 강화가 그 기본 기능이다. 그리고 그 정체성은 타자와의 구별 분리에 있으므로 상대적 도덕 윤리는 어느 순간 타자에 대한 억압과 폭력의 근거로 전환되기 쉽다. 그리하여 주지하다시피 신의 이름으로 무수한 폭압이 벌어져 왔던 것이다.

모든 고등종교가 추구하는 바는 문명의 단계나 성격, 의식 수준 등에 의해 임의 분할된 정체성 경계를 초월하여 만물에 대한 궁극적 일체감을 회복하는 것이다. 이러한 종교의 근본 성격상 상대적 도덕은 오히려 종교적 성숙에 장애가 된다.

얼마나 많은 성인들이 당대 도덕의 기준에서 비난받아 왔던가? 예수는 늘 안식일에 사람을 돕는 문제로 비난받았다. 창녀와 가난한 자의 친구라고 비난받았다. 부처는 일체의 탐욕으로부터 자유로워져라 가르쳤는데 이 자체가 반사회적이다. 장자는 죽은 아내의 장례식장에서 노래했고, 노자는 자연으로 돌아가라고 가르쳤다. 가장 규범적 종교로 일컬어지는 유교의 공자조차 '인부지이불온(人不知而不慍, 타인의 평가와 비교경쟁심으로부터 벗어나라)' 하면 군자라 하지 않던가. 그러므로 종교적이 된다는 것이 결코 유한하고 임의적인 당대 도덕 규범 기준의 착하거나 모범적 인간이 되는 것은 아니다. 오히려 자의에 의해서건 환경에 의해서건 그 금기의 경계를 훌쩍 벗어난 이들이야말로 '종교성'을 체험하고 내면화하는데 가장 가까운 이들이다. 당대 문명이 부정하거나 거부한 가치 혹은 그런 가치의 담지자들. 이들이 모퉁이 돌, 시금석이다.

067절

✦✦✦ ① 예수께서 말씀하기를, 누가 모든 것을 안다고 해도 (어떤) 한 가지를 모른다면, 완전히 부족한 자이다.

그 어떤 한 가지가 무엇인가? 힌두교의 근대 성인으로 불리는 마하라쉬(Ramana Maharshi)는 '무식한 자도 무지하지만 유식한 자도 유식하게 무지하다'는 재미있는 지적을 한 바 있다.

많은 것을 안다는 차원의 지식이 아무리 쌓여도 알 수 없는 어떤 것이 있고 그것을 모른다면, 그 어떤 앎의 체계, 지식 구조도 의미가 없고 허무해지는 무엇. 그것이 어떤 한 가지고 무지와 깨달음의 기준이다.

그것이 개념적으로는 영성, 깨달음이라 불리는 것이고 체험적으로는 경계 없는 만물일체감의 경험이요, 인식적으로는 감각과 이성의 눈으로는 보이지 않고 들리지 않는 세계를 볼 수 있는 심안의 획득이다.

이를 통해 알 수 있는 것을 다시 한 가지로 압축한다면 결국 '나는 무엇인가?'에 대한 답이다. 그럼으로써 나를 구성하는 모든 것에 대한 이해로 확장되어 나가는 우주적 인드라망의 자각. 이 한 가지를 앎으로써 존재의 의미와 가치, 삶의 방향, 갈등과 고통의 발생과 해결이라는 삶의 근본적인 문제에 대한 답을 얻을 수 있다. 그러므로 이 한 가지가 생략되어 있다면 아무것도 모르는 것과 마찬가지라고 예수는 가르친다.

'길 잃은 한 마리 양'에 대한 비유는 모두 알고 있을 것이다. 어진 목자가 아흔아홉 마리의 양을 제쳐놓고 길 잃은 한 마리 양 찾은 것을 더 귀히 여긴다는 내용이다. 대개 이 비유는 예수가 빠짐없이 모든 이를 구원한다는 의미로 새겨지거나, 예수의 품으로 빠짐없이 귀의함의 중요성(전도의 중요성)을 강조하는 방식으로 새겨진다. 그러나 이는 완전한 오독이다.

한글판이 아닌 원문에는 분명히 '양들 중 가장 큰 한 마리'라고 명시되어 있다(마태 18장 12절). 이 가장 큰 놈이 문제의 핵심이다. 이 비유와 똑같은 의미의 비유가 '지혜로운 어부'의 비유인데, 지혜로운 어부는 그물을 던져 많은 고기가 걸리더라도 그중 가장 큰 놈 하나를 귀히 여긴다는 내용이다.

가장 큰 양이나 가장 큰 물고기는 이 장에 나오는 알아야 할 단 한 가지와 같은 의미다.

고로 일관되게 간명한 영적 지혜가 번다하기 짝이 없는 세속적 모든 앎에 최우선 한다는 의미로 새겨야 한다.

실천적으로 풀자면 '(머릿속에 뭔가 많은 것이) 든 놈보다 (영혼의 성숙이라는 의미에서 제대로 된 존재가) 된 놈이 낫다'는 말이다. 이 한 가지를 모른다면 마하라쉬의 말대로 '유식하게 무지'하다.

잃어버린 신을 찾아서

068절

♦♦♦ ① 예수께서 말씀하기를, 너희가 미움을 당하고 박해 받을 때 너희는 복이 있도다! 너희를 박해한 자들은 너희를 박해할 수 있는 곳이 아무 데도 없음을 알게 될 것이다.

힌두의 성인 마하라쉬의 애기다. 하루는 그의 아쉬람(ashram)에 너덧 명의 강도 무리가 쳐들어왔다. 몇몇 제자와 함께 있었던 마하라쉬는 제자들에게 일체 대적하지 말라고 일렀다. 오히려 강도들에게 원하는 것은 다 가져가되 이곳은 수행처라 돈은 없어 미안하다면서. 몇 가지 물건을 챙긴 강도들이 더 요구하며 마하라쉬를 겁박하자 젊은 제자들이 막아섰지만 마하라쉬의 태도는 일관됐다. "그들이 해야 할 일을 하게 하라."

『아함경(阿含經)』에 나오는 한 스님의 일화다. 숲 속에서 만난 강도들에게 몸에 걸친 옷가지마저 뺏기고 어설프게 풀로 결박당한 한 스님이 있었다. 시간이 좀 지나 결박한 풀은 느슨해졌건만 이 스님은 좀체 일어서지 않았다. 다음 날 그곳을 행차하던 귀족의 수행원들이 길을 비키지 않으면 경을 치겠노라 호통쳤지만 스님은 묵묵히 드러누워 있을 뿐이었다. 영문이 궁금해진 귀족이 왜 이리 무모하게 길을 막고 물러서지 않느냐고 하자 그는 자기가 섣불리 움직이면 몸에 어지러이 묶인 풀들이 죽을 터인데 달리 방법이 없어 움직이지 못한다고 답했다. 이런 연유로 그 스님의 이름은 '초계'라 불렸다.

너무나 유명한 예수의 마지막 장면 역시 위 상황들과 같은 태도를 보인다. 자신을 조롱하고 해친 로마 병사들을 두고 "하느님 아버지. 저들은 저들이 무슨 짓을 하는지 모르나이다. 용서하소서"라고 했고, 심지어 육신의 마지막 숨이 끊어지는 순간에 "아버지, 다 이루었나이다"라고 한다.

영적 성숙을 통해 자유로워진다는 말의 의미가 무슨 신통한 능력이 생겨 세상살이와 일신의 능력치가 무소부재, 전지전능해진다는 대중적 오해야말로 주술적 수준의 신성 모독이다. 득도의 지표는 어디까지나 차별 없이 모든 생명, 모든 상황을 껴안을 수 있는 그 마음을 얻었는지에 있다. 그리하여 일체 만물과 갈등이 없고 부딪힘이 없고 죽음의 공포마저 초연히 삶의 일부로 받아들일 수 있는 경계 없는 무한자적 정체성과 의식을 얻는 것이 깨달음이라 불리는 것이다.

이미 이러한 경지에 이른 역사적 성인들 앞에 범인들의 눈에 한없는 괴로움으로 보이는 것이 괴로움이 아니다. 삶과 죽음이 자연스럽듯 무지와 탐욕조차 신성의 변형된 표현이며 그 어떤 잘못도 더 큰 폭력과 압박으로 해결되지 않는다는 것. 그리하여 예수의 말씀처럼 한 번도 두 번도 아니고 일곱 번도 아니고 무한히 용서할 수 있는 마음에 있는 이들에게 세속의 겁박이 무슨 의미가 있으랴.

『중용』에서는 '군자는 처지에 따라 행할 뿐 그 밖을 바라지 않는다. 부귀에 처하면 부귀를 행하고, 빈천에 처해서는 그에 마땅하게 처신하고 이적에 처해서는 이적에 마땅하게 처신하며 환난에 처해서 환난을 행하는 것이니 군자는 들어가서 자득하지 못하는 데가 없다'는 절창이 나온다.

성인군자도 굶으면 배고프고 맞으면 아프다. 희로애락 생로병사를 피할 수도 없다. 게다가 당대와의 불화도 운명처럼 짊어지기 십상이다. 그럼에도 불구하고 그 모든 것들은 탐욕과 사심을 뛰어넘은 이들의 마음을 괴롭힐 수 없다. 그러므로 박해가 성립되지 않고 나아가 운명을 넘어서는 자유를 얻는다.

069절

✚✚✚ ① 예수께서 말씀하기를, 마음 안에서 박해 받은 자는 복이 있도다! 그들은 참으로 아버지를 알게 된 자들이로다. ② 굶주린 자들이여 복이 있도다! 배고픈 자의 배가 채워질 것이기 때문이다.

순서상으로만 보자면 68절과 69절은 바뀌어 나오는 것이 더 합당해 보인다. 68절이 이미 깨달은 자들에게 박해의 의미라면, 이 69절은 깨달음에 이르는 과정에서 고난과 박해의 역할이리 할 만하기 때문이다. 고난과 박해는 정신적 성숙에 필수 요소다.

우선 우리는 그 결핍의 경험을 통해 만족의 의미를 알고 추구하게 된다. 물질적이든 정신적이든, 개별적이든 집단적이든 필요한 어떤 것의 '부재감'을 통해 운동의 동기 부여가 일어난다.

둘째로 고난과 박해는 인간의 에고를 녹인다. 운명적으로 주어진 것들과 감당할 수 없는 부조리 경험의 반복은 인간 이성, 자유의지, 이기심, 온갖 작위적 계산과 계획의 무모성을 일깨움으로써 부분과 전체가 거대하게 어울려 돌아가는 전일적 세계를 느끼게 해준다. 이 거대한 세계의 흐름 속에 개체 자아가 왜 독존할 수 없는 허상인지를 알게 해준다.

그리고 우리는 고통의 연대를 통해 연민, 자비, 사랑, 자유라는 보편 가치의 의미를 알게 된다. 스스로 고난과 박해를 깊이 느끼지 못한 이는 타자의 그것도 느낄 수 없는 것이고, 타자의 고통과 번민에 대한 공감이야말로 모든 호혜적 도덕성의 튼튼한 바탕이다.

물론 큰 고통이 에고를 더 강화하거나 더 위축되게 하여 악순환을 만들기도 한다. 개인이든 사회든 고통의 경험을 통해 현재의 폭력성을 정당화하는 논리는 어디에나 흔하다. 그러므로 여기에는 양가성이 있다. 이 양가적 의미의 고통, 박해가 성숙을 향한 선순환으로 향할지 퇴행을 향한 악순환으로 향할지를 결정짓는 것은 '직시'인지 '회피'인지가 결정한다.

『중용』은 '활쏘기는 군자에 비슷함이 있으니 정곡을 잃으면 돌

200 잃어버린 신을 찾아서

이켜 그의 자신에서 구하는 것이다'고 전한다. 타인이나 환경으로 탓을 돌려 복수나 원망으로 향하지 않고 외면으로 일관하여 회피적 중독으로 향하지 않고 결과에 대한 집착을 통해 분개와 어리석음에 머물지 않을 때, 그때 고난과 박해는 우리의 영을 저 높은 곳으로 추동하는 힘이 된다.

070절

✦✦✦　① 예수께서 말씀하기를, 만약 너희가 그것을 내면화한다면, 그것이 너희를 구원할 것이다. ② 만약 너희가 너희 안에 그것을 가지고 있지 않다면, 너희 안에 너희가 그것을 가지지 못했다는 사실이 너희를 죽이리라.

'살아서 죽은 자는 죽어서 죽지 않는다'는 유명한 로마 속담이다. 이 절의 가르침과 일치하는 의미다.

'살아서 죽음'은 깨달음을 말한다. 세속의 탐욕으로부터 멀어지는 것을 이렇게 표현한 것이다. '죽어서 죽지 않음'은 영생을 얻는다는 말이다. 이 영생의 의미는 1절 '죽음을 맛보지 않는다'는 대목과 같다. 물리적이든 사후 세계 귀신의 형태든 어떤 정체성이 유지된 형태로 존재를 이어간다는 의미가 전혀 아니다. 우리 의식이 죽음의 공포를 훌쩍 벗어난다는 의미다.

．

그리고 그렇게 죽음의 공포, 생존본능에 쫓기지 않는 상태에서 '있는 그대로'의 세계를 이해한 내용은 그 자체로 보편성이 있으므로 그 가르침이 인류사가 지속하는 한 영원하다는 의미이기도 하다.

그리하여 개체가 사라진 뒤로도 끊임없이 그 정신의 부활(Rebirth)이 지속한다는 것이다. 그리하여 기독교의 성인과 불교의 보살과 유교의 군자와 도교의 진인이 전 시대에 걸쳐 간단없이 등장하는 것이다.

예수, 부처, 공자는 살아있는 우리 각자의 내면 어딘가에 여전히 상존한다는 각성, 그것이 영생과 구원의 실제 내용이다.

071절

✚✚✚ ① 예수께서 말씀하기를, 내가 이 집을 헐겠다. 그러면 아무도 그것을 짓지 못하리라.

'하우스(House)'는 '정착'을 뜻한다. 이 정착이야말로 인간 문명의 출발점이다. 인간은 '시간'에 대한 인식 이후 유한성을 알게 되고, 그 유한성의 인식으로부터 세상과 구별되는 개체 자의식이 생겨난다.

유한한 개체로서의 자의식은 죽음과 소멸에 대한 공포를 낳고, 그 공포를 이겨내기 위해서 삶에 대한 집착, 곧 문명이 발생한다. 생존본능에 기초해 발달하는 문명은 생존 조건으로서 물질, 집단 유대의 축적과 안전한 관리, 그리고 이 둘을 유지 발전하기 위한 관념의 창조, 관리를 필요로 한다.

문명의 단계로 들어선 인간은 생존을 위해 자유를 저당 잡힌다. 자연과 하나가 되어 유유자적하던 생활은 정착 거주의 경계 울타리로 제한되고, 제한 없던 공유와 호혜의 정신은 소유권과 거래, 계약으로 대체된다.

터져버릴 듯한 상상력은 사회화의 틀 안에 길들여져야 하고, 안전 보장을 위하여 자기 결정을 타자에게 양도하고 피지배적 보호를 받는 대가로 착취를 받아들인다. 지배 권력의 탄생은 포악한 강자의 독재가 아니라 집단으로서 인류가 그 진화 과정에서 필연적으로 원했던 보호막의 결과일 뿐이다. 자아, 소유, 권력, 언어, 정신문화 등의 정립과 가치 교환, 확장 과정이 오늘날 우리가 아는 역사 시대의 문명 발달사다.

인간이 아무리 진화의 필연성에 의해 탐욕과 갈등의 소용돌이에 빠져들었다 해도, 아니 그렇게 조장된 결핍의 세계로 빠져들수록 무경계의 자유를 누리던 시절은 영원히 바라는 실낙원의 의미로 떠오른다. 그리하여 동서고금을 막론하고 문명의 기초에는 '상실한 낙원'과 그 회복으로서 언젠가 도래할 천년왕국의 신화가 나타나기 마련이다. 에덴의 동산이나 아틀란티스가 실재했던 역사일 수는 없으나, 그것들은 무의식에 각인되어 인간의 이념적 행위를 이끄는 심적 기제라는 점에서 엄연히 초월적 실제성을 가진다.

이러한 인간의 심성 구조를 잘 나타내는 형상이 있다. 동서에 공히 나타나는 자기 꼬리를 물고 있는 뱀, '우로보로스'의 형상은 경계 구별이 없던 시절 인간 정신을 상징한다. 머리와 꼬리가 일체라는 것은 시작과 끝의 구별이 없다는 것이고, 이것이 곧 초시간성을 상징하는 것이며, 시간의 공포에서 벗어남은 죽음과 소멸을 비롯한 일체의 공포에서 벗어남과 다름 아니다. 그리하여 이 뱀의 상승, 서구에서는 파라오의 왕관과 의학의 상징인 '카두케우스'나 동양에서는 '복희와 여와'의 초상화와 '용의 승천'으로 표현되는 것들은 모두 정신의 궁극적 상승에 의해 잃어버린 실낙원이 회복됨을 염원하는 상징들이다.

이것은 억압된 것의 고차원적 귀환을 뜻하며 이 지향이야말로 종교의 보편적 토대고 '각성'이라 불리는 상태에 다름 아니다.

칼 융이 인간 무의식이 개체적이지 않고 집단적이며 퇴행적으로 보이지만 한없이 미래적이라는 점을 고대 신화소에 대한 분석을 통해 밝혔던 것은 지당한 것이었다.

천국의 회복! 이를 위해 가장 필요한 실존적 조건은 무엇인가? 예수는 말한다. '집을 허무는 것'이라고!

소유로, 사회적 지위로 내가 안주하는 곳. 살면서 의심해 볼

잃어버린 신을 찾아서

생각도 하지 않는, 세상에 대해 인간을 둔감하게 만드는 편견이나 선입관, 그것들이 곧 탐욕의 문명을 떠받치는 집이요 인간이 변화와 진화라는 우주적 순리를 피해 숨어 사는 피신처다.

예수는 영성의 힘으로 이 집을 헐어버리겠노라 선언한다. 그리고 2절에서 이미 요청한바, '찾는 자는 찾을 때까지 멈추지 않을 것이다'에서와 똑같이 여기서도 일단 한번 허물어지기 시작한 집은 다시 짓지 못하리라 선포한다.

불교에서는 초발심 이후 되돌아가지 않는 정신을 '불퇴전'이라 표현하지 않던가. 정주, 소유, 집착, 단정, 고정 진리 등에 대한 자발적 포기. 그것이 집을 허무는 일이며 자유 영혼을 되찾는 길이라고 가르친다.

072절

✦✦✦ ① 한 사람이 그분께 말씀드리기를, 나의 형제들에게 명하여 나의 아버지의 재산을 나와 함께 분할하도록 하십시오. ② 예수께서 그에게 말씀하기를, 이보게, 누가 나를 분할자로 임명했는가? ③ 그분이 따르는 자들에게 돌아서서 말씀하기를, 나는 분할자가 아니다. 그렇지 않은가?

영성의 근본 성격을 이해하는 이에게 이 절의 의미는 명약관화

하다. 모든 갈등은 정신적이든 물질적이든 임의 경계 설정에서
온다.

불행하게도 인간의 심리는 경계선을 일종의 전선으로 사고하
도록 구조화되어 있고, 그 전선에 대한 방어 내지 확장 심리가
욕망의 근원을 이룬다. 예수에게, 영혼의 각성자에게, 무경계의
설교자에게 세속의 규범에 따른 경계선을 그어달라는 주문은 그
가 예수를 얼마나 이해하지 못했는지를 단적으로 보여준다.

073절

✛✛✛ ① 예수께서 말씀하기를, 추수할 것은 많은데 일꾼이 적다. ②
그러므로 추수 책임자에게 들판에 일꾼들을 보내도록 요청하라.

에피쿠로스는 가장 행복한 사람은 아무것도 필요치 않은 사람이
라 설한 바 있다. 내적 결핍이 해결된 인격을 이룬 상태를 말한다.

깨달음이나 영적 각성도 이와 다르지 않다. 욕망을 벗어난 자
유란 아무것 없이도 자족한 상태다. 이런 이들에게 '꼭 필요'한
것이 있을 리 없다. 그런데 그렇다면 이런 사람들이 어떻게 동시
에 어떤 열정을 가질 수 있는가? 즉 일꾼이 될 동기부여가 어떻
게 가능한가?

크리슈나무르티는 '목적 없는 열정'이 가능하다는 주장을 한

잃어버린 신을 찾아서

다. 목적이란 시간의식에 결부된 탐욕과 그 성취 의지가 있을 때만 가능한 것이어서, 각성한 이에게 어떤 강력한 목적이 있다는 것 자체가 어불성설이 된다. 목적은 미래의 어떤 상태를 인위적으로 만들어내려 의도 아래 현재를 재구성하는 행위다.

초시간성의 내면화를 요구하는 영적 각성이 이런 인위적 상태를 옹호한다는 것은 원리상 아귀가 맞지 않는다. 범인들은 늘 특정 목적 아래 자기 자신과 자신 소유물, 자원에 대한 관리를 통해 욕망을 채워나가는 것이 삶의 당위라 배우고 여겨왔으므로 '목적 없는 열정'이라는 말은 형용모순처럼 들린다. 그러나 실은 정반대다. 오히려 특정 목적이 없을 때만 우리는 진실로 열정적일 수 있다.

엄마가 아기를 극진히 보살피는 목적은 무엇인가? 괴델이 수학에 미친 목적, 고흐가 그림에 미친 목적, 부처가 출가한 목적, 예수의 사막 고행의 목적은 무엇인가? 거기에는 아무런 목적이 없다. 단지 그러지 않을 수 없었던 순리가 있을 뿐이다.

인위적 계획이 아니라 중용의 첫 구절이 전하듯 '천명지위성, 솔성지위도, 수도지위교(天命之謂性, 率性之謂道, 修道之謂教)'인 것이나. 이 본성의 발견과 충실이 계산된 목적에 의해서 되는 것도 아니요, 또 이런 삶을 사는 사람들이 인생을 목적의식적으로 살지도 않는다. 그들에게 삶은 순간영원 속에서 온 존재의 공감적 유희로 경험되는 것일 뿐이다.

그렇다면, 목적이 없어도, 꼭 필요한 것이 없어도 얼마든지 열정적일 수 있다. 그 열정은 계산과 목적에 구애받지 않고 지치지 않고 끊이지도 않는 자연력과도 같이 거대한 힘이 될 수 있다. 오히려 그러한 힘은 '의도된 생각'으로서 목적을 훌쩍 벗어나 있을 때 발휘되는 힘이다.

모방, 학습이 인간의 본성이듯 자신의 것을 공유, 공감하려는 것 역시 인간의 본성이다. 그것이 탐욕과 짝을 지을 때는 인정욕구가 되겠지만, 그 조합이 풀렸을 때는 마치 꽃이 의도치 않지만 향기를 내는 것과 같아진다. 아무 대가를 바라지 않고 자신의 것을 나눈다.

영성을 얻은 자의 열정은 무엇인가? 더 많은 이들이 그와 같은 경지에 들게 돕는 것 말고 달리 있을 수 없다. 이 절에서 말하는 추수는 '사람 추수'를 말한다. 익은 벼의 갈무리. 그렇다면 일꾼은 자연히 인간을 영적으로 성숙시키는 데 도움을 줄 교사 역할을 말하는 것이다. 추수는 영적 성숙이며 일꾼은 그 교사직이라면 위로는 도를 구하고 아래로는 중생을 구한다는 상구보리 하화중생의 대승불교 보살심이 이 장의 가르침과 다르지 않다.

『유마경』에 문수보살이 병든 유마거사를 문안 간 장면이 나온다. 문수보살이 묻기를 '득도하여 생사를 초월한 보살도 병마에 드나?'라고 했을 때 유마거사는 '중생이 아프면 부처도 아프다'고 답한다. 일신의 고통을 해결한 보살이 그토록 아수라 지옥 같은 세상일에 바라는 바 없으면서도 헌신할 수 있는 이유가 간명히 제시된다. 아무리 스스로의 문제를 해결했다 해도 개인이 공동체와 둘이 아님을 알 때, 모두의 공적 상태가 곧 나의 상태가 되므로 부처는 극락으로 갈 수 없다. 모든 중생과 함께 깨달음의 길로 가기 위해 한없이 보살의 모습으로 되돌아온다.

추수할 것과 일꾼의 관계는 중생과 보살의 관계와 같다. 추수 책임자는 어떤 인격체일 수 없고 우주적 신성 자체를 뜻하는 것으로 보아야 한다. 그래서 이 절은 더 많은 구도자, 더 많은 보살이 생겨나기 바라는 예수의 기도다.

074절

✚✚✚ ① 예수께서 말씀하기를, 주여, 물통 옆에 사람들이 많이 있나이다. 그러나 샘 안에는 아무것도 없나이다.

목마른 갈증을 느끼는 사람은 많으나, 그 갈증을 풀어줄 샘의 역할을 할 사람은 드물다는 말이다. 단지 드문 것이 아니라 겉보기에는 분명히 샘인데, 그 안이 텅 비었다고 말한다.

인간이 느끼는 근본적 갈등과 영혼의 구원 문제를 궁구하는 것이 종교일 텐데, 종교가 오히려 그 인간들의 갈등을 세속적으로 악용하여 폐쇄적 에고를 강화하고 '자신들만의 천국'을 믿는 신민들을 만들어내고 혹세무민한 것이 오히려 세상 종교의 일반적 모습이었다.

공식적으로 샘이라 이름 붙여진 것 안에서는 오히려 물을 구할 수 없는 상황인 셈이다. 오늘날도 역설적이게도, '종교적'인 사람들은 종단으로 대표되는 종교의 밖에 있는 이들이다.

075절

✦✦✦　① 예수께서 말씀하기를, 문간에 서 있는 자는 많다. 그러나 하나인 자가 신부의 방에 들어갈 것이다.

앞의 가르침들과 일맥상통이다. 여기서 '문간'은 의식 도약의 경계선이다. 그 경계의 내용은 다름 아닌 이원성, 분리 분별이다. 드러난 형태, 형상으로는 이원성이 마야(Maya)의 일환으로 분명히 지각되지만 근원적으로 허상임을 아느냐 알지 못하느냐가 경계선이 된다. '신부의 방'은 구원의 상징이다. 간단히 요약하자면 인식의 이원적 분리를 뛰어넘는 자만이 영적 도약을 이룰 수 있다는 말씀이다.

076절

✦✦✦　① 예수께서 말씀하기를, 아버지의 나라는 많은 상품을 지녔다가 한 개의 진주를 발견한 상인과 같다. ② 그 상인은 신중하였다. 그는 상품을 팔고 자신을 위해 그 단 하나의 진주를 샀다. ③ 그러므로 너희도 그러하라. 이 믿을 수 있는 보물을 구하라. 이 보물은 영원하여, 나방이 와서 먹지 않고 벌레가 못쓰게 하지 않는다.

'많은 상품'은 우리를 현혹하는 온갖 탐욕들이다. 결핍을 느끼고 그것을 채우기 위해 인간이 바라는 바가 탐욕의 대상이라고 할 때, 그중 가장 궁극적이고 큰 탐욕은 도를 얻고자 하는 마음이다. 구도심은 그것을 이룸으로써 일체의 탐욕을 해결하려는 의지이므로 그러하다. 이 점에서 깨달음에 대한 욕심도 분명 욕심이기는 하다. 그러나 이 구도심이 다른 탐욕과 다른 점은 악무한의 순환에 빠지지 않고 한번 이룸으로써 영원에 이른다는 점이다. 더구나 이것은 어떤 물질적 제약이 없는 마음의 상태이므로 나방이 와서 먹거나 벌레가 해할 수 없는 것이다. 순간에 완성되고 영원히 지속한다.

077절

✦✦✦　① 예수께서 말씀하기를, 나는 모든 존재 위에 있는 빛이다.

나는 전부이다. 나로부터 모든 것이 나왔다. 그리고 나에게로 모든 것이 돌아온다. ② 나무 한 토막을 쪼개어 보라. 그러면 거기에 내가 있다. ③ 돌을 들어 보라. 그러면 거기서 나를 발견할 것이다.

나는 생명창조력으로서의 신성이다. 의식과 물질의 구별이 사라진 상태의 내면화가 자아를 대체할 때, 예수와 같은 말씀이 저절로 표현될 것이다. 내 심신을 이루는 본질적인 힘이 개체 자아로서의 나뿐 아니라 삶과 우주의 모든 현상의 근본이기도 하다는 깨달음에 이를 때, 그리하여 만물일체감을 회복할 때, 예수의 말씀은 모두에게 적용되는 보편 진리로 와 닿을 수 있다.

078절

+++ ① 예수께서 말씀하기를, 너희는 무엇 때문에 시골까지 왔는가? 바람에 흔들리는 갈대를 보려 함인가? ② 그러면 너희 통치자들과 너희의 권력자들이 입은 것 같은 부드러운 옷을 두른 사람을 만나기 위함인가? 그들은 부드러운 옷을 둘렀다. 그럼에도 그들은 진리를 깨닫지 못한다.

예수를 속세의 왕, 유대의 왕으로 여기려는 이들에게 경고를 던진다. 한 촌부의 모습을 하고 낡은 옷을 걸친 사람인 예수는 범

잃어버린 신을 찾아서

인들이 바라마지않는 왕은 아니다. 그러나 거꾸로 사람들이 바라는 세상의 왕들은 진리와 아무 상관이 없다.

예수의 뜻을 따라 살려는 모든 이들이 '흔들리는 갈대'나 '부드러운 옷'이 바라는 것은 아닌 삶을 지향해야 마땅할진대, 그를 따르려는 이들이 예나 지금이나 기복의 실현과 교회의 세속적 성장이 종교적 길인 양 여기는 것은 아닌지 돌아보아야 한다.

079절

✦✦✦ ① 군중 속의 한 여인이 예수께 말씀드리기를, 당신을 낳은 자궁과 당신을 먹인 유방은 복이 있습니다! ② 예수께서 그 여인에게 말씀하기를, 아버지의 말씀을 듣고 그것을 참되게 지킨 자는 복이 있도다! ③ 왜냐하면 너희가 아기를 밴 적이 없는 자궁과 젖을 먹인 적이 없는 유방은 복되도다!라고 말할 날이 올 것이기 때문이라.

천국이든 구원이든 물질적 차원의 것이 아님을 비유한 가르침이다. 인간을 둘러싼 피부 경계선을 자아의 범위로 인식하는 통념을 흔들어 깨우는 말씀이다.

자궁은 생명 잉태의 장이다. '아기를 밴 적이 없는 자궁'은 정신적 각성으로 인해 가진 창조력을 뜻한다. 그러므로 당연하게도 아버지의 말씀을 참되게 알고 지킨 자가 그 자격자가 된다.

위 비유와 비슷한 상징으로, 마리아가 빛으로 잉태하여 예수를 낳았다는 '처녀 수태'를 어떻게 볼 것인가의 문제가 있다. 이에 대한 가장 저급한 이해는 물리적인 의미 그대로 받아들이는 방식인데, 이런 시각은 가장 만연한 왜곡 방식이기도 하다. 반면 이를 문학적 메타포로 볼 때는 '아비 없는 자식', 즉 모든 고유하고 창조적인 것의 창발로 예수의 위상을 이해할 수 있다. 또 영적 시각에서 볼 때는 선각자 마리아가 완전한 깨달음에 이른 예수를 정신적 의미에서 낳았다고 볼 수도 있다. 마리아가 빛으로 잉태했다는 것은 물리적 사실이 아니라 정신적 각성을 상징한 것이고 그 결과로 예수라는 지고의 의식체가 등장했음의 선언인 것이다.

080절

✚✚✚　① 예수께서 말씀하기를, 누구든지 이 세상을 알게 된 사람은 육신을 발견하였다. ② 그리고 누구든지 육신을 발견한 사람에게 이 세상은 가치가 없다.

곧 사라질 것들은 허무함을 느끼게 한다. 세상의 질서 원리를 안 사람들은 모든 것이 한순간도 끊임없이 나고 죽는 거듭된 변화를 반복적으로 목격한다. 그런데 문명은 그 변화를 거부하고 보

잃어버린 신을 찾아서

존하려는 의지에 기초하고 있다. 죽음에 대한 저항이 문명 발달의 동기부여인 것이다. 물론 이 망상은 도달할 수 없는 목표고 그런 만큼 끝없이 인간 욕망을 부채질한다. 그러면서도 마침내 필연적으로 닥치는 육체의 소멸 앞에서 인생무상을 얘기하곤 한다.

그런데 첫 출발부터 잘못되었던 것이 있다. 그것은 죽음이 사실이 아니라는 점이다. 우주의 '자기 인식'하는 의식이 에너지(힘)를 창출하고 그 힘의 이합집산이 물질을 창조한다. 물질은 순환 과정을 통해 엔트로피 증대 과정을 거쳐 열평형(죽음)에 이르고 다시 순수 의식체로 되돌아간다.

이 과정 어디에 죽음이 있는가? 우리가 죽음이라 부르는 현상은 생명을 개체 자아의 물질성에 한정했다는 조건 아래서만 성립하는 일종의 해석되고 합의된 사실인 셈이다. 인간은 스스로 한정된 생명 의식에 합의하고 그 합의에 기초한 공포를 키워왔다. 죽음에 대한 두려움은 삶에 대한 애착을 키우고 그 애착은 자신이 느끼는 공포를 외부 혹은 타자에 전가하기 위하여 공격적이고 잔인하게 되고 만다. 비교 경쟁에서 우위에 오르고 싶은 모든 욕망은 조금이라도 이 소멸로부터 상대적으로 멀어지려는 노력이고 이것이 인간을 잔혹하게 만든다. 그러나 어떤 몸부림에도 불구하고 필연적으로, 스스로 그렇게 피하고 싶어 했던 소멸의 순간에 서게 된다. 그리고 개체 자아의식을 유지하는 이상,

그 소멸의 순간에 그보다 더 가치 있는 무엇이 있을 리 없다. 모든 탐욕의 대상은 이 소멸 앞에서 무기력하다. 그러니 세상은 궁극적으로 허무하고 무가치한 것 아니겠는가?

그러나 이것은 이중으로 조작된 허무다. 첫째는 두려움과 그에 대한 반응으로서 탐욕 자체가 원죄, 최초의 인식 오류에 기초했다는 점. 둘째, 그 때문에 못 바랄 것을 바라고 또 연이어 못 바랄 것을 바라느라 신성의 자식으로 마땅히 누려야 할 지복을 못 누리고 허망해 한다는 점.

결국 문제는 개체 자의식이다. 그런 점에서 우리는 '자유로운 자아'를 바랄 것이 아니라 자아라는 망상으로부터 '자유로워'야 한다.

081절

✚✚✚   ① 예수께서 말씀하기를, 부유하게 된 자가 다스리도록 하라.
② 그리고 힘을 가진 자가 그것을 부정하게 하라.

이 절의 핵심 대구는 '부유한 자'와 '힘 있는 자'다. 전자는 탐욕의 대상을 잔뜩 가진 자를 말한다. 물질이든 권력이든 명예든 사회적 인정 가치를 많이 가진 이고 그러한 자가 다스린다는 것은 문명 세계에서는 당위다. 우리는 보통 '부유한 자'는 물질적

잃어버린 신을 찾아서

부자로 '힘 있는 자'는 권력층으로 이해하기 쉽지만, 이 절에서는 이미 부유한 자가 왕이 된다고 했으므로, 그런 해석은 해당할 수 없다. 그렇다면 여기 '힘 있는 자'는 구체적으로 어떤 인간인가?

경전 해석에서 늘 염두에 두어야 할 것은 성인의 말씀들이 인간 마음을 대상과 장으로 전개된다는 점이다. 그렇게 보면 여기 '힘 있는 자'는 정신적인 영향이 큰 자를 말한다. 그리고 그 영향은 강제적인 위력(Force)이 아니고 자연스러운 영향력(Power)임도 명심해서 봐 둘 점이다.

어떤 인간이 정신적 영향이 큰 자인가? 다름 아닌 인의와 사랑, 자비라는 인류 보편의 가치를 체득한 이들이다. 성인, 군자, 각자, 보살, 무엇이라 부르든 고결한 인격의 완성자 앞에서 탐욕의 성취자는 무엇도 과시할 수 없고 그를 꺾을 수도 없다. 권력이 그를 위협할 수 없고 재력이 그를 유혹할 수 없으면 군자라 했던 공자 말씀이 여기서 힘 있는 자가 왕을 부정하리라는 가르침과 동일하다.

공자는 『자한제구』장 25절에서 '삼군의 원수는 뺏을 수 있으나 필부의 뜻은 뺏을 수 없다'고 말한다. 삼군의 원수, 왕이라 할지라도 성인군자의 뜻 앞에서는 무력하다.

082절

✚✚✚ ① 예수께서 말씀하기를, 누구든지 나와 가까이 있는 자는 불 옆에 있다. ② 그리고 누구든지 나와 멀리 있는 자는 나라에서 멀리 있다.

전통적으로 빛이나 불은 지혜와 깨달음, 영성의 상징이다. 예수의 말씀을 따르는 자들은 영적 각성에 들었다는 말씀이다. 그리고 그 상태가 바로 천국에 있는 상태라는 말이다. 결국 영성의 깨달음이 곧 구원이요 그 구원받은, 즉 갈등 없는 평화로운 마음 상태가 곧바로 천국이다. 그러니 예수, 하느님, 천국은 우리 마음을 떠나 어떤 외부의 제한된 대상이 될 수 없다. 이 간단 명료한 진리가 수천 년간 올바로 전해지지 않은 것은 아닌지.

083절

✚✚✚ ① 예수께서 말씀하기를, 모습들은 사람들에게 보인다. 그러나 그들 안에 있는 빛은 아버지의 빛의 모습 속에 가려진다. ② 아버지의 빛은 드러날 것이다. 그러나 그의 모습은 그의 빛으로 숨겨져 있다.

이 절 이해의 핵심 대구는 '모습'과 '빛'이다. 동양식으로 말하자면 '색, 공'이고 서양 철학적으로 오랫동안 논쟁의 대상이 되었

잃어버린 신을 찾아서

던 '형상과 질료'이기도 하다.

색은 공의 산물이지만 인간이 파악할 수 있는 것은 색에 한정된다. 거꾸로 공의 질서는 '있는 그대로' 만물의 운동 변화에서 자명하지만, 그 공은 형상이 없다. 그러므로 어떤 경우든 형상이나 고정 실체 속에서 신을 찾으려 해서는 안 된다.

상을 만드는 순간 오류의 나락으로 떨어진다. 이를 두고 우상을 숭배하지 말라고 한 것이다. 그러나 오늘날 얼마나 많은 사람은 자기네 패거리를 묶어주는 상징이나 형상 외의 상징이나 형상을 우상이라 손가락질하는가. 가히 우상 간의 전쟁인 꼴이다.

084절

✦✦✦ ① 예수께서 말씀하기를, 너희가 너희를 닮은 모습을 보면, 너희는 행복하다. ② 그러나 너희 이전에 존재하였으며 죽지도 않고 보이지도 않게 된 너희 모습을 너희가 본다면, 너희는 과연 얼마나 감내해야 할 것인가!

인간은 누구나 자신과 비슷한 이들을 좋아한다. 타자와 공감되는 데서 오는 일체감의 확장은 에고의 확장과 인정 욕구를 채워준다. 물론 니체가 말한 '거리의 열정(Passion of Distance)'이라는 것도 분명히 있다.

대체로 심리적 약자들은 동일성을, 강자들은 차이를 추구한다고 한다. 그러나 둘 다 개체 에고의 안전감이나 증강감을 부풀린다는 점에서 다를 바는 없다. 지배와 피지배는 형태 다른 의존심이라는 점에서 본질을 공유한다.

곰곰이 생각해보면 인간이 특정 동물을 편애하면서 다른 동물을 기피하는 심리도 이 정서적 원근감에 기초가 있다. 가령, 개는 귀여운데 지렁이를 귀여워하는 사람은 별로 없다. 왜 그런가? 진화적으로 포유류가 인간에 가깝기 때문이다. 즉 닮은 정도가 크다. 인간은 자신을 기준으로 어떤 의미에서건 더 가깝다고 느끼는 대상에 더 큰 친밀감을 가진다. 그리고 그렇게 친밀하게 느끼는 대상들 사이에서 안전과 행복을 느낀다. 자명하다.

이런 감정적 태도의 저변에는 피부 아래 개체, 이 개별 육신을 자신이라 느끼는 자의식이 굳건히 깔려 있다. 그 누적된 자의식의 경계 범위를 전제한 감정이다. 그러나 실제는 어떤가? 이것이 없으면 저것이 없다는 연기론의 기본 공식에 따라 볼 때도 우리는 우리 아닌 것들의 끊임없는 상호의존, 대사 과정으로만 존재한다.

나를 둘러싸고 있는 모든 환경과 나 사이에는 어떤 단정적 경계가 불가능하다. 자연뿐 아니라 인간들 사이, 사회적 관계에서도 마찬가지다. 우리는 관계의 종합으로서만 정체성을 가질 수 있다. 그럼에도 불구하고 평상시 우리의 의식은 이 부단한 상호

잃어버린 신을 찾아서

연관을 예민하게 느끼기 힘들다. 하물며 시간, 공간을 초월한 상호의존성을 지각한다는 것은 영성의 자각이라는 상태가 아니라 일상 감성에서라면 오히려 두렵고 기피하고 싶은 어떤 것이 되고 만다. 저 흙이 없으면, 바람이 없으면, 구더기가 없으면, 풀이 없으면, 돌이 없으면, 감각되는 그 모든 것이 없으면 내가 없다. 나아가 무한한 적막이 없으면, 끝없는 허공이 없으면, 내가 없다. 그러나 우리는 그 자연과 우주로 돌아가는 것을 죽음과 소멸로 생각하고 피하고자 한다.

선가에 유명한 화두가 있다. '부모 몸에서 나기 전 나는 무엇이었나?'다. 예수의 말씀은 바로 그 우주적 신성의 양태로 있던 '진아'를 가리킨다.

과연 부모 몸에서 생명을 받기 전 나는 무였는가? 무에서는 유가 나올 수 없다. 있다면 오직 상대적 무일뿐이다. 인식 밖에 있다는 것이지 실재하지 않는다는 것은 불가능하다. 지금의 나 이전은 어린 나고, 그전은 태아고, 그전은 정자와 난자고, 그전은 그 정자와 난자를 만들어낸 어떤 기운들이다. 그전은 무한 소급된다. 그러나 아무리 소급해도 거기에 온전한 무는 있을 수 없다.

지금 나의 심신은 직전 상태의 누적 결과다. 그런 점에서 지금의 나는 나인데, 어린 나는 내가 아니라 할 수 있는가? 어제의 나는 내가 아닌가? 역시 그렇게 소급하면 결국 '나'라는 경계의 허망함을 이내 알 수 있다. 지금의 이 '나'는 과거, 현재, 미래에 걸쳐 시공간을 초월해 편재해있는 우주의 신성으로부터 일시 조합되어 존재하며, 그 조합이 언젠가 해체된다 해도 영원한 순환의 일부로 계속 실재한다. 그 인식을 실감할 때 불가에서는 진아를 얻었다고 한다.

그 진아는 예수의 말씀대로 '죽지도 보이지도 않는다' 불생불멸인 것이다. 그러나 개체 에고를 자신이라 느끼는 일상의 우리는 실재하는 이 진아 앞에서 두려움을 느낀다. 일시 가합물을 그렇게 붙잡으려 애쓰면서 실재를 굳이 외면하려는 아이러니야말로 삶의 부조리의 근원이다.

085절

✦✦✦ ① 예수께서 말씀하기를, 아담은 거대한 힘과 거대한 부를 가지고 태어났으나, 그는 너희만큼 합당하지 않다. 왜냐하면, 그가 합당한 자였다면, 그는 죽음을 맛보지 않았을 것이기 때문이다.

아담은 위대한 인류의 조상이기도 하지만, 동시에 '원죄의 인간'을 의미하는 것이기도 하다. 여기서 아담이 타고났다는 거대한 힘과 부는 실제적인 것이 아니다. 상징으로서 그 힘과 부는 우선 '에덴동산'에서 주어진 것을 말한다.

잃어버린 신을 찾아서

천국으로 상정된 에덴동산에서는 아무런 모자람과 갈등이 없었다. 그것이 곧 거대한 힘과 부다. 근본적으로 힘과 부는 외부와의 투쟁, 갈등을 전제로 그 압박들을 이겨내는 데 필요한 것인데, 원천적으로 그러한 분리 불안증이 없어 애초에 결핍감 자체가 없다면 그것이 곧 무한대 소유 상태와 의미상 같아진다.

현실적으로는 인류 집단의 원시 시절이나 분리 자의식 발달 전의 어린이의 상태와 같은 것이다. 아담은 에덴에서 태어났으나 원죄인식, 지혜의 추구, 자의식의 탄생분리와 선악, 미추의 탄생을 저질렀다. 그 인식 오류로 유한성의 공포를 내면화했고, 그 필연적 결과로 죽음을 맛보았다. 아담의 후손들 역시 이 운명을 빗겨가지 못했다. 그러나 여기 예수의 말씀을 진정으로 깨달은 자는 아담의 오류를 초월하는 것이며 그런 이들이 예수가 말하는 구원받은 천국에 합당한 자들이다. 결국 천국은 사회화된 인간의 인위적 불안과 두려움이라는 미망, 환상에서 벗어나는 것이다.

086절

✦✦✦ ① 예수께서 말씀하기를, 여우들도 그들의 굴이 있고 새들도 그들의 둥지가 있지만, ② 사람의 아들은 머리를 뉘어 쉴 자리가 없도다.

구약에서 '사람의 아들'은 '아담의 후예'로 심판 날 권세를 가진 메시아의 다른 표현이다. 그러나 신약에서 예수가 말하는 이 표현은 말 그대로 보통 인간의 심신을 타고난 소박한 상태를 지칭한다. 그럼에도 불구하고 '인간이란 무엇인가?'라는 심각한 존재론적 의문에 대한 통찰을 저변에 깔고 있는 표현이기도 하다.

예수가 이 말을 하는 장면은 전도에 나서는 순간이다. 전도란 구원의 메시지를 전하는 행위다. 진정한 의미에서 전도는 인간 의식을 근본적으로 변화시킨다.

일생을 통해 인간의 의식은 다양한 변화를 경험한다. 개인차는 있지만, 다른 어떤 존재보다 넓은 의식 스펙트럼을 경험한다. 바로 이 끊임없는 변화의 경험이야말로 지구상의 모든 존재 중에 인간만이 누리는 특권이자 고통의 뿌리이기도 하다.

여우나 새들은 유전자 결정성에서 그리 멀리 벗어나 있지 않다. 그들에게 인간과 같은 의식 발전에 따른 번민은 없다. 진화의 직접적 의미는 복잡도가 높다는 것이다. 복잡도가 높은 존재는 그만큼 민감하다. 그리고 이 민감성을 전제로 온갖 종류의 심리적 집착과 저항, 에로스와 타나토스의 분열, 갈등이 생겨난다. 이것이 인간을 고통스럽게 하고 또 그 고통의 불길을 통해 한층 더 진화하도록 추동하기도 한다. 그런 의미에서 '사람의 아들'은 잠시도 쉴 수가 없다.

자연과 일체감 속에 잠자던 '우로보로스의 뱀'의 시기를 지나,

잃어버린 신을 찾아서

반인반수의 타이탄과 켄타우로스의 시기를 지나, 자신을 세계의 정복자라 믿는 오만한 에고의 시기를 지나 영혼을 재발견하고, 그 전체를 재통합하여 드디어 무념, 무상, 무경계의 상태에 이르기 전까지 사람의 아들은 쉴 수 없다. 바로 그 점에서 인간은 반인반수이기도 하며 반인반신이기도 하다. 짐승 같은 상태와 신 같은 상태의 어느 지점을 끊임없이 방황하고 여행하는 존재, 그가 사람의 아들이다.

087절

+++ ① 예수께서 말씀하기를, 한 육신에 매달리는 그 육신은 얼마나 비참한가, 그리고 이 두 육신에 매달리는 혼은 얼마나 비참한가!

한 육신은 문자 그대로 개체 에고를 말한다. 정체성이 개체 범위를 벗어나지 못한다는 것은 소멸과 죽음의 공포를 면할 수 없다는 것과 같은 의미다. 그러니 불쌍하다고 한다. 그런데 여기서 두 형태의 육신이 나온다.

매달리는 주체와 대상. 대상은 물질적인 육체다. 주체는 그 물질 육체를 자신으로 여기는 자의식이라고 봐야 한다. 의식적 생각으로 만들어진 자의식이다.

의식을 왜 '육체'라 표현하는가? 넓은 의미의 몸은 '경계 지어진 모든 것'이다. 이런 의미로 카발리즘 전통에서는 감정체, 정신체 등의 표현을 사용하고 있다. 경계 지어진 육체와 경계 지어진 생각. 그것이 두 육체다. 그리고 이 경계 그 자체에 집착과 저항을 통해 번뇌를 만드는 영혼은 또 얼마나 비참한지 한탄한다. 결국 문제는 경계다.

이 유한성의 공포에서 벗어나기 위해 시도되는 것이 '동일성 범위의 양적 확장'이다. 자기편을 만들고 무리를 짓고 같은 생각과 문화를 가진 사람들을 동일시한다. 나아가 이념이든 종교든 외부의 어떤 절대적 힘을 가정하고 그 힘에 의지하는 단체를 만든다.

그러나 원리적으로 이런 '외적' 확장은 끝이 없고 상대적일 수밖에 없다. 아무리 확장해도 결국 다시 그 외부의 무엇과 비교 아래 인식되는 상태를 벗어날 수 없다. 인간 존재를 만들어낸 지구라는 장 전체와 상상적 동일시까지 나간 인류는 끊임없이 외계인을 지어내지 않던가(외계인이 실재하는지의 문제와는 별개다. 실재함이 드러나면 다시 외적 우주의 범위를 무한 확장할 테니까)?

그리하여 외적 팽창을 통한 무경계 궁극의 발견이 불가능함을 확인한 인류의 선현들은 '하늘에서 이루어진 것이 땅에서 이루어진다'는 원리, '근취제신하고 원취제물하라'(近取諸身, 遠取諸物. 가까이는 자기 몸에서 멀리서도 주변 사물에서 진리를 구하라는 말)통찰에 입각해 우주를 만든 동일한 힘의 결과인 마음의 본성 관조로 눈을 돌렸던 것이다.

의식을 조정하는 무의식, 다시 그 무의식을 둘러싼 집단무의식, 다시 그 집단 무의식을 둘러싼 무경계의 본성의 공의 발견. 거기가 바로 모든 성인들이 끊임없이 발견, 재발견한 신성과 영혼의 거처이자 깨달음의 자리다. 몸과 마음, 거기에 집착하는 모든 의식이 '진아'가 아님을 깨닫지 못하는 한 이 장의 예수의 한탄은 계속될 것이다.

088절

✦✦✦　① 예수께서 말씀하기를, 천사들과 선지자들이 너희에게 올 것이다. 그리고 이미 너희에게 속한 것을 너희에게 줄 것이다. 너희도, 보답으로, 그들에게 너희가 가진 것을 주도록 하라 그리고 자문해보라, 그들은 언제 와서 그들에게 속한 것을 가져갈 것인가?

이 절을 이해하기 위한 핵심은 ① 천사가 너희에게 줄 것(이미 너희에게 '속한 것')과 ② 너희가 천사에게 줄 것(너희 손에 '가진 것')의 대비와 뒤따르는 ③ '그들에게 속한 것'에 대한 자문의 요구 등이다.

　① '우리'가 천사와 선지자에게 바라는 것은 구원과 영생이다. 그 구원과 영생은 깨달음을 얻는가에 달려 있고, 깨달음은 외부

의 어느 곳, 어느 대상이 아니라 아트만, 불성, 본성 무엇이라 불리든 원래 있던 것의 고차원적 회복이다. 그러니 천사가 우리에게 줄 것은 원래 우리에게 속했던 것일 수밖에 없다.

② 우리가 '가진 것'은 중 천사에게 속한 것이 있다면 일차적으로 생명이다. 천사는 신의 전령이고 신은 창조주이므로 그들의 일은 창조의 대행이다. 일단 우리 생명은 육체와 의식을 포함하여 개체 에고를 형성하게 되고 다시 이를 넘어선 고차 세계를 인식함으로써 신성에 회귀하게 된다. 깨달음은 에고의 초월과 등가교환식으로 함께 오는 것이다. 깨달음이 오면 자의식은 신성에 양도되어야 한다. 천사와 인간은 깨달음과 자아를 교환한다. ③ 그러므로 인간 일생에서 가장 중요한 일은 시시각각 다가오는 죽음 앞에서 그것이 만드는 공포를 넘어서는 의식과 힘을 갖추는 것, 곧 구도다. 천사가 오는 날, 준비된 이는 신성과 자아를 교환할 것이고 준비 없는 이는 소멸할 것이다.

089절

✚✚✚   ① 예수께서 말씀하기를, 어찌하여 너희는 잔의 겉만을 씻는가? 안을 만드신 이가 또한 겉을 만드신 이라는 것을 깨닫지 못하는가?

잃어버린 신을 찾아서

잔의 '겉과 안'. 여기서 잔의 의미는 좁게는 인간의 육체와 마음일 테고 넓게는 만물의 밖과 안이다. 보이는 것과 보이지 않는 것. 측정할 수 있는 것과 없는 것. 음과 양. 물질과 의식. 양과 질이 모두 이 비유에 포괄된다.

〈주기도문〉에서 '하늘에서 이루어진 것이 땅에서도 이루어지이다'고 할 때, 그 하늘과 땅의 대비도 여기 안팎과 같은 의미다. 중용에서 군자가 기미와 징조를 보고 세상의 변화를 안다는 것도 같은 맥락이다. 보이지 않는 곳에서 장차 드러날 모든 일이 예비되기 마련이다. 그러니 어찌 현상으로 드러난 것만 따져 순리를 논할 수 있겠는가. 그럼에도 불구하고 전체 상관성에 대한 직관 통찰이 부족한 범인들은 늘 주어진 눈앞의 결과에 매몰되기 십상이다.

톨스토이는 위대한 문인이었지만 그 못지않게 영적 구루(Guru)이기도 했다. 그러면서 동시에 당대 민중들의 삶에 끊임없는 애정과 관심을 쏟은 실천적 사상가의 면모도 갖춘 이였다. 그는 말년에 당대 아나키즘과 제 사회주의 사상을 모두 비판했다.

전자에 대한 비판의 핵심은 그것이 아무리 좋은 이상을 가졌다 한들 추구하는 방법이 폭력이라는 점이었다. 아나키즘이 모든 권력적 위계를 부정하는 근거는 그것이 억압적인 폭력이라는 것인데, 폭력을 없애기 위한 폭력은 자가당착일 뿐이라는 것이다. 톨스토이는 어떤 운동이든 과정의 폭력은 결과에서 더 큰 폭력을 예비하는 모태일 뿐이라 보았다.

사회주의에 대한 비판 핵심은, 그것이 인간이 가진 탐욕 자체의 문제는 도외시하고 그 탐욕의 결과로 만들어진 재화와 부의 소유, 분배 문제에만 집중한다는 점이었다. 사회주의가 성공한들 더 많은 부와 재화 생산에 몰두하는 생활상을 옹호하는 이상 세상을 변화시킬 올바른 사상이 될 수 없다고 비판했다.

톨스토이는 보이지 않는 '안'을 문제 삼았다. 아나키즘은 폭력에 대한 옹호를 통해 인간의 권력욕, 지배욕을 스스로 드러냈고 사회주의는 편집적 소유축적욕을 건드리지 않았음을 지적했다.

사회구조 구성원의 마음에 대해 늘 '밖'이다. '안'의 문제인 마음과 집단 마음으로서 문화를 고려하지 않은 변혁 사상은 전형적으로 잔의 겉만 닦으려는 시도라는 비판이었다.

우리 인류는 지난 20세기 변형, 왜곡된 국가사회주의 성립과 그 괴물 같은 체제의 자본주의 회귀까지를 목격했다. 겉을 아무리 그럴듯하게 꾸며도 국가주의라는 폭력성과 생산 경쟁이라는 소유욕을 그대로 가진 체제가 근대 사회의 대안이 될 수 없음을 본 것이다.

원칙 없는 정치, 도덕성 없는 상거래, 노동 없는 부, 인격 없는 교육, 인간성 없는 과학, 양심 없는 쾌락, 희생 없는 종교. 이것은 간디가 말한 '사회 7대 악'이다. 이것들은 모두 무엇이 '안'이고 무엇이 '겉'인지를 보여준다. 결과와 성과만 쫓아 온 현대 사회

잃어버린 신을 찾아서

가 되돌아야 봐야 할 금언이다.

✦✦✦　① 예수께서 말씀하기를, 나에게로 오라! 나의 멍에는 편안하고 나의 다스림은 부드럽다. ② 그리고 너희는 너희 자신을 위하여 안식을 찾으리라.

'멍에'. 짊어져야 할 짐의 무게를 상징한다. 종교는 근본적으로 마음의 짐을 덜어내는 것이다. 채우는 것이 아니라 비움에 그 핵심이 있다.

탐욕과 그 탐욕이 만든 결핍감에 기초한 의식적, 계산적 이성과 그 과잉 사고에 기초한 오류, 망상, 다시 이 망상이 일으키는 편향된 감정의 악순환. 그리고 이 모든 것이 외화된 갈등 관계가 인간 스스로 만든 지옥의 실체다. 그러므로 일차적으로 종교는 무엇을 하자는 요청이 아니라 그 무엇이 자연의 순리건 신의 섭리건 우리 의지 밖의 도도한 흐름임을 관조하는 데서 출발한다. 불안, 공포, 두려움, 강박증을 벗어난 침묵의 관조는 과잉의지가 우리 눈을 가려 실상을 왜곡하는 데서 벗어나게 해준다.

'있는 그대로'의 세상이 이해되기 시작할 때, 비로소 인간은 만물과의 운명적 교감을 회복하고 그럼으로써 마음의 경직된

'경계지음(명예)'을 내려놓을 수 있게 된다. 세상과 적대적 갈등 의식이 근거 없는 허무임을 깨달음으로써 그 빈 공간에 본성에 내재한 사랑과 연민이 생겨나고 이를 통해 자유를 만난다.

불교에서는 '생각을 끊음'의 수행인 무념무상의 좌선을 통해 깨달음에 이르고자 한다. 유교의 이상인 '중화' 역시 같은 원리에 기초한다.

그럼에도 불구하고 무엇인가 끊임없이 해야 한다는 강박관념에 쫓기는 성과주체로서 현대인들은 종교의 이 역설적 능동성을 쉽게 받아들이지 못한다. 여전히 무엇인가 끝없이 바라는 마음의 연장선에서 종교를 자신의 수호 방패막이 정도로 이용하기 십상이다.

그리하여 어떤 종교도 가르친 적 없는 '신의 군대' 운운하는 신성모독을 일으킨다. '재정축복'이라는 미명으로 세속적 성공을 추구하고 탐욕을 채우는 것을 복 받는 것이라 떠받든다. 여기서 한 발 더 나가면 자기 신을 믿지 않는 이들을 적대시하고 급기야 '신의 이름(완전한 평화, 사랑, 자비, 자유)' 아래 폭력, 억압, 전쟁, 살인, 강탈, 착취 등을 정당화한다. 그리하여 아이러니하게도 세상에서는 신을 떠받든다는 이들에 의해 신은 살해되었다.

니체는 최초이자 최후의 기독교인은 예수 자신뿐이라는 질타를 한 바 있다. 예수를 십자가에 못 박은 이후 그 추종자들은 예수의 정신을 예수의 이름으로 수없이 다시 죽여 온 것이다.

잃어버린 신을 찾아서

'부드러운' 예수의 가르침은 어디에 있는가? 탐욕의 가면에 불과한 배타적 호전성을 벗을 때, 자신을 위한 안식이 비로소 깃들 것이다.

매주 면죄부를 남발하고 다시 끝없이 면죄부가 필요한 죄를 늘 저지르고 아무도 부여치 않은 면죄부 발행 특권의 미명 아래 세상의 갈등을 부추기는 모든 행위는 '불신지옥'의 지름길이다.

091절

+++ ① 그들이 예수께 말씀드리기를, 당신이 누구인지 말씀해 주시어 당신을 믿도록 하여 주소서. ② 예수께서 그들에게 말씀하기를, 너희는 하늘과 땅의 표정은 읽을 줄 안다. 그러나 너희 면전에 있는 그분을 알지 못한다. 그러므로 너희는 이 순간을 알지 못하는 것이다.

영성이란 우리의 정신이 정체성과 의식 모두 차원에서 '만물일체감'을 얻는 것이다. 그럼으로써 시간적 영원성과 공간적 무한성(무소부재성)을 체화한 상태다.

'하늘과 땅의 표정을 읽는다'는 것은 만물의 시원을 이해함을 의미한다. 그러나 여기서 예수의 지적은 제자들이 실제로 그것을 알지 못한다는 것이다. 오히려 피상적이고 외적으로는 그것을 알고자 하면서, 정작 그 원리가 예수를 통해 또 자신의 내면을 통해 모든 순간, 모든 곳에서 공존, 진화함을 보지 못함을 꾸짖고 있다. 예수를 보되 그 알맹이(정신과 그 표현으로써의 말씀)보다 자신들의 메시아적 환상을 만족시킬 계시적 위상과 같은 권위를 찾고자 하며, '지금·여기'에', '있는 그대로' 계시된 진리를 보지 못하고 어딘가 외부 이상 세계의 구원의 약속 따위를 얻고자 함을 꾸짖는다.

'당신이 누구인가?'라는 질문은 소박하고 순수한 질문이 아니다. '믿도록 하여 주는' 무엇인가를 제시해 달라는 계산과 의도 아래 나타나는 요청이다.

혁명가이거나 왕이거나 메시아이길, 그리하여 자신들의 의존심을 궁극적으로 기댈 안식처가 되어달라는 바람이 담긴 요청이다. 이 요청에 대해 예수의 답은 냉엄하다.

'이미 너희 질문이 잘못되었다'는 것이다! 끝없이 눈에 보이는 것, 측량할 수 있는 것, 세상의 인정 위에 있는 것, 의지와 도피처만 찾고자 하는 그 마음을 정확히 짚어낸다. 그렇기 때문에 너희는 눈앞에 펼쳐지는 예수의 가르침도, 또 이 순간이 가진 영원성도 이해하지 못한다고 질타한다. 『임제록』에는 봉착편살(逢著便殺)이라는 역설적 표현이 등장한다. '보이는 대로 닥치는 대로 죽이라'는 살벌한 가르침이다. 그러나 이 표현은 어떤 권위도 인정치 말라는 가르침을 강한 어조로 강조한 것이다.

이어서 '봉불살불, 봉불살조'(逢佛殺佛 逢祖殺祖)하라는 유명한 문구가 이어진다. '부처를 만나면 부처를 죽이고, 조사를 만나면 조사를 죽이라'는 뜻이다.

권위는 의존심을 전제하는 것이고 의존심은 안전 욕구에 기초한 집착의 표현이다. 그리고 그 모든 변형된 탐욕들은 철저하게 개체 에고의 존재 불안에 기초한 것이다. 바로 그 정신 상태를 벗어남으로써 비로소 신성이나 득도에 다가감이 영적 깨달음을 향해 가는 수행의 길일 진데, 성령이란 에고를 벗어난 공의 실감, 만물일체감의 체득일 텐데, 오히려 그 모든 부당전제를 가정한 질문에 성인들은 뭐라고 답할 수 있겠는가? 그래서 예수는 '귀 있는 자 들어라'는 말씀을 그토록 여러 번 한 것 아닌가?

092절

✚✚✚ ① 예수께서 말씀하기를, 구하라 그러면 발견할 것이다. ② 하지만, 전에는 너희가 그때 내게 묻는 것들을 너희에게 알려 주지 않았다. 지금은 내가 그것들을 말해주고자 하나 그것들을 구하는 자들이 없다.

질문이 잘못되면 답은 아무 의미가 없다. '빛은 입자인가, 아니면 파동인가?'라는 잘못된 질문은 오랫동안 과학자들을 괴롭혔지만, 답은 둘 중 하나가 아니었다. 빛은 파동이기도 하고, 입자이기도 했다.

부당한 전제를 깔고 이분법적인 선택을 강요하는 대부분의 질문들은 의미가 없다. '인간은 자유의지로 사는 존재인가, 운명에 매인 존재인가?' '성격은 선천적인가, 후천적인가?' '사회는 개인 행위가 결정하나, 구조가 결정하나?' 등등의 질문들은 하나같이 그런 경우다. 그러므로 올바른 답을 얻기 위한 첫발은 올바른 질문을 하는 데 있다.

'구하면 발견할 것이다'라는 예수의 말씀은 터무니없이 낙관적인 말씀으로 보인다. 그러나 진실이다. 단, 이 언명의 숨은 전제는 '올바로 구한다'라는 것이다.

인간은 구원과 영생을 바란다. 그러려면 죄와 죽음의 원인을 알아야 한다. 죄의식과 죽음은 분별 의식의 발전에 따라 발생하는 것인데, 그 발생 기원에 무지하면서 외적 대리충족 기제를 찾게 되면 결코 목적에 도달할 수 없는 허망한 탐욕으로 발전한다. 그리고 그 탐욕은 죄의식과 죽음 공포를 더욱 부각하는 식의 악순환으로 이어진다. 구원과 영생을 얻는 지름길은 탐욕 생각 시간의식 등의 뿌리를 알아 제거하는 데 있다. 물론 죄와 죽음의 근원에 대한 바른 질문과 답을 얻었다 해도 그 해결을 실천적으로 내면화하는 데는 돈오돈수(頓悟頓修, 단 한 번에 불심의 이치를 알아 궁극의 깨달음에 도달하면 더 이상의 수행이 필요 없다는 입장)가 되었든 돈오점수(頓悟漸修, 깨달음은 갑작스럽게 올 수 있으나 그 전후의 실천, 체화는

잃어버린 신을 찾아서

점진적 수련을 통해서만 된다는 입장)가 되었든 지난한 수행 과정이 동반된다.

그럼에도 불구하고 바른 답의 방향을 알았다면 '구하면 얻어짐'이 틀림없게 된다. 그러나 대개는 죄와 죽음의 근원을 묻기보다 그로부터 오는 불안과 공포를 손쉽게 회피할 방법만 묻는다. 그리하여 그 방법을 행위 패턴으로 고착시켜 교조적 계율을 만들고 그것에 대한 맹종을 통해 원하는 것을 얻으리라 믿는다. 또는 유치하게도 자신이 가진 재물을 바침으로써 그 대가로 외재적 절대자의 은총으로 물리적 영생이 주어질 것이라 생각하기도 한다. 이런 의식들이 전형적인 낮은 수준의 종교 이해다.

영성이 그 자체로 인간 정신의 정수의 표현이라고 할 때 주술적인 교환의식 수준의 종교는 전혀 영적이지도 따라서 올바르지도 않다. 그래서 예수는 '새로운 약속-신약'을 주러 오신 것 아닌가. 그러나 많은 이들은 아직 예수가 약속한 것이 무엇인 줄 모르고 인류가 낮은 수준에서 매달렸던, 예수가 극복하고자 했던 바로 그 형태와 속성의 종교를 스스로 만들고 스스로 그에 구속되고 있다. 그리하여 종교가 마음의 평화도 관계의 화목도 내적 자유와 사랑의 조화도 만들지 못하고 새로운 분열, 갈등, 배타의 상징에서 벗어나지 못하고 있는 것이다.

한편, 예수의 성장사를 보면, 사막에서의 시험을 기점으로 깨달음 전의 예수와 후의 예수 간에는 전환적 차이가 있다. 그전의 예수는 스스로 올바른 질문과 답을 구하고 있었으나 아직 구한 상태는 아니었다. 그러므로 많은 랍비, 성직자를 감복시키고 교리를 함께 논할 수준이었지만, 결정적인 보편 진리 인식에 도달하지 못한 상태였고, 당연하게도 구원의 길을 묻는 이들에게 답을 줄 수 없었다. 그러나 상대적으로 의젓하고 성숙한 예수에게 많은 이들은 자신들의 종교적 의문을 수없이 물었으리라. 광야의 시험을 겪고 난 예수는 완전히 다른 존재가 되었다.

절대적 확신을 가지고 구원의 길을 설파할 수 있는 분이 된 것이다. 그러나 이제 사람들은 예수의 말씀을 믿을 수도 따르려고도 하지 않는다. 왜냐하면 그 방법은 그들의 의식 수준에서는 이해도 실천도 터무니없이 어렵고 부당하게 느껴졌기 때문일 것이다. 모든 탐욕을 버리고 모든 증오와 단정과 정죄를 내려놓으라는, 즉 '살아서 죽어라'는 예수가 제시한 답은 당대 범인들에게 자신들의 타성과 통념에 젖은 패러다임으로는 결코 수용할 수 없고 오히려 기성 질서를 위협하는 것으로까지 보였던 것이다.

그리하여 예수는 누구의 손에 의해서도 아니고 그가 구원하려 했던 바로 그들의 손에 죽임을 당한 것이다. '신의 살해와 부활'은 당대 만연한 신화소적 모티브이기도 했지만, 위와 같은 맥락에서 대단히 현실적 개연성이 있는 일이었고 그것은 오늘날에도 마찬가지다. 오늘날 현대인들도 수없이 인류애의 헌신자들을

잃어버린 신을 찾아서

배척하고 죽이고 있지는 않은가? 지속하는 의인의 희생이야말로 '죄의 대속'의 현재진행형적 증거 아닌가?

093절

✝✝✝ ① (예수께서 말씀하기를,) 거룩한 것을 개들에게 주지 말라. 왜 냐하면 그들이 그것들을 똥 더미에 버릴 수 있기 때문이다. ② 진주들을 돼지들에게 주지 말라. 그렇게 하면 그것이 진창에 묻힐 것이기 때문이다.

예수의 가르침을 표면적으로만 보면 모순적인 곳이 많다. 한편으로는 가장 낮은 곳으로 향하라 하고 모든 죄를 조건 없이 용서하라 하며 한없는 무차별, 무조건적 사랑을 설파한다.

그러나 다른 한편으로는 분명한 어조로 특정 대상들에게 적개심을 드러내거나 편애를 보이기도 한다. 현명한 어부는 가장 큰 물고기만을 건진다고도 하고, 99마리의 양보다 길 잃은 '가장 큰' 양 한 마리를 아낀다고도 한다. 때로는 성전을 타락시키는 성직자들을 몰아내기도 하고, 부자가 천국에 갈 수 없음을 설파하기도 한다. 그리고 여기에서처럼 해석의 여지 없이 분명하게 개나 돼지라는 욕설도 마다하지 않는다. 이 모순을 어떻게 이해할 것인가?

언뜻 모순되어 보이지만 이 가르침들에게는 일관된 원칙이 있다. 그리고 그 원칙은 절대적 영성-보편종교성을 기준으로 하지 않을 수 없다. 예수 자신이 그 영성의 체현자이므로.

　신성에서 흘러나온 힘으로 세계가 만들어졌다는 유출설로 잘 알려진 플라티누스는 인간에게 세 차원의 눈이 있다고 보았다. '물질-마음-영혼'의 눈이 그것이다. 모든 인간은 가능성의 차원에서 이 모두를 타고났다. 그러나 실제 현실에서 어느 수준까지 눈을 뜨게 되는가는 별개의 문제다. 시대나 개인의 조건과 인연에 따라 낮은 수준의 정체성에서 벗어나지 못할 수도 있고 높은 수준의 상승을 이룰 수도 있다. 또 어느 수준에 있느냐 여부만큼이나 중요한 것은 각 수준에서의 상태가 영성을 향한 상승을 향하는지 혹은 현상 만족이나 안주를 위한 퇴행을 향하는 지이기도 하다. 예수는 언제나 '영성을 향한 상승 의지'를 북돋웠다. 그 기준으로 일견 모순되어 보이지만 일관된 가르침을 펼친 것이다.

　가장 낮은 곳에 임하라 하심은 중의적이다. 한편으로는 그곳이야말로 인간의 의식의 고향, 무경계, 무차별 의식이 있는 곳이라는 의미다. 이런 맥락에서 어린이가 성인과 동일시되는 비유가 등장한다. 다른 한편으로는 현실적으로 가장 낮은 곳에 있는 이들이야말로 가장 구원이 필요한 이들이기 때문이다. 고통이 집중된 것에 치료의 손길이 필요하다는 자명한 진리의 차원에서

　　　　　　　　　잃어버린 신을 찾아서

한 말씀이기도 한 것이다.

이 현세의 가장 낮은 곳에는 이중의 운동, 상태가 공존한다. 그것은 마치 극심한 고통이 인간에게 주는 효과의 이중성과 다르지 않다. 가장 낮고 가장 핍박받는 이곳에는 강력한 자의식, 에고가 자리 잡기 힘들다. 그리하여 영혼의 발견에 이르는 필수 과정으로서의 '탈아'나 '초개인 의식'의 출현 가능성이 가장 높은 곳이기도 하다. 그래서 실제 역사에서도 극심한 악조건이나 죽음을 넘나드는 경계를 바탕으로 많은 상승 의식들이 나타났다.

'돌아온 탕자'의 신화가 끊이지 않는 것도 이 때문이다. 그 탕자는 언제나 최악의 지옥을 통과하여 온다. 그러나 다른 한편, 고통이 자아 초월에 이르지 못하고 오히려 자아가 얄팍한 고통 회피 요령이나 집착 대상을 만나게 되면, 이 상태는 최악의 노예 정신에 머무르고 만다. 오로지 육신의 기초 생존 욕구로 모든 죄를 정당화하는 수준을 벗어나지 못한다. 예수나 부처가 설하는 연민과 자비의 일차 대상이 바로 이 상태들이다. 아이러니하게도 노예 상태의 이들은 바로 그 상태로 인해 죄를 지을 능력조차 없다. 원죄가 최초의 분리 경계 의식에서 비롯되었듯 큰 죄는 큰 탐욕, 큰 인식 오류에서 나온다.

가장 낮은 곳의 이들은 그 탐욕과 인식의 주체조차 될 수 없는 이들이다. 그리하여 예수는 한편으로 이들을 무조건 용서의 대상으로 보았고('죄 없는 자 창부에게 돌을 던져라', 더 큰 세속적 지위를 다투는 자들이 가장 낮은 창부보다 죄가 가벼울 자 아무도 없다는 전제에서 한 말씀이다. 십자가에 매인 자신을 찌른 병사에게는 '그들이 자신이 하는 짓을 모르니 용서해 달라'고 하지 않던가), 다른 한편으로 그 가장 낮은 곳에서 영적 상승의 의지를 포기하지 않는 이들에게는 무한한 축복을 내렸다. 예루살렘 입성 전날 예수의 발을 머리카락으로 씻은 창부에게 보낸 은총이 그러한 예다.

이렇게 보면 자연히 인식과 탐욕의 수준이 높을수록 죄의 가능성도 따라서 커진다. 물질적 눈의 수준에 있는 이들이 가지는 탐욕은 식욕이나 성욕 같은 일차적인 육욕이다. 마음의 눈의 수준으로 가면 이 탐욕 역시 보다 관념화되고 확장한다.

흔히 탐욕의 대명사로 말하는 소유욕, 지배욕, 명예욕 등으로 발전한다. 물론 이 탐욕의 목록들이 기계적으로 순서대로 하나씩 나타나는 것은 아니다. 중첩되고 비선형적, 유동적으로 섞이며 등장하지만 각 개인의 의식 수준에 따른 무게 중심의 경향성은 뚜렷하다. 소유욕이 가시적인 것들에 대한 직접적 축적욕이라면, 지배욕은 그것을 포함하면서 보이지 않는 인간의 마음까지 통제하고자 한다. 권력욕이 마음에 대한 직접 지배와 복종을 바라는 것이라면, 명예욕은 그 인정을 항구적이고 자발적인 것으로 만들려 한다는 점에서 더 고차적 욕망이다.

욕망은 그 수준이 올라갈수록 영향력도 비례해서 커진다. 그렇기 때문에 일개 부자보다는 위정자가 일개 위정자보다는 가치

잃어버린 신을 찾아서

의 표준을 해석하고 만드는 사상가의 힘이 더 크며, 그 힘과 영향의 크기만큼 죄의 위험도 함께 증가한다. 그리하여 예수는 부자 청년에게는 단지 자신의 재산을 이웃에게 나누어주라는 정도의 말씀에서 그치지만, 세리들에게는 비난을 퍼붓고 우상을 파는 성직자들에게는 채찍을 든 것이다.

여기서 말하는 개나 돼지는 누구인가? 똥 더미나 진창은 또 무엇인가? 진리를 오염, 부패 더미와 섞어버리는 자들. 오히려 진주도 똥으로 만들어 버리는 자들. 그들은 언제나 당대의 가치 해석자들이었다. 한 마디로 주류 권위를 바탕으로 당대 가치 기준과 신성에 대한 해석 독점자들이다. 학자, 정신적 교사, 성직자들이다. 개, 돼지는 무지하고 비천한 이들이 아니라 오히려 가장 권위 있고 추앙받되 가장 위선적인 무리를 일컬은 것이다.

타인을 해칠 수 있는 의지를 '자유 경쟁'이라 정당화하는 자들. 약육강식이 자연법칙이자 신의 섭리라 가르치는 자들. 진리의 전도를 정신적 정복으로 아는 자들. 가난한 이들에게 자신의 신을 믿지 않아 그렇다고 비아냥대는 이들. 재난을 당한 이들에게 역시 신의 벌이라 조롱하는 이들. 신을 믿으면 현세의 출세와 부를 얻으리라 소리 높이는 자들. 이들을 예수는 개나 돼지라 했다. 그들이 가르치는 길은 똥이나 진창을 향하는 길이라는 말씀과 함께.

094절

✦✦✦ ① 예수께서 말씀하기를, 찾는 자는 발견할 것이다. 두드리는
자에게 열릴 것이다.

구도자를 영어로는 '찾는 이[Seeker]'라 한다. 여기서 '찾는 이'는
영적 진리에 대한 구도자를 뜻한다. 예수는 찾는 이는 '반드시'
발견할 수 있다는 낙관적인 말씀을 한다. 물론 그 전제는 앞 장
의 똥이나 진창을 찾는 것이 아니어야 한다는 점이다. 현세의 안
위나 탐욕의 만족을 구하는 자들은 그 길을 갈 것이다. A를 찾으
면서 B를 구할 수는 없다.

예수가 이런 단정적 낙관을 할 수 있는 이유는 찾는 '대상-진
리-도'가 원래 우리의 고향이자 되돌아갈 곳이고 한순간도 우리
와 떨어진 적이 없으며, 늘 우리 내면에 상존하는 것이기에 가능
하다.

통상 인간을 움직이게 하는 탐욕은 결핍감의 산물이다. 그런
데 이 결핍은 의식적인 정체성 상의 분별심이 발생한 이후 그에
연이어 생긴다. '만물 일체-인간·자연', '인간-정신·육체', '정
신-이성·감성' 식으로 의식의 성장과 함께 발생, 심화하는 이원
적 분별심과 그에 따른 개체 에고 의식이 탐욕의 진원지다.

인간·자연의 분리는 자연에 대한 배타적 회피와 정복욕을 낳
고, 정신·육체의 분리는 육체적 본능을 죄악시하는 금욕주의를

잃어버린 신을 찾아서

낳는다. 이런 중층적 탐욕 생성은 갈등과 분열 투쟁으로 이어지고, 일체 고통의 뿌리가 된다. 개인도 문명도 이러한 진화적 의식 발달 분화를 피할 수 없지만 이 분화는 어디까지나 의식의 장난일 뿐 실제는 아니다. 다시 말해, 인간-자연의 대당에서부터 출발해서 통시적으로 발달하는 모든 이분법적 경계 의식은 실제로는 분리 불가능한 것을 분리하는 의식의 집착 편향일 뿐이라는 것이다.

의식의 진화 과정에서 인간은 동일 대상을 여러 측면에서 분별해 보는 법을 개발해 왔다. 언어 습관에 따라 1, 2, 3 인칭이 발달하면 자연히 주관, 객관, 단수형, 복수형으로 동일 대상을 구별해 인식한다. 그리하여 단수형 주관을 내면 의식, 복수형 주관을 문화, 단수형 객관을 물질, 복수형 객관을 시스템으로 규정하고 각각의 시각에서 파악된 인식 내용을 개념화한다.

가령 '시간'에 대한 인식도 주관적 느낌으로서의 감성적 시간, 기계적 시계의 시간, 집단 공유 해석으로서의 역사의식, 체제 관리를 위한 사회적 관리 시간 등으로 분화 인식하는 식이다. 이러한 인식 분화는 인간이 다루는 학문 분화의 기초가 된다.

내적 주관을 주로 다루는 것이 종교라면, 외적 객관의 기초를 다루는 것이 과학이다. 집단 주관을 다루는 것이 문화(인문)라면, 시스템을 다루는 것이 사회과학이 되는 식이다. 이 네 가지는 필연적인 상호작용의 틀에 매여 있어 구별은 되지만 분리는 되지 않는, 전형적인 불일이불이의 관계에 있다. 그럼에도 불구하고 편향을 선호하는 인간의 습성은 이 주 어느 한 가지로 나머지를 치환해 설명하는 '독단론적 범주 오류'에 흔히 빠져왔다. 시대의 성격이나 각자 처한 영역의 입장에 따라 종교나 과학, 집단 해석이나 체제 이해 중 한 가지로 나머지를 모두 종속 치환해 설명하려는 시도가 늘 있었던 것이다.

위와 같은 통시적, 공시적 의식 분화는 자연스러운 것이지만, 문제는 이 분별을 적대 배타적인 선택지로 독단적으로 여기는 데서 생긴다. 그리하여 개인과 시대의 수준에 따라 다양한 층차의 인식 편향이 생겨왔고 그 편향들은 각자 고유한 오류와 병리 현상을 동반했다. 이 편향과 병리의 역사가 곧 인류 보편의 심적 고통의 뿌리가 되어왔던 것이다.

지각되지 못한 무의식의 압력이 정신병을 만들어내지만 그 무의식이 자각됨으로 인해 병이 고쳐지듯, 집단무의식이나 '밈'(Meme, 문화유전자)의 형태로 개인에게까지 내재한 갈등, 분열, 적대의 경계선이 총체적으로 통찰되고 이해되면, 인식의 오류와 편향에서 발생했던 탐욕과 갈등은 사그라든다. 그래서 모든 고등종교는 인격의 고양 내지 수양을 통해 탐욕을 버리고 물아일체의 경지에 이르는 길을 가르쳐왔던 것이다. 그것을 도라 부르든 깨달음이라 부르든 구원이라 부르든 내용은 동일하다. 외부의 어떤 새로운 조건이나 개발이 아니라 내면에 대한 깊은 성찰

잃어버린 신을 찾아서

을 통해 스스로 실감할 수 있는 무엇이라는 말이다. 외부의 자극에 한없이 정신 팔려 '자극-반응'에 기계적으로 열중하는 정신의 관성을 멈춰 세우고, 그 방향을 안으로 돌려 깊은 응시를 하면 인식 분화의 원천과 그 전체 과정을 스스로 뚫어볼 수 있고, 그 통찰이 체감되면 바로 그 자리에서 득도, 해탈, 구원이 일어난다. 그래서 고등종교들은 침묵 속의 기도, 명상, 참선이라는 공통 원리의 수행법을 가르쳐 온 것이기도 하다. 그러므로 참으로 구하는 자는 반드시 얻는다. 그 구할 것이 애초에 자신 속에 있었으므로!

'열림'은 문이 개방되고 벽이 허물어지는 것이다. 경계의 철폐다. 두드려서 열라는 말씀은 결국 본질적인 문제는 우리가 스스로 쳐놓은 마음의 결계, 그 벽이라는 진리의 메타포다.

원래 있던 것을 구하고 스스로 쳐놓은 벽을 허물어뜨림으로써 인간은 이성과 논리를 넘어 지고한 초월의 세계로 나갈 수 있고, 그럼으로써만 자신을 구원하고 세상의 평화를 만들 수 있다. 결국 진정한 혁명은 내면의 진화에서 출발하지 않을 수 없다.

095절

✚✚✚ ① 예수께서 말씀하기를, 너희가 돈이 있다면, 이자를 받고 빌려주지 말라. ② 차라리, 그 돈을 돌려받을 수 없는 사람에게 주어라.

① 이자는 예나 지금이나 탐욕의 대명사다. 그것은 단지 많이 바라는 것이 아니라 근거 없는 억지를 피우고 타인을 해치면서까지 축적하려는 심리를 대변한다.

돈은 가치축적의 상징물이자 교환매개체 기능을 가진다. 그러나 화폐 자체는 아무런 사용가치, 기능이 없다. 그러므로 화폐는 상품이나 이윤 대상이 될 수 없다. 상품의 제작, 공급을 통해 이윤이 발생한다는 원칙에 비추어볼 때도 화폐 자체의 이윤, 즉 이자는 근거가 없다.

산업자본은 원료에 노동을 더해 새로운 가치를 창출하고 이에 근거해 이윤을 창출한다. 상업자본은 시공간적인 수급조절을 담당하고 그 기능으로 이윤을 창출한다. 그러나 금융자본은 아무 가치 생산 없이, 따라서 사회적 이윤 창출 없이 이자라는 자기 이득을 요구한다. 따라서 금융자본은 본질적으로 사기다.

고리대금업이 동서고금에 가장 비난받는 업이었던 것은 그것이 교묘한 강도나 다름없다는 인류의 도덕적 판단이 있었기 때문이다. 만약 예수가 오늘날의 금융업이 지배하는 신용화폐 사회를 보았다면 뭐라 할지? 이자는 단지 보상이 아니고 약탈인 것이다. 도박, 투기도 같은 범주에 든다. 금융자본주의를 달리 카지노자본주의라 칭한 건 적절한 표현인 셈이다.

② 보상을 전제로 한 행위를 하는 것만으로도 우리의 내면은 상처받는다. 고등종교가 지향하는 '목적 없는 열정'은 타고난 내

잃어버린 신을 찾아서

재적 생명력의 성숙을 일컫는 말이다. 그 과정을 통해서만 자기 구원을 이룰 수 있다. 가르치는 예수의 입장에서라면 죄의 대가로 달콤한 타락 성과를 맛보는 행위를 할 바에는 차라리 갖다버리라 할 만하다. 그것은 겉으로 얻고 안으로 잃는 전형적 행위인 것이다. 그러니 '재정(경제) 축복'이니 기독교 은행이니 하는 용어나 행위들로 스스로의 신을 욕보이는 자들은 주 예수 그리스도의 가르침을 다시 돌아볼 일이다.

096절

+++ ① 예수께서 말씀하기를, 아버지의 나라는 한 여인과 같다. ② 그 여인은 약간의 효모를 떼어다. 반죽 속에 숨기고, 커다란 빵 덩어리들로 만들었다. ③ 귀가 있는 자는 누구든지 들으라!

아버지의 나라는 신성의 세계다. 그것은 우리 안에도 밖에도 편재한다. 신성은 내외 모두에 존재하는 것이지 분리, 분별 될 수 없다.

그럼에도 불구하고 이분법적 분리에 익숙한 인간의 인식 습관은 내외의 신성을 곧잘 분리한다. 그러나 그렇게 분리되어 신성이 외부에만 있다면 그것은 인격신이든 아니든 어떤 식으로든 우상이 되고 만다. 거꾸로 내부에만 있다면 상승과 초월의 방향으로서 규제적 이념은 사라지고 인간 에고가 곧 신이 된다.

어느 쪽이든 세계의 목적인으로서 종교는 성립될 수 없다. 이 신성의 세계는 도교가 말하는 곡신현빈(곡신불사, 시위현빈, 谷神不死, 是謂玄牝. 도는 빈 골짜기의 신과 같고 그 불멸의 신을 현빈이라 한다)이고 주역의 '무극이 태극'(無極而太極, 무극이 태극으로 나타난다)이기도 하다. 이 신성의 끝없는 역할은 생명과 운동의 창조다. 이를 두고 여인에 비유했다.

'약간의 효모'와 '반죽'은 인간 내면의 속성으로 비유하자면 '영혼'과 '감각과 마음'의 관계다.

물질적 틀과 경계를 가지는 반죽과는 달리 효모는 그 경계를 넘어 확장하려는 자연의 의지다. 우리 내면에는 반죽처럼 안을 향해 고착, 집착하고자 하는 힘(보존 본능, 에로스, 사랑, 음)도 있지만, 효모처럼 무경계를 향해 뻗어 나가고자 하는 힘(증강 본능, 타나토스, 자유, 양)도 공존한다. 그리고 그 둘의 어울림에서 생명의 천변만화, 커다란 빵 덩어리가 생겨나는 것이다. 그리하여 '있는 그대로' 이미 갖추어져 있는 상태 대로가 진리라는 명제가 성립된다.

반야심경이 전하는 '무고집멸도'(無苦集滅道)라는 가르침이 이것이다. 현실 원인으로 고와 집이 있지만, 그 자체가 항존하는 것이 아니어서 멸도로 이어지고, 이것이 끝없이 순환하므로 유라고도 무라고도 할 수 없다는 진리.

잃어버린 신을 찾아서

효모와 반죽은 우리로 하여금 구도를 향한 초월의지를 잃지 않으면서도 중생을 향한 자비도 함께 지니지 않을 수 없음을 가르친다. 상구보리, 하화중생. 위로는 깨달음을 구하고 아래로는 중생과 화합한다. 그것이 성인들의 한결같은 가르침이다.

097절

✦✦✦ ① 예수께서 말씀하기를, 아버지의 나라는 밀가루 가득한 동이를 이고 가는 한 여인과 같다. ② 그녀가 먼 길을 걸어가는 동안, 동이 손잡이가 부서져 그녀의 길 뒤편으로 밀가루가 날려 나갔다. ③ 그녀는 아무것도 몰랐다. 그녀는 문제를 알아채지 못했다. ④ 그 여인이 집에 도착했을 때, 그녀는 동이를 내려놓고 그것이 빈 것을 발견했다.

이 절은 앞 절과 이어볼 때만 그 의미가 이해될 수 있다. 밀가루는 효모가 없다면 빵이 될 수 없다. 다시 말해, 영혼이 없다면, 우리의 심신은 곧 흩어지고 사라질 한시적 물질에 불과하다. 몸이 '오온(五蘊, 색수상행식)'을 만들고 '6근(안이비설신의, 여섯 가지 감각 기관)', '6경(색성향미촉법, 감각 기관에 대응하는 대상)', '3세(과거. 현재. 미래)'가 어울려 마음의 '108 번뇌'를 만들지만(6×6×3=108), 이 모두는 말 그대로 공(空)하다. 누구나 이 오온과 108번뇌와 씨름하며 살아가지만, 이것들은 여인의 동이 속 밀가루처럼 하루하루 흩어지고 만다. 죽음의 순간에 모든 인간은 평생 집착했던 오온과 6식(6근과 6경이 만드는 앎)이 모두 허망하다는 것을 저절로 알게 된다. 비어있는 양동이를 발견하지 않을 수 없다.

오온과 육식을 넘어서는 무엇인가가 있는가? 모든 성인들은 그 무엇인가를 신성이라 일렀고, 그 신성을 감지한 정신을 영성이라 칭했다. 그 영성의 체험을 깨달음이라 하고 그에 이르는 과정을 수행이라 했다. 그리고 수행을 통해 깨달음에 이른 인간이 개공(皆空)한 오온과 육식이 일으키는 집착, 탐욕에서 자유로워질 때 그것을 해탈이나 득도라 했다. 그에 이른 이를 기독교에서는 '살아서 죽은 자'라 비유하고, 불교에서는 '유여열반'이라 했거니와, 도교의 진인이나 유교의 군자도 이와 다르지 않아 한결같이 생사를 초월한다고 묘사되어 왔다.

098절

✚✚✚　① 예수께서 말씀하기를, 아버지의 나라는 어떤 힘센 자를 죽이고자 하는 한 사람과 같다. ② 집에 있는 동안 그는 그의 칼을 뽑아, 자신의 손이 들어갈 수 있는지 알고자 칼을 벽 속으로 힘차게 찔렀다. ③ 그렇게 그는 힘센 자를 죽였다.

'어떤 힘 센 자'가 누구인가? 이 역시 우리의 에고를 구성하는 오온과 육식이다. 그에 대한 집착에서 오는 두터운 환상으로서의 자의식이다. 우리의 심신과 떼려야 뗄 수 없고 번민, 고통, 갈등의 뿌리가 되는 탐욕이다.

이것을 마치 제 3자인 양 '어떤 사람'이라 한 것은 이 인식 오류의 누적으로 발생한 자의식은 끝내 가아(假我)일 수밖에 없고 진아(眞我)를 대신하지 못하기 때문이다.

신성에 닿는 길은 무엇을 더 성취함으로써가 아니라 이 탐욕의 폭주를 '멈춰 세움'으로써 가능하다. 그래서 '힘센 자를 죽인다'는 비유가 나온다. 이 탐욕은 훤히 드러나 보이는 의식적 영역뿐 아니라 그 밑을 알 수 없는 무의식 영역에도 걸쳐 있다. 아니 오히려, 보이지 않는 무의식 영역이 더 지대하다. 그래서 벽 뒤의 존재라는 비유가 나온다. 그리고 이 모두는 우리 내면에서 벌어지는 풍경이다. 그래서 '집 안'에서 벌어지는 일이다.

탐욕이 향하고 바라는 외부의 중독적 대리보충제들을 뒤로하고 눈을 안으로 돌려 내면을 응시하면, 비록 벽 뒤에 숨어 있는 존재라 할지라도, 그 크기와 깊이를 가늠치 못해 두려운 존재라 할지라도 능히 제압할 수 있다. 그렇게 벽 뒤에 숨어 자신을 조정해 마지않던 무의식과 편견, 시간에 구애받는 모든 생각, 집착을 끊어내면 그 자리가 천국이다. 고와 집을 멸하여 도에 이른다는 자리가 이곳이다.

099절

✦✦✦ ① 따르는 자들이 예수께 말씀드리기를, 당신 형제들과 어머니가 밖에 서 계십니다. ② 예수께서 그들에게 말씀하기를, 아버지의 뜻을 행하는 여기 있는 사람들이야말로 나의 형제들이고 나의 어머니이다. ③ 이들이야말로 아버지의 나라에 들어갈 사람들이다.

유명한 구절이고 의미도 명확하다. 영성이 잃어버린 만물과의 일체감을 회복하는 것이라면, 그러한 탈아 의식에 장애가 되는 모든 좁은 정체감은 예수가 받아들일 수 있는 것이 아님은 자명하다. 혈연, 지역, 민족, 국가, 이념, 종파 이 모든 '무리' 개념들은 하나같이 무리 밖 타자를 적대적으로 대립시켜 내는 틀로 작용한다. 그런 부분 정체성을 넘어 자연과 우주를 아우르는 영적 질서에 예민한 존재로 거듭난 이들에게 가족이란 무엇인가?

그것이 소중한 인연이기는 하지만 배타적으로 소중한 것일 수는 없다. 그 표면적, 제도적 관계가 중요한 것이 아니라 영혼의 일체감에 본질적 의미가 있다.

하나에 대한 애정을 통해 그 하나를 존재하게 하는 모든 것에 대한 애정으로 퍼져나가는 보편적 사랑이 있는가 하면, 하나에 대한 애정을 영락없이 배타, 고립적 집착으로 몰고 가 갈등을 증폭시키는 애욕도 있는 법.

예수의 이 장의 가르침은 세속의 가족을 냉정히 내치는 장면

이라기보다 모두를 가족으로 받아들이는 과정으로 이해되어야
할 것이다.

100절

✦✦✦ ① 그들이 예수께 금화 한 개를 보이며 말씀드리기를, 카이사
의 사람들이 우리에게 세금을 요구합니다. ② 예수께서 그들에게 말씀
하기를, 카이사에게 속한 것은 카이사에게 주어라. ③ 하느님께 속한
것은 하느님에게 드려라. ④ 그리고 나의 것은 나에게 달라.

인간관이나 세계관은 개인 사유의 산물이라기보다 시대의 산물
이다. 반복적으로 교육받은 집단 문화적 시각에서 벗어난 생각
을 할 수 있는 사람은 많지 않다.

우리가 살고 있는 근대 혹은 현대 사회는 자기 이익에 충실한
이기탐욕을 인간 본성으로 규정하고, 그 가설 위에 온갖 인문,
사회과학적 이론과 주장을 쌓아왔다. 여기에 생물학의 진화론을
악용하여 자연선택과 적자생존을 사회적 약육강식의 논리로 포
장해서 시장의 진화와 무한경쟁의 논리를 정당화한다. 탐욕적
인간과 발전지상주의 세계의 결합이라는 작위적이고 망상적인
이미지는 현대 문명을 아수라장으로 몰고 간 근본 원인이다.

의미와 가치, 보편 도덕, 공공성, 영성 등은 비합리적이거나 유

아적 관념론으로 치부되고, 삶의 목적은 개인이든 집단이든 약육강식 생태계의 꼭대기를 차지하기 위한 맹목적 힘의 축적에 있는 것으로 광범하게 묶인, 전제되었다. 자연은 정복 이용의 대상으로 전락하고 모든 인간관계는 '나-너'를 상실하고 '나-그것'으로 대체되며, 사회적 가치는 곧 상품가치 내지 화폐의 이윤량으로 표시될 때만 존재 가치를 인정받는 세계를 만들었다. 그렇게 해서 행복한지는 물을 겨를도 없어 보인다.

세계란 결국 인간이 대상과 맺는 관계의 성격에 의해 규정되는 그물망이다. 그리고 그 관계는 필연적으로 집단의식 수준에 제약받는다. 많은 이들이 세상은 약육강식의 장이라 믿는 이상, 그들이 만드는 세상은 영락없이 그렇게 되고 만다. 이 점에서는 믿는 대로 이루어진다는 표현이 꼭 맞아떨어진다.

그러나 세상이 원래 그랬다거나 당위적으로 그래야 한다거나 영원히 그럴 수밖에 없다는 생각은 별개의 문제로 옳은 명제일 수 없다. 다만 그렇게 믿는 이들에게는 그럴 수밖에 없다고 제한적으로 봐야 할 문제다. 이기탐욕을 인간 본성으로 규정한 것 자체가 근대의 산물이다. 경쟁을 불가피한 삶의 방식으로 받아들인 것도 시장질서와 개인주의를 전제해야만 가능한 논리다. 시장의 자연 진화 논리도 자본주의 정립 이후 사후 정당화된 이데올로기에 불과하다.

세상이 정말 끝없는 무한경쟁과 약육강식의 장이라면, 약자를 차례로 잡아먹은 강자들은 최강자만 홀로 남아 더 먹을 게 없어지는 시점에서 굶어 죽을 수밖에 없다. 사람들은 작은 거짓말에는 분개하면서 큰 거짓말에는 판단이 흐려지기 쉽다. 옛날 옛적 수염 난 할아버지가 진흙 놀이로 사람을 만들었다고 해도 믿는 것이나, 홀로 된 단독자 개인이 끝없이 경쟁하며 사는 사회가 영원히 발전할 것이라는 믿음 사이에는 큰 수준 차이가 없다. 그럼에도 불구하고 각자의 의식 수준에 따른 믿음에 빠진 이들은 그 믿음이 곧 정체성이므로 '확신범'이 되고 만다. 이 점에서 모든 인간은 합리적 존재라기보다는 자신을 합리화하는 존재다.

다층적 확신범들의 허망한 갈등에 대해 우리는 어떤 태도를 가져야 하는가? 그 갈등의 소용돌이는 예외 없이 모두에게 영향을 준다. 궁극적으로 불의한 것을 부당전제를 악용하여 시대적 정의로 포장하고 강요한다. 어떻게 할 것인가? 맞서 싸울 것인가? 싸운다면 어느 정도로 싸울 것인가? 아니면 외면할 것인가? 불의를 불의라 하지 못한다면 침묵의 동조 아닌가? 이런 도덕적 딜레마는 어느 시대나 늘 있었다. 이 질문에 예수는 답을 한다.

카이사가 요구하는 것을 내주는 것이 불의에 대한 타협인가? 그것으로 끝나고 정신적으로 포기, 좌절한다면 그렇다. 그러나 예수는 하느님의 것을 챙기라고 말한다.

힘 있는 카이사의 사람들과 힘으로 맞서는 것은 그들의 힘의 논리를 강화하고 더욱 들뜨게 만드는 행위일 뿐이다. 그리고 그 힘이란 그들의 수준에서는 더없이 귀한 것일지 모르나 인간 내면의 성숙이라는 차원에서는 무의미한 것들이다. 저편이 요구하는 것을 이편이 거절할 뿐 아니라, 나아가 이편이 그 요구의 권리를 획득하고자 하는 것이 기존 혁명의 논리였다. 그러나 예수는 그들의 요구 층위에서 다투지 말고 인간이 지향할 더 높은 층위가 있음을 선언하라 말한다. 하느님의 것은 하느님에게! 나아가, 그런 선언이 추상적이고 당위적인 것이 아니라 자신의 양심과 수준에 맞게 하라고도 조언한다. 나의 것은 나에게!

예수는 카이사가 원하는 것을 내어주되 그것이 진리와 정의가 아님을 말하는 것도 잊지 말고, 자신의 수준에서 타협하지 않을 무엇을 찾으라 가르친다.

싸우지 말되 굴복하지 말라! 비폭력, 무저항이되 비타협하고 불복종하라! 그 비타협, 불복종에 카이사의 사람들이 죄와 벌을 씌우려 한다면? 묵묵히 부정하며 꺾이지 않고 맞설 뿐이란 것을 예수 스스로 십자가 위에서 보여주신 것 아닌가. 이것이 나약한 이상주의가 아님을, 더 많은 사람을 더 오랫동안 변화시킴을 데이비드 소로의 『시민불복종』이나 톨스토이의 『국가는 폭력이다』를 통해 알 수 있고, 그 현실적 위력을 마하트마 간디의 일생을 통해 확인할 수 있다.

그럼에도 불구하고 진리, 정의를 추구한다는 이들이 얼마나 정확히 이와 반대로 행하고 있는가? 격렬히 저항하되 카이사의 사람들과 같은 것을 얻으려 하고 겉으로는 싸우되 안으로는 얼마나 많은 일상의 타협과 복종을 일삼는가?

101절

✦✦✦ ① (예수께서 말씀하기를) 나처럼 아버지와 어머니를 증오하지 않는 자는 누구든지 나를 따르는 자가 될 수 없다. ② 그리고 나처럼 아버지와 어머니를 사랑하지 않는 자는 누구든지 나를 따르는 자가 될 수 없다. ③ 그러나 나의 참된 어머니는 나에게 생명을 주었다.

인간은 거울신경세포를 타고 태어난다. 이 세포의 역할은 인지하는 모든 대상을 모방하려는 본능을 일으키는 것이다. 이 본능이 인간 고유 학습능력의 기초다.

모방 본능은 단지 겉모습에 대한 것에 그치지 않고 보이지 않는 마음 상태까지 짐작하려는 데 이른다. 타인의 기쁨과 슬픔, 태도와 동기를 헤아려보고 입장 바꿔 생각해보고 그 상태를 자신과 동일화해보려 하게 된다. 바로 이 과정이 '공감'의 기초다. 이 공감에 예민할 때 우리는 감수성이 뛰어나다고 한다. 이 감성과 공감의 능력을 바탕으로 행위 규범이 체계적으로 발달하면 그것이 곧 공적 규범으로서의 도덕이 된다. 그런데 도덕의 기초가 되기도 하는 이 공감 능력이 어느 선에서 확장을 멈추고 그

멈춘 경계를 바탕으로 안과 밖의 구별이 생기기 시작하면 곧 갈등의 진원지가 되기도 한다.

인간은 이 '흉내 내기'와 '헤아리기'를 통해 정체성을 형성한다. 정체성이란 결국 '나는 무엇인가?'에 대한 자의식인데, 이 '나'는 물리적 피부 껍질 안이 아니라 자신이 일체감을 느끼는 관계의 범위다. 어떤 이는 그 범위가 제법 넓기도 하고 다른 이들은 좁기도 하다. 개체로서의 자신만을 위하든가 가족이 인생의 다이든가 공동체나 국가를 위해 삶을 바친다는 태도가 곧 정체성의 결과다. 직접적인 관계뿐 아니라 관념적인 정신세계와의 일체감도 정체성의 주요 부분이다. 종교나 사상, 이념 무엇이 되었든 자신이 생명처럼 여기는 신념이 있다면 그것이 곧 자기 자신이 된다.

동양인인 우리는, 특히 동방예의지국을 자처하는 한국 사람들은 충과 효의 논리에 익숙하다. 그것이 우리의 집단 정체성 내용을 규정한다. 자신의 생물학적 뿌리인 가족과 사회적 뿌리인 국가에 충실한 것이 마땅히 따라야 할 공통 정체성이라는 가르침이다. 그런데 여기에 모종의 딜레마가 있다.

모든 정체성은 일종의 편 가르기 범위를 동반한다. 그래서 그 범위 안을 내 편이라고 규정짓기 시작하면 자동으로 경계 밖의 대상과 갈등을 일으킨다. 생각의 뿌리가 차별적 이원성을 바탕으로 하는 것인 한 이는 피할 수 없는 결과다.

잃어버린 신을 찾아서

가령, 나의 부모가 타인과 갈등을 일으킬 경우, 그 갈등이 내 부모의 잘못에서 비롯된 때도 부모를 편드는 것이 효도인가? 아니면 부모의 잘못을 어떻게든 바로잡는 것이 효도인가? 나아가 부모가 가족이 속한 공동체 전체와 갈등한다면? 혹은 내가 속한 작은 공동체가 더 큰 공동체와 갈등한다면? 가령, 내 고장의 이해가 국가와 부딪힌다면? 더 나아가 내 국가의 행위가 세계에 민폐가 되거나 세계와 싸운다면? 양쪽 중 하나가 명백히 타자이거나 악일 경우는 별문제가 안 되지만 양자가 모두 소중한 대상이라 배워온 것들끼리의 충돌은 심각한 번뇌를 일으킨다.

이런 갈등 상황에 대한 규범은 대개 '대를 위해 소를 희생하라'이든가, 거꾸로 더 구체적이고 큰 애착 대상을 지키기 위해 공명심을 버리는 것이 더 인간적이라는 호소이기 십상이다. 그러나 어느 쪽의 논리도 다른 쪽에 대해 원리적 우위를 갖지 못한다. 이런 선택지 문제는 언제나 자기 입장만 강조하는 악순환에 빠질 뿐이다.

이 문제와 관련하여 『어린왕자』에 흥미로운 시사점이 나온다. 지구에 온 어린왕자는 5천 송이나 무더기로 피어있는 장미꽃밭을 보고 절망한다. 자신이 자랑스러운 왕자인 이유는 자기별에 세상에 하나뿐인 장미꽃을 가졌기 때문이라 믿었는데, 지구에 와보니 그 유일성에 대한 믿음이 깨져버렸기 때문이다. 그러나 어린왕자는 여우와 만남을 통해 상처 입은 자존심에 보상을 받는다. 여우가 일러주기를 '네가 정성을 들여 길들인 것만 유의미'하다고 한 때문이다. 우리가 흔히 알고 있는 어린왕자의 깨우침은 딱 여기까지다.

그러나 여우가 전하고자 한 메시지의 핵심은 이것이 전부가 아니다. 오히려 『어린왕자』 전체의 맥락에 비추어볼 때 앞뒤로 이어지는 더욱 중요한 메시지가 있다. 그 메시지는 어린왕자와 여우가 처음 만났을 때와 헤어지는 장면에서 반복해서 거론된다.

여우가 이별을 앞두고 슬퍼진다고 하자 어린왕자는 그러면 여우는 손해만 본 것 아니냐고 묻는다. 여우의 답은 자신이 결코 손해 본 것이 아니라는 것이었다. 그 이유는, '밀밭의 색깔' 때문이라고 한다. 앞서 자신을 길들여달라고 여우가 말했을 때, 원래 여우는 밀을 먹지 않기 때문에 밀밭은 그에게 의미가 없는데, 어린왕자가 자신을 길들이게 되면 어린왕자의 휘날리는 머리칼을 연상시키는 밀밭과 그 밀밭을 춤추게 하는 바람마저 멋있어지기 때문이라고 한다. 이 대목이 바로 여우가 전한 마지막 비밀, '언제나 눈에 보이지 않는 것이 더욱 소중'하다는 가르침을 이해하게 해 줄 핵심이다.

사랑이라는 감정은 언제나 양가적이다. 일체감을 원하는 의지로서의 사랑은 세상을 향해 열려있을 때 대자대비가 되지만, 특정 경계에 집착하는 순간 안을 위해 밖과 싸워야 하는 필연적 이유가 된다.

잃어버린 신을 찾아서

어린왕자는 여우의 길들임의 의미를 '나만의 것'이라는 경계 집착으로 받아들였다. 그래서 지구에서 만난 장미 송이들에게 가서 '너희는 아무것도 아니야'라고 일갈한 것이다. 사랑이 내적 폐쇄성으로 향한 경우다. 그러나 여우는 달랐다. 어린왕자에 대한 길들임을 통해 그의 머리카락을 연상시키는 밀밭과 그 밀밭을 춤추게 하는 바람까지 새로운 애정의 대상으로 맞아들인다. 특정 대상뿐 아니라 그 대상을 존재하게 하는 모든 조건과 연기적 인연 모두를 함께 수용한다. 동일한 감정이 폐쇄와 개방, 집착과 무경계로 나뉠 때, 그 의미는 얼마나 달라지고 마는가? 하나는 싸움의 이유가 되고 다른 하나는 치유의 힘이 된다.

그러니 공감만으로는 부족하다. 그 공감의 능력이 집착 없는 무경계를 향할 때 비로소 사랑은 위대한 삶의 원천으로 작용한다. 그때, 예수가 말한바, '너희가 여기 내 형제 중에 지극히 작은 자 하나에게 한 것이 곧 내게 한 것이니라(마태 25:40)'가 의미 있는 가르침으로 와 닿게 된다.

그리하여 예수는 내 생명의 가장 직접적인 원천으로써 육체적 부모와 함께 가장 근원적 원천으로써 신성까지 함께 사랑하지 않으면 안 된다고 역설한다. 여기서 '부모를 미워한다'는 반어적 표현은 부모에 초점이 있는 것이 아니라 집착에 초점이 있다. 그래서 '진정한 어머니'라는 말씀이 이어진다.

내 어머니의 어머니, 그 어머니의 어머니, 생명의 원천적 힘,

그 생명을 유의미하게 하는 모든 정신적 힘까지 모두 사랑하지 않으면 안 된다는, 그러지 못했을 때 사랑이란 '눈물의 씨앗'에 지나지 않는다는 진지한 가르침을 준다.

102절

✦✦✦ ① 예수께서 말씀하기를, 바리새인들은 저주를 받으라! 그들은 소 구유에서 잠자는 개와 같다. 그 개는 여물을 먹지도 않으면서 소도 먹지 못하게 하기 때문이다.

모든 종교에서 필연적으로 발생하는 부작용 중 하나가 왜곡된 수용의 문제다. 가르침을 준 스승의 수준과 수용한 이들의 이해 수준 사이의 간극으로 인해 이는 거의 불가피해 보인다.

원래의 가르침과 그에 대한 권위 있는 해설자들의 출현과 다시 그 해설 간의 시대 문화적 분화와 통합의 과정을 거쳐 소위 정통파가 정립된다.

대중적으로 수용된 정통파는 자신의 기준으로 해석을 독점하고 그 과정에서 권력이 된다. 일단 권력화한 해석 독점자들은 자신에 반하거나 거슬리는 움직임을 이단으로 정죄할 힘을 가지며, 이 이단 척결 과정을 통해 더욱 대중적 영향력을 강력하게 다진다. 일단 사태가 여기까지 진행되면 내적으로 조직화하고

잃어버린 신을 찾아서

서열화한 해석 독점자들은, 가르침에 충실한 삶 이전에 정통파 권력의 유지, 관리를 위한 관료제적 운영, 통제에 더 충실하게 된다.

이 과정에서 가르침에 반하는 행위를 서슴지 않는 것은 물론 이고 정통이라는 상징과 권위에 대한 보호를 미명으로 올바른 이해마저 훼방하는 일이 벌어지는 것이다. 그리하여 자기도 먹지 않으면서 다른 이도 먹지 못하게 적극적으로 방해하는 못된 꼴을 벌이게 된다.

집단 조직화를 통해 힘과 영향력을 키우고 싶은 유혹은 언제나 있을 수밖에 없다. 그리고 때로는 많은 이들의 한목소리가 현실의 부당함에 저항하는 한 표현일 수 있다. 그러나 마치 욕망은 삶 그 자체이나 욕망에 대한 집착으로서 탐욕은 고통과 갈등의 뿌리가 되듯 자연스러운 많은 이들의 공감은 역사의 자기표현 방식이지만, 이를 통한 조직화, 관료화는 그에 따른 필연적 부작용을 동반한다.

그러므로 현실에서의 조직화라 할지라도 원칙적으로 그것은 '공명적 연대' 혹은 '자유로운 개인들의 자발적 연대'가 되어야 한다.

권위와 힘의 형성은 달콤해 보이지만 의존심의 표현에 불과하다. 그 속에서 대중은 지도자에 의지하고 지도자는 대중의 인정과 인기에 영합하지만, 본질적으로 집단 형성을 통한 안전보장

본능의 강화는 그 누구도 구원하지 못한다.

103절

✦✦✦ ① 예수께서 말씀하기를, 약탈자들이 어디로 들어올지 아는 자는 복되도다. 그리하여 그가 일어나 그의 식솔들을 소집하고, 그들이 침입하기 전에 무장할 수 있기 때문이다.

'반역자'는 퇴행적 욕구를 뜻한다. 인격의 성숙 내지 의식 수준의 발달은 결코 단선적으로 이루어지지 않는다. 의식에 투명하게 떠오르는 논리적 이해나 지적 파악이 아니라 무의식과 감정, 태도를 포괄한 존재의 변용(Transformation)은 정체성 자체의 근본적 변화고 그러한 변화는 수없이 많은 부침과 이합집산 속에서 힘겹게 이루어진다. 자연의 다른 모든 진화와 마찬가지로 우리 정신도 분화와 통합을 거듭하며 진화의 여정을 거친다.

통상 인간을 움직이게 하는 탐욕은 결핍감의 산물이다. 그런데 이 결핍은 의식적인 정체성 상의 분별심이 발생한 이후 그에 연이어 생긴다. 이 의식의 성장과 함께 발생, 심화하는 이원적 분별심과 그에 따른 자의식이 탐욕의 진원지다.

'반역자'는 각 단계의 좁은 정체성에 집착, 안주하려는 의지다. 이것이 곧 탐욕이요 니체가 보전본능이라 불렀던 권력의지이며

　　　　잃어버린 신을 찾아서

켄 윌버가 '아트만 프로젝트(Atman project)'라 불렀던 내면 신성의 왜곡된 대리보상 방식이다.

'반역자들이 어디를 공격할지 아는 자'는 정신의 움직임 전 과정을 뚫어 본 이를 말한다. 그러나 아무리 탐욕의 부작용을 인지했어도 그것만으로 그 파괴적 성질을 극복하기란 쉽지 않다. 당연히 욕망과 집착, 그 자체가 인간 본성의 일부이기에 이에 대한 단순한 부정은 오히려 문제 회피에 불과하다. 회피된 문제는 겉보기에 지연될 뿐 해결된 것이 아니다. 의지적 억압(금욕주의적 전략) 역시 좋은 처방이 되지 못한다. 그것은 또 다른 풍선 효과로 쉽게 이어진다. 투쟁이 대개의 갈등을 종식하기는커녕 더 키우는 것과 마찬가지다. 그렇다면 어떻게 할 것인가?

무엇이 정신이라는 제국의 자원들인가? 내외부의 탐욕에 대응할 인간 정신 진보의 올바른 대응이란 무엇일 수 있는가?

이 문제에 대한 해결책의 한 전형을 간디는 우리에게 잘 보여주었다. 사회악에 대한 태도와 내면의 탐욕에 대한 태도는 원리적으로 다를 수 없다.

간디는 '깨어있는 정신의 비폭력·무저항·불복종'이라는 원칙이 어떻게 세상을 깨우고 모든 이들의 마음에 자기 초월의 불을 지필 수 있는지를 삶으로 보여주었다. 이 세상에 대한 수행적 태도를 우리 내면으로 돌려, 자신의 탐욕을 대할 때도 우리는 마찬가지 원칙을 적용할 수 있다.

탐욕을 부정하지도 말고 거기에 저항하지 않으면서도 따르지도 않는 것이 가능한가? 전통적 종교들의 수행 전통은 이 질문에 가능하다고 답한다. 그리고 그 요점은 '동일시' 즉, 내 욕망이 곧 나 자신이고 내 삶 자체란 마음에서 '거리두기, 바라보기'라 답한다. 이 동일시로부터 거리 두고 바라보기를 개념적으로는 관조(위파사나, 알아차림의 의미가 이것이다. 대부분 종교에서 말하는 '그침'의 의미도 동일시 포기를 뜻한다)라 할 수 있고, 내면에 대한 관조가 곧 성찰이다.

이러한 관조와 성찰은 동일시 없는, 즉 에고가 탈락한 상태에서의 인식을 가능하게 하는데, 이것이 바로 '무념무상'의 진정한 의미다. 아무 생각 없음이 아니라 에고와 시간의 굴레에서 벗어난 상태에서의 통찰이 무념무상이다.

반역자에 맞서 불러 모을 식솔들이란 다름 아닌 관조, 성찰, 무념무상 등의 전통적 수행 방법들을 뜻한다. 이 의지들이야말로 내면의 신성이라 불리는 바로 그것이기도 하다.

104절

✦✦✦ ① 그들이 예수께 말씀드리기를, 오십시오! 오늘 같이 기도하고 함께 금식합시다. ② 예수께서 말씀하기를, 내가 도대체 무슨 죄를 범했단 말인가? 아니면 내가 어떻게 몰락했단 말인가? ③ 차라리 신랑

이 신부의 방을 떠날 때, 사람들이 금식하고 기도하게 하라.

죄의식은 이원적 인식의 필연적 산물이다. 경계 분리가 발생하면 유한 개체 의식으로서 정체성이 따라온다. 정체성이 발생하면 경계 안을 향한 선과 밖을 향한 악도 자동 발생한다. 그리고 그 경계가 넓고 좁게, 표층과 심층을 따라 출렁이는 데 따라 존재의 부분 불완전성에 대한 본능적 반발과 두려움으로 욕망과 집착이 생겨난다.

욕망은 자기중심적 아트만 프로젝트를 발동시키고, 집착은 보존 본능을 강화해 제도와 권력에 대한 의존심을 낳는다. 이런 과정을 거쳐 죄와 벌, 혹은 참회와 구원의 교환 논리가 자리 잡고 나면, 깨어있는 정신은 사라지고 규범 덩어리, 현실 권력으로서의 종단 종교만 남게 된다.

소위 사회화를 통해 이 사태를 수용하고 나면, 구원은 자기 성찰이 아니라 노예정신에 모범적인 관행 준수 행위쯤으로 전락한다. 그리하여 얼마나 많은 이들이 근거 없고 허약하고 마음의 울림이 없는 관습으로서 금식하고 기도하고 회개하고 거짓 고해성사를 바치는가? 무언가에 더욱 의존하고 더 충성하고 더 현실적인 힘을 갈구하는 방편으로 자신과 세계의 근원인 신성을 모독하는가? 그리하여 종교가 반종교적인 것이 되고 마는 역설이 완성되면 니체의 말마따나 역사상 최초이자 최후의 기독교인은 예수 자신뿐이라는 슬픈 주장도 쉽게 부정할 수 없게 된다. 그래서 예수는 그토록 자주 '사람을 위해 안식일이 있지 안식일을 위해 사람이 있지 않다'고 말한 것이다.

『도덕경』에서는 도가 땅에 떨어져 인위적인 덕이 횡행하게 되었다고 탄식한다.

인으로부터 예와 의, 지에 이르기까지 과정이 하나같이 자연스러운 마음의 작용을 떠나, 갈수록 인위적 규범으로 구속하려는 방향으로 치달린 것이라 개탄한다.

그런 경직된 구속의 한 절정인 근대 법치주의 사회에 사는 우리는 합법적이지만 도덕적이지 못하거나, 도덕적이지만 보편적 가치일 수 없는 수많은 상황을 목격하며 살아간다. 그럼에도 불구하고 현실 적응이라는 미명 아래 위선적 관습을 수용하고 살아간다. 그리고 이렇듯 이해되지 않은 위선적 규범의 반복된 굴복적 수용은 인간의 순박한 천성을 결정적으로 해치는 작용을 한다.

여러 겹의 위선 규범이 중첩되면 가치 판단은 '귀에 걸면 귀걸이, 코에 걸면 코걸이'로 변질하고, 진정성 있는 가치 방향이 흐려질 때 남는 것은 다시 탐욕과 현실의 논리만 남게 된다.

옳은 것이 따로 있지 않고 누군가에게 좋은 것이 옳은 것으로 강변된다. 마르크스는 규범의 이러한 현실적 상황을 직시하여 '시대의 지배적 이데올로기는 지배 계급의 이데올로기'라 주장

잃어버린 신을 찾아서

했다. 일리 있는 말이다.

예수는 습관적인 금식과 기도에 자신을 부르지 말라고 한다. 문명의 방편적 의례는 볼 일 없고 차라리 '신랑이 신부 방을 떠날 때'가 금식, 기도가 필요한 때라 이른다. '신랑이 신부 방을 떠남'은 이원적 경계 분리의 상징이다. 이 분리가 심해져 드디어 이분법이 되고 거기서 온갖 불안과 갈등이 시작될 때, 일상의 곳곳에서 자유와 사랑, 음과 양의 충돌, 불균형이 일어날 때, 깨어 있는 정신으로 그 순간을 성찰하라고 가르친다. 이 분리할 수 없는 이원의 균형을 내면화한 태도를 유교에서는 '중용'이라 한다. 성인들의 말씀이 보편 진리의 표현이라면 그 겉만 다를 뿐, 어찌 동서고금이 따로 있겠는가.

105절

✦✦✦   ① 예수께서 말씀하기를, 누구든지 아버지와 어머니를 아는 자는 창녀의 자식이라 불릴 것이다.

여기서 아버지와 어머니는 물론 생물학적 의미가 아니다. 추상적으로 보면 천지요, 형이상학적 의미의 음양이다. 그러므로 이를 안다는 말에 함축된 의미는 득도나 깨달음과 다르지 않다. 그런데 이들이 왜 '창녀의 자식'이라는 저주의 낙인을 받는다는 말인가?

첫째, 깨달은 이는 자신을 어느 편에도 가두지 않는다. 그때그때의 옳고 그름은 분명하지만, 세상의 인위적 편 가름에 구애받지 않는다.

둘째, 그는 원수도 용서하고 투쟁으로 상대를 꺾으려 하지 않는다. 악을 악으로 되갚지 않고 무한한 대자대비의 관용을 보인다. 다만 법을 설할 뿐이다.

셋째, 그는 세상의 평가와 보상에 일절 연연하지 않는다. 무소의 뿔처럼 묵묵히 혼자만의 길도 마다치 않고 간다.

세상의 도덕과는 얼마나 다른 길인가? 아수라 갈등의 한복판에 정말 이런 이가 있다면, 지금 우리 현실에 이런 이가 곁에 있다면 우리는 그를 두고 무엇이라 할까? 현자와 성인에 대한 핍박이 비단 옛일이기만 할까?

106절

✦✦✦ ① 예수께서 말씀하기를, 너희가 둘을 하나로 만들 때 사람의 아들들이 될 것이다. ② 그리고 너희가 말하기를 '산아 여기서 움직여라!' 하면 산이 움직일 것이다.

앞 절들에서 이어지는 가르침이다. 둘을 하나로 만든다는 것은

잃어버린 신을 찾아서

이원적 분리의 재통합을 뜻한다.

인간의 개체 자아가 형성되기까지 억누르고 부정해왔던 내면의 모든 것들, 자연, 감정, 감성들을 온전히 자신의 일부로 받아들임을 뜻한다.

그리하여 죽음에 대한 거부와 삶에 대한 애착이라는 기본 분열을 떨쳐내고 온갖 분리 분별적 상태와의 적대적 대립감을 떨쳐내어 일체 존재 불안과 갈등에서 벗어남을 의미한다. 그럴 때 생겨나는 자족적 존재를 『아함경(阿含經)』은 다음과 같이 표현했다.

> 소리에 놀라지 않는 사자같이,
>
> 그물에 걸리지 않는 바람같이,
>
> 물에 더럽혀지지 않는 연꽃같이,
>
> 무소의 뿔처럼 혼자서 가라.

이럴 때, '산이 움직인다'라고 말한다. 성경의 곳곳에서 믿음 있는 자는 산을 옮긴다는 표현이 반복해서 등장한다. 물론 이 말씀도 상징과 은유다. 산은 인간이 붙들고 드잡이질하는 모든 힘든 과제와 성취를 빗댄 표현이다. 그 산이 눈앞에서 사라진다는 것이다. 즉, 더 이상 가슴 줄이며 애착해야 할 무엇이 없어진다는 말이다.

'수고하고 무거운 짐 진 자들아. 다 내게로 오라. 내가 너희를 쉬게 하리라. 나는 마음이 온유하고 겸손하니 나의 멍에를 매고 내게 배우라. 그러면 너희 마음이 쉼을 얻으리니, 이는 내 멍에는 쉽고 내 짐은 가벼움이라(마태 11장 28~30절).'

무엇을 이루고 무엇을 얻고 성취함으로써 내면의 갈등과 상처가 치유되는 것이 아니다. 오히려 쉼으로써, 그 집착을 기꺼이 내려놓음으로써, '있는 그대로'가 이미 온전함을 앎으로써, 싸울 대상이 사라짐으로써, '지금·여기' 모든 존재와 주체와 대상의 분리를 넘은 일체감을 가짐으로써 구원은 이루어진다. 애착이 사라진 무경계의 끝에 남는 것은 자유와 사랑이라는 인간 궁극의 바람이 영원히 내재한다는 충만감이요 그곳이 유여열반의 자리다.

107절

✚✚✚ ① 예수께서 말씀하기를, 나라는 백 마리의 양을 지닌 목자와 같다. ② 그중 가장 큰 한 마리가 길을 잃었다. 그는 아흔아홉 마리를 버려두고 그 한 마리를 발견할 때까지 찾았다. ③ 그리고 그 모든 수고를 마쳤을 때, 그 양에게 말했다. '나는 아흔아홉 마리보다 너를 더 사랑하노라'.

잃어버린 신을 찾아서

그 나라는 우리의 정신세계고 목자는 내면의 신성이다. '가장 큰 한 마리'는 영성이다.

부처는 과거, 현재, 미래라는 시간관념이 발생시키는 생각을 따라 108번뇌가 만들어진다고 가르친다. 이를 기초로 다시 5온 작용이 일어날 때, 여기에 '나'의 관념을 입혀 오취온(五取蘊)이 이루어지면 우리는 그것을 삶 그 자체로 삼고 살아간다. 오취온으로 만들어진 자의식은 12연기를 따라 무한 윤회한다. 여기서 백 마리는 '무한히 많다'는 의미의 축약이지 정확한 대수적 의미가 아니다. 도대체 우리 정신이라는 나라에는 몇 마리의 양이 살고 있는가?

이 양들은 시시때때로 자신을 앞세운다. 희로애구애오욕(喜怒哀懼愛惡慾)의 칠정이 앞서고 오만가지 생각과 계산이 뒤따른다. 그 모두는 하나같이 망상이지만 또 어쩔 수 없이 신성의 왜곡된 움직임이기도 하다.

이 무리의 한 가운데 우뚝 선 가장 큰 양. 그 양은 '영성'이라 불리는 인간의 원형적 완전성이요, 의지로 표현될 때 '보편종교성'이라 불리는 그 정신이다. 그러니 예수는 인간 내면의 수많은 스펙트럼인 아흔아홉 마리의 양을 다 사랑하지만 가장 큰 양인 영성을 더 사랑한다고 말하지 않을 수 없다.

108절

✦✦✦ ① 예수께서 말씀하기를, 누구든지 나의 입으로부터 나온 것을 마시는 자는 나와 같이 될 것이다. ② 나 자신도 그 사람과 같이 될 것이다. 그리고 감추어져 있는 것들이 그에게 드러나리라.

'입으로부터 나온 것을 마신다'는 것은 예수의 가르침을 오롯이 자기 것으로 만듦을 뜻한다. 그리고 이어지는 예수의 말씀은 정말 중요한 가르침이다. 그는 예수 자신과 같아진다! 그렇다. 이미 깨우친 이가 달리 더 의지할 곳이 있을 이유가 없다. 산 정상에 오르기까지 다른 길을 통해 다른 위치를 가는 사람들은 다른 풍경을 보겠지만, 정상에 오르면 같은 풍경을 만난다. 공자는 '생이지지, 학이지지, 곤이지지(生而知之, 學而知之, 困而知之 태어날 때부터 천부적으로 알 거나 공부를 통해 알 거나 곤란을 겪어 아는 것)'가 다르지만 깨치고 나면 같다고 하지 않던가.

예수가 '스스로 존재하는 이'라면 모든 깨우친 이들도 이와 같다. 예수가 '빛이요 진리요 길'이라면 역시 모든 깨우친 이들도 마찬가지다. 이러할 때 비로소 신과 구원은 '존재적 타자'가 되기를 멈춘다.

집단이나 신념이나 모든 외적 존재에 대한 숭배, 일체가 예수가 멀리하라 이르신 우상의 다른 이름이다. 우리가 알지는 못하면서 감히 넘볼 수 없다 여기는 절대자에 대한 의존적, 권위적

잃어버린 신을 찾아서

이미지야말로 최대의 우상이다.

예수를 비롯한 모든 성인들은 결코 '나를 따르라'고 가르치지 않는다. '나와 같이 되어라'고 가르친다. 이 차이야말로 권력과 종교의 시금석이다. 그리고 이에 대한 왜곡이 종교를 권력의 문제로 전환해버린 비밀이다.

신이 존재 외부의 또 다른 무시무시한 주재자이기를 그치고 항존 하는 내 마음의 심층이었다는 진리를 알게 되는 것, 그것이 또 그것으로부터 '감추어진 것들의 현현'이 일어난다!

109절

✦✦✦　① 예수께서 말씀하기를, 아버지의 나라는 그의 밭에 보물이 숨겨져 있으나 그것을 모르는 한 사람과 같다. ② 그리고 그가 죽었을 때 그는 그의 아들에게 물려주었다. 그 아들도 그것을 알지 못했다. 그는 그 밭을 상속받아 팔아버렸다. ③ 밭을 산 사람이 밭을 갈다가 그 보물을 발견하였다. 그리고 그가 원하는 누구에게든지 이자를 받고 돈을 빌려주었다.

예수는 이 절에서 인간사에 일어나는 신성과 관련된 이중, 삼중의 아이러니, 패러독스를 지적한다. 어떤 이가 내면의 신성이 무엇인지도 모르면서 열심히 찾아 헤매거나, 그 신성이 보장해 줄 것이라 여기는 무언가를 갈구했다. 그는 다음 세대에 이 무지와 열망을 그대로 전달했다.

갈급하여 지친 인간들은 누군가에게 보물 인수(신성 발견)의 역할을 떠맡겨 버렸다. 그 누군가가 바로 성직자요 왕들이다. 그들은 영원한 신성을 논리로, 상징으로, 물상으로, 제도로 만들고 해석과 접근권을 독점해 버렸다.

이제 이들이 아무도 알지 못하지만 분명히 존재한다고 믿어지는 신성 독점자들로서, 그 자격으로 타인을 착취하고 억압하고 이자를 붙여 노예로 만들기는 식은 죽 먹기가 되었다. 애초에 그들에게 그 역할을 사람들이 맡겼기 때문이다.

권선징악과 구원의 출현을 바라는 이들은 언제나 권력을 '힘센 악당'으로 표현하기 좋아한다. 그러나 그 악당을 길러낸 양식은 무엇인가? 기꺼이 자진해서 외적 숭배 대상을 찾아 헤맨 의지들이 없었다면 어디에서 홀로 '인간 위의 인간'이 나타날 것인가? 하나의 악한 권력이 쓰러지면 새로운 다른 권력이 다시 지배하는 역사의 악순환은 어디에서 오는가? 애초에 자기 밭을 누군가에게 팔아버린 이가 없다면 영혼의 고리대금업자는 또 어찌 생겨났을 것인가?

가톨릭의 고백의 기도는 여기에서 가장 적절한 기도문이다. "내 탓이요, 내 탓이요, 내 큰 탓이로소이다!"

잃어버린 신을 찾아서

110절

✦✦✦ ① 예수께서 말씀하기를, 세상을 발견하여 부자가 된 자는 세상을 부정하게 하라.

경전에 등장하는 부유와 가난은 그것이 사건을 지시하는 것이 아닌 다음 심적 상태로 해석해야 한다.

세상을 발견했다는 것은 곧 원죄와 탐욕의 실상을 알았다는 것이다. 그러니 조장된 결핍의 허상을 꿰뚫어 보았다는 말이기도 하다.

모든 결핍은 필연적이거나 객관적인 것이 아니다. 어떤 이의 특정 상태는 물리적, 절대적, 객관적 결핍일 수 있지만, 그 상황의 도래는 어떤 방식으로든 인위적 심리와 그에 따른 시대문화적 자업자득의 결과다. 세상의 그런 운동 원리를 이해한 자는 세상을 물리적으로 구원할 수는 없지만, 그 뿌리에 해당하는 심적 작용을 멈춰 세울 수 있고, 다른 어디보다 우선 스스로의 내면에서 결핍과 탐욕의 악순환을 멈춰 세울 수 있다. 그럼으로써 그는 자신을 시달리게 하는 성과주체를 내려놓고 자족한 부를 누릴 수 있게 된다.

이 과정은 당대 권장되는 세속의 가치로부터 물러섬으로 표현된다. 근대 사회에서라면 기술만능의 물신주의와 무한경쟁 시장에서의 승리자 상이 세상 그 자체다.

근대 직전 서구에서라면 종교와 결탁한 '약탈-재분배'의 군주 권력과 그것을 뒷받침하는 시스템이 세상이었을 것이다. 때와 곳에 따라 그것은 이념, 사상, 민족, 인종, 계급, 성의 탈을 쓰고 변환되어 나타날 것이다.

그 투쟁의 장에서 승리자가 되는 것. 그것이 세상이 우리 모두에게 바람직한 삶이라 권장해왔던 무엇 아닌가?

그러나 예수도 예수의 말씀을 들이킨 이들도 안다. 그 승리의 끝에는 더 큰 갈증만이 지옥의 입을 벌리고 있다는 것을. 그러므로 존재의 자족을 얻은 이들은 세상의 권유에 눈 돌릴 수 없다. 그들은 차안을 버림으로써 피안을 앞당긴다. 반야심경의 큰 주문, '아제아제 바라아제 바라승아제'에 담긴 뜻도 이와 같다. 살아서 죽은 자, 죽어서 죽지 않는다는 로마의 경구도 이와 같다.

111절

✦✦✦ ① 예수께서 말씀하기를, 하늘들과 땅이 너희 면전에서 말려 올라갈 것이다. ② 그러나 살아있는 자로부터 살아있는 자는 죽음을 보지 않을 것이다. ③ 예수께서 말씀하시지 않는가, 자신을 발견한 사람들은, 그들에게는 세상은 합당하지 않다.

이 절 해석의 핵심은 '살아있는 자(Living One)'에 있다. '하늘과 땅

잃어버린 신을 찾아서

이 말려 올라간다'는 것은 천지, 음양의 합일 의식의 체화임은 이미 반복해서 등장한 메타포다. 그 합일은 자연에도 우리의 정신에도 만물 어디에나 존재하는, 모든 운동과 생명을 주관하는 분리불가능한 창조력이며 신이요, 일자 그 자체다. 다만 동양에서 이 일자는 무극이 태극이라든가 도라는 형이상학적 개념으로 불렸고, 서양에서는 인격화되고 숭배 대상이 되는 유일신이 된 것뿐이다.

'이로 말미암아 살고 있는 자'는 깨우친 이다. 그에게는 자연이나 신과 분리된 별도의 에고가 없다. 이미 무아에 이른 이에게 존재하지 않는 아의 죽음이 있을 수 있는가? 그는 죽음을 맛볼 수 없다. 그에게 존재하는 것은 영원한 지금, 현존뿐이다.

뒷부분 말씀은 앞 절의 연장이다. 바다를 발견한 이에게 파도의 포말 하나하나가 그 바다와 달리 보일 수는 없는 법이다. 그 포말 하나하나에 부여하는 애착과 그로 인해 뒤따르는 고통은 자신의 본성을 본 자들에게는 있을 수 없는 것이 되고 만다. 그것은 의지적으로 포기되는 것이 아니라 빛 속에 어둠이 녹듯 사라지고 만다.

112절

✦✦✦ ① 예수께서 말씀하기를, 혼에 매달리는 육신에 저주 있으라!

2장 도마복음 해설   281

예수의 가르침은 끝없는 변주의 연속이다. 이 절이 근원적 이원
분리에 대한 탄식임은 두말할 필요가 없는 대목이다.

우리는 멀쩡한 실존을 분리해두고 금욕주의적 입장에서 몸의
욕구와 감정을 단죄해왔다. 반대로, 욕구를 따르는 삶을 선택한
이들은 영혼 운운하는 이들을 여지없는 위선자로 몰아가기 바빴
다. 자기 삶을 무엇이라 규정하든 이원적 대당물로부터 방어해
야 하지 않겠는가? 그리하여 죄는 존재하는 것이 아니고 만들어
지는 것이다. 그러나 영혼의 일방적 지고성이나 욕구에 충실은
동전의 양면일 뿐이다.

똑같은 논리로 인간은 셀 수 없이 많은 이분법적 대당을 만들
어왔다. '인간·자연', '이성·감성', '개인·사회', '종교·과학', '의
식·물질', '선천·후천', '사실·가치' 등등. 그리고 이러한 대당
중 하나에 대한 선택에 쫓겨 왔다.

그런 후, 이 중 몇 가지 범주에 대해 조합된 사고 틀이 굳어지
면, 그것을 자신의 신념이나 정체성으로 삼고 배제된 다른 입장
에 대한 투쟁과 승리가 삶의 보람이자 목표인 양 여기며 살아간
다. 폭주하는 '이것이냐, 저것이냐(Either or Not)'의 선택 꾸러미
앞에서 자기 마음에 드는(사실은 주입되거나 교화된) 선택을 할 수 있
는 것을 두고 우리는 '자유'라고 불러오지는 않았는지?

그 몽롱한 자유의지에 기초한 선택으로 행위 능력과 책임이 생기고, 다시 그에 기초해 사회적 권리, 의무가 부과된다. 그리고 그 영역의 확장을 위해 싸우고 갈등하고 번민한다. 한 때, 인간들은 신성한 대상에 가져다 바치는 피의 양만큼 자기 삶의 연장, 보장이 이루어진다고 믿었다. 그 믿음으로 인한 무의미한 학살 경쟁이 맹목적 영토 확장과 전쟁의 기원이 되었다.

그러나 그런 고대인의 주술적 사고를 비웃는 현대인들은 멀쩡한가? 형태만 달라진 재화와 상품의 무한발전논리는 또 다른 주술적 사고 아닌가? 이 전 과정은 인간이 그토록 사랑과 자유, 평화를 바라면서 더욱 멀어지는 이유가 된다.

에덴동산에서의 추방이 인간의 마음에서 비롯된 사태라면, 그곳으로의 단순한 회복, 단순한 복귀가 아니라 한층 더 높아진 의식을 포함한 고차원적 회복 역시 우리 마음에 대한 성찰에서 시작되지 않을 수 없다.

그러므로 개인의 수행은 사회의 변화와 불가피하게 맞닿아 있으며, 그 수행의 출발점은 모든 고등종교의 성인 말씀이 한결같음을 이해하는 것에 있다. 이것이 '보편종교성'이다. 인류의 미래는 그 어떤 사회적 기획과 사상보다 이 보편종교성의 인식적, 존재적 회복에 딸려있다.

113절

✦✦✦ ① 예수를 따르는 자들이 말씀드리기를, 나라가 언제 올 것입니까? ② (예수께서 가라사대,) 나라는 그것을 쳐다본다고 해서 오지 않을 것이다. ③ '보라, 여기 있다!' 혹은 '보라, 저기 있다!'고 말할 수도 없다. 오히려, 아버지의 나라는 이 땅 위에 펼쳐져 있으나, 사람들이 그것을 보지 못할 뿐이다.

우리는 언제나 '천국과 구원'이 '언제' 올지를 묻는다. 이 물음에 대한 모든 성인의 답은 한결같이 그것이 물리적 실재가 아님을 먼저 지적한다. 그것은 존재 불안과 갈등으로부터 벗어난 마음 상태이지 감각 지각할 수 있는 어떤 대상이 아니다. 그것은 볼 수 있거나 지시할 수 있는 것이 아니다.

더구나 '언제'라는 불특정 미래를 묻는 것은 이미 가르침에서 벗어난 질문이다.

집착이 과거로부터의 구속이라면 탐욕과 기대는 그것을 미래로 투사시킨 구속이다.

자연으로 돌아가는 순환의 한 과정을 죽음이라 규정하여 거부한 데서 문명이 시작했고 죽음을 밀어내려는 타나토스적 의지가 '미래쇼크'라 불리는 불안을 북돋웠고, 이로부터 더욱 정교한 시간 단위 관리와 계산이 발전해온 것을 헤아린다면, '언제'를 묻는 것은 여전히 그 불안과 시간의 노예 상태라는 입지 위에 선

물음임을 알 수 있다.

탐욕은 채울수록 갈증만 더할 뿐이고 미래에 대한 기대로서의 장밋빛 환상은 '지금·여기'를 직시하는 것을 지연시킬 뿐이다. 긍정적 의미로서의 희망이나 꿈은 지금의 바람과 행위에 대한 즉각적, 현존적 연결 아래에서만 가능하지 '언젠가' 시간이 흐른 뒤 재현될 이미지일 수는 없다.

시간, 불안, 탐욕, 계산된 사유, 분석적 태도, 도구적 관계는 유기적 일체다. 그 입장, 그 시각을 유지한 채, 그 연장선에서 다시 천국과 구원이 '언제', '어떻게' 오느냐고 묻는 한 '그림자를 쫓는 개(Dog chasing Shadows)'의 신세를 벗어날 수 없다. 예수의 말씀대로 우리 눈의 장막만 걷어낸다면, 천국은 우리 내면에도 자연에도 이미 지금, 도래해 있다.

우주와 자연은 음과 양, 사랑과 자유의 어울림 속에서 유유히 공진화하고 있고, 인간의 본성에는 한 시도 떠나본 적 없는 신성과 불성, 영혼이 잠재해 있다. 어떤 외재적 대리보상 체계도 인간에게 진정한 만족을 주지 못하는 것이 바로 우리가 궁극적으로 바라는 바가 탐욕일 수 없음을 역설한다.

잊히고 억압되고 외면받은 것의 '고차원적' 회귀, 애초에 내재한 무경계 의식의 일깨움, 그러나 그것이 반사회적이거나 반문명적인 것이 아니라, 오히려 문명과 사회가 함께 실존적 인본, 나아가 생태적 가치를 향해 가도록, '지금·여기'에서 우리 의식

전환을 북돋우는 것, 천국과 구원은 그 전 과정 위에 펼쳐지는 우리의 마음이요 관계다.

존재적 타자로서의 신은 우상에 불과하듯 현존 사회성을 떠난 영성도 환상에 불과하다. '지금·여기', 내면의 신의 부활. 그것이 도마복음 전체를 일이관지하는 예수의 가르침이요, 모든 인류 성현들의 한뜻의 가르침 아니겠는가.

114절

✚✚✚ ① 시몬 베드로가 그분께 말씀드리기를, 마리아가 우리를 떠나게 하소서. 여인은 삶을 얻을 자격이 없기 때문입니다. ② 예수께서 말씀하기를, 보라 내가 그녀를 인도하여 그녀가 남성이 되게 할 것이다. 그리하여 그녀도 너희 남성들을 닮은 살아있는 영이 될 것이다. ③ 어떤 여인이라도 자신을 남성으로 만드는 자는 하늘나라에 들어갈 것이다.

도마복음 전체를 관통하는 이원 분리의 통일이라는 주제 의식이 가장 직설적으로 표현된 장이다.

음도 양도 태극에서 나왔다. 다시 말해, 음에도 태극이 내재하고 양에도 태극이 내재한다. 태극이 상대적으로 동적이면 양으로 나타나고 정적이면 음으로 나타날 뿐 그 모두 태극의 자식이다. 마찬가지로 여자와 남자로 나타난 인간도 모두 어떤 이원 분리도 허하지 않는 신성의 자식들이다. 고차 세계로 나가는 길은 곧 음양 대립을 통합하여 애초의 완전성으로 귀일하는 길이다. 그러나 그 되돌아감은 단순한 회귀가 아니라 진화적, 고차원적 회귀다.

예수의 마지막 가르침은 모든 분별을 훌쩍 뛰어넘어 지금, 여기에서 천국을 완성하라는 것이다.

이것으로 『도마복음』 전체 해설을 마친다. 종교가 그 본연의 의미를 되찾고 숭배의 대상이 아니라 생생히 살아있는 삶의 나침반이 되기 바라며, 이 작업이 그 과정에 일익이 되기 기원하는 바이다.

3장

나머지
이야기들

3장 나머지 이야기들

종교에 대한 몇 가지 단상

〈주기도문〉 해설

종교에 대한 몇 가지 단상

+++

도대체 신은 무엇인가?

신은 만물의 생성소멸, 운동, 변화를 주재하는 힘과 의지 혹은
그 주체이다.

　동양에서 신은 시간과 공간을 초월한, 즉 인식 영역 바깥의 자
연 추동력이다.

　주역에는 '천원지신, 지방지지(天圓之神, 地方之知)'라는 말이 나
오는데, 하늘이 기하학적으로는 원이며 그 성격은 신이라 한다.
그런데 신이란 개념은 시간과 공간을 초월한 힘이기에 의미 상
앎의 대상이 되지 못한다는 뜻이 내포되어 있다. 반면, 땅은 형
상적으로 방위와 형체가 있어 그 성격이 앎의 대상이 된다는 뜻

이다(이 문구를 하늘은 둥글고 땅은 네모나다고 봐서 천동설이라 해석한 것은 오리엔탈리즘의 무지한 해석에 불과하다).

기하에서 원의 상징적 의미는 영원, 순환이다. 원형은 시작과 끝을 지정할 수 없는 형태이기도 하고 우주의 모든 운동이 실제 순환적 원운동을 띄기도 한다. 그리하여 종교적 영원을 의미하고 앎 이전 혹은 너머를 뜻하게 된다. 왜냐하면 모든 앎이란 일단 시작과 끝이라는 범주 확정을 통해 가능하기 때문에 영원한 무엇은 인식될 수 없다. 그러나 인식될 수 없다고 해서 작용하지 않는 것은 아니다. 보이지 않고 측정할 수 없지만 이미 인식될 수 있는 시공간 내의 존재들로부터 그 존재와 작용이 추론될 수는 있기 때문이다. 이와 대비되는 것이 형체가 있어서 시공간 확정이 되는 것들이고 그것들 일체를 '지'라 하고, 이것들이 우리의 앎의 대상이다.

동양의 '천지인' 삼재 사상은 압축하면 '천인합일(天人合一)' 사상이기도 하다. 하늘과 땅이 음양을 대표하여 상호작용해서 인간을 비롯한 모든 존재를 낳았다는 사상인데, 그 상호작용을 다시 하나의 개념으로 표현할 때는 '하늘'로 대표해서 한다. 이는 곧 우주, 자연의 신성이 인간 심신에 체현된다는 논리다.

이러한 사유는 고대로부터 근대 '인내천(人乃天)' 사상에 이르기까지 일관되게 내려온 관념이어서 동양에서 신은 인간의 내면에서 발견할 수 있는 정신의 최고 상태와도 같다. 이를 안 것이

잃어버린 신을 찾아서

깨달음이요 득도고 '지천명'이다.

　서양에서 신에 대한 가장 정통한 정의는 아리스토텔레스가 언급한 개념이다.

　그는 신을 전 우주의 운동의 제1원인 또는 '운동자'로써 창안된 '부동의 동자(Unmoved Mover, Ho ou Kinoúmenon Kineî, 움직이지 않은 채 움직이는 자)' 또는 '시동자(Prime Mover)'라는 개념으로 말하고 있다.

　기독교로 넘어와 가장 큰 영향을 미친 것은 아우구스티누스의 '육화한 로고스', 일종의 '이신론(理神論)'인데, 우주적 이치가 인간 이성으로 나타난다는 관념이다. 이 둘을 종합한 것이 토마스 아퀴나스의 신의 존재 증명 5원칙인데, 그 내용은 다음과 같다.

　① 운동면: 부동의 동자, ② 인과면: 능동인, ③ 인식면: 우연에 대한 필연, ④ 가치면: 상대에 대한 절대, ⑤ 질서면: 자연의 목적으로서 지적 설계자

　위 3인의 논리는 개념은 달라도 동양의 신관과 내용 맥락은 다르지 않다.

　결국 우주를 움직이는 힘이 인간에 투영되고 그에 대한 인식이 종교의 핵심이며 이로부터 세계 질서가 나온다는 것이다.

+++

위와 같이 이해된 신의 속성은 흔히 '영원', '무한', '전지전능'이라 일컬어진다.

영원, 무한은 시공간 초월이라는 의미니 위 정의에서 쉽게 도출되는데, 가장 오해가 많은 규정이 전지전능이다. 통상 말 그대로 이해되어 '자의적으로 마음먹은 것은 무엇이나 알고 행할 수 있다'고 해석되면, 이는 해석이 필요한 상징을 사실로 받아들이는 오류를 범하는 것이다.

영원과 무한이 우주론적 규정이라면, 이 전지전능은 인간 주체적 규정인데, 이 경우 전지는 개별 사실을 다 안다는 의미가 아니고 정신세계 전체가 계발되었다는 의미다. 즉 인간의 외부에도 편재하고 내면에도 자리 잡은 신성이 일깨워져 있는 그대로 세계의 실상을 파악할 수 있는 안목이 생겨났다는 뜻이다.

전능은 개체 자아 수준의 감각과 그 감각으로부터 영향받고 제한된 주관적 감정, 욕망 등을 초월해서 마음의 움직임을 장악했다는 의미다.

그러므로 전지전능은 물리적인 의미가 아니라 어디까지나 마음 상태를 이르는 것이다.

+++

인간은 왜 신을 바라는가?

모든 인간은 궁극적으로 고통으로부터 벗어나 구원받기를 바란다. 이것이 종교를 추구하는 근본 동력이 된다. 혹자는 종교가 인간 실존의 고통을 악용하고 협박의 수단으로 삼아 지배 이데올로기로서 세를 불린다고 비판하기도 한다. 그러면서 고통과 기쁨이 함께 있는 게 자연과 인간사 순리가 아니냐는 주장을 펴기도 한다.

그런데 종교가 출발점으로 삼는 고통은 일상적 의미의 고통도 아니고 '고통과 쾌락'이라는 이원 구조의 한 측면으로서 상대적인 고통도 아니다. 불교에서 '제법무아(諸法無我), 제행무상(諸行無常), 일체개고(一切皆苦)'를 말할 때 그 고통은 모든 존재의 절대적인 고통이다.

우선 존재하는 모든 것은 그 존재의 조건 자체가 일종의 '전체(완전)성으로부터 분리'에 있다. 둘째, 존재하는 모든 것은 소멸한다. 이 '분리'와 '소멸'이 절대적 의미의 고통이다.

분리된 모든 것은 원래 자신의 고향이었던 모종의 완전성, 전체성을 회복하기 바라지만, 그러한 회복에 앞서 존재 상태의 소멸을 맞게 된다. 인간적인 입장에서 누구도 이 분리 불안과 소멸의 공포를 바라지 않는 데서 근원적인 고통의 의미가 있다.

이런 인간에게 신의 구원은 고통 없는 마음 상태의 표상이고 분리되고 억압된 실존이 원래의 완전성으로 고차원적 회귀하기 바라는 본능의 이정표다.

+++

고통은 왜 생기나?

위와 같이 볼 때 고통의 원인은 존재 그 자체에 내재한 것이다. 인간이 이러한 분리 감정에 따른 결핍감을 느끼고 그 결핍을 메우기 위해 애쓰는 것은 본능인데, 이 본능은 충동, 욕구, 욕망의 형태로 나타나고, 거기에 다시 반복된 행위에 의해 일종의 집착이 덧붙여지게 되면서 자의식의 대부분을 차지하게 되는데, 이것이 탐욕이라 불리는 것의 실체다.

문제는 이 탐욕의 본성이 존재 외적 대리물을 통해 존재 상실감을 메우려 한다는 데 있다. 요컨대 집착은 반복된 경험에 대한 중독에서 오고, 탐욕은 의식 발달이 분리, 경계감을 강화함에 따라 동반되는 존재 소멸 공포(죽음)를 상상적으로 넘어서려는 데서 온다. 이 반복의 고착에 따른 자기 경계 분리 범위 의식이 곧 '자아정체성'이다. 그리하여 고통의 뿌리는 '분리된 자아', '자의식', '정체성' 그 자체에 있게 된다.

잃어버린 신을 찾아서

물질적 소유욕이든 정신적 권력욕이나 명예욕이든 탐욕의 충족은 분리와 소멸의 문제를 해결하는 방법이 될 수 없다.

목마른 사람에게 주어진 바닷물처럼, 탐욕은 계속 증대하며 갈증을 키운다. 이제 성취와 충족에도 불구하고 해결되지 않는 문제에 반복해서 직면하는 인간은 더욱 공격적이 되고 이 공격성은 다시 더 어리석음을 증폭시키는 악순환을 일으킨다. 이것이 불교에서 말하는 인생의 삼독, '탐진치'다. 일단 이 악순환의 고리에 빠져들고 그것이 늪과 같은 것이라는 깨달음이 없으면 실존의 고통은 영원히 풀리지 않는 미제가 되고 만다.

한편 현대 사회에서는 객관적인 사회구조적 환경에서 고통의 주된 원인을 찾으려는 시각이 일반적이다. 그러나 그것은 존재 상실감에 따른 탐욕과 그 결과 이어지는 온갖 갈등으로부터 파생된 것이지, 인간 실존에 앞서 상실감을 일으킨 원인이라 볼 수는 없다. 앞서 논한 것처럼 분리와 소멸의 문제는 제도나 사회 이전의 문제다.

인간의 '의지-행위-그 집합'으로 문화, 제도가 있으므로 결국 근본은 출발점이 되는 인간의 마음에서 찾아야 한다. 그리하여 모든 종교는 철저히 인간의 마음을 문제 대상으로 삼는다.

한편, 욕망 일반과 문제가 되는 탐욕은 구별해야 한다. 욕망 그 자체는 억압에 대한 반작용의 성격과 타고난 생명의 자연스러운 발현의 성격을 공히 가지며 성장 발달 단계에서 불가피하고 필연적인 것이다. 그러므로 욕망 일반을 단죄할 수는 없다. 다만 편향되고 집착된 욕망으로서 탐욕이 문제가 된다.

욕망이 아예 없는 인간은 가능하지도 바람직하지도 않지만 이 욕망에 대한 집착과 충족이 실존의 결핍감을 해결하리라 생각하면 큰 착각이고, 큰 죄에 빠지고 만다. 그래서 일찍이 공자는 '애이불비(哀而不悲), 낙이불음(樂而不淫)'이라는 가르침을 남겼다. 슬퍼도 비통할 만큼 슬퍼하지 말고 기뻐도 음탕해질 만큼 기뻐하지 말라고 한다. 일종의 중용적 태도를 견지하는 깨어있음을 요청하는 것인데, 여기에 구원의 실마리가 있다.

✦✦✦

에덴동산(실낙원)의 실제는 무엇인가?

경전이나 신화는 인간의 환상과 집단무의식을 상징적, 은유적으로 표현할 때가 많다. 그러므로 등장하는 모든 상황과 캐릭터를 마음이라는 장의 어떤 풍경임을 염두에 두고 해석해야만 한다. 결코, 사실로 가정하고 보아서는 안 된다.

가령, 신적 인간 아담은 성에 대한 구별 의식조차 없던 때의 인간이며 '우로보로스'적인 깊은 잠에 빠진 인간의 상징이다.

이브의 탄생은 기초 이원 관념의 발생을 상징한다. 여성을 별도의 성으로 인식함으로써 기초 이원 인식이 발생해서 영원의 잠에서 깨어났지만, 아직 본격적인 정신, 관념 위주의 인간은 아니었다. 그러므로 심적 고통의 세계로 나가지는 않았고, 에덴에 머물 수 있었다.

선악과를 따 먹었다는 묘사는 규범과 금기가 생겼다는 것을 의미하며 배타적 타자가 생겼음을, 따라서 상상적 동일시하는 주체, 자아 관념이 발생했음을 의미한다. 이 수준의 의식 발달은 불가피하게 세계와 자신의 유한성과 분리감을 낳고, 이 유한성에서 오는 미래쇼크를 과잉, 상상적으로 방어하기 위해 문명의 발달이 본격화된다. 한 마디로 인위적으로 죽음을 면하기 위해 온갖 방책(노동과 출산, 번식의 제도화)을 찾게 된다. 이 과정은 인류사에서 의식과 문명의 발달에 따라 심적 갈등과 고통이 비례적으로 커졌음을 보여준다.

그 갈등과 고통의 세계로의 본격적인 진입이 바로 '낙원의 상실'이다. 그러므로 '실낙원(失樂園, Paradise Lost)'은 어느 시대, 장소의 구체적 사실이 아니라 인류사의 지적 성장통에 대한 포괄적, 압축적 묘사다.

한편, 이러한 낙원 상실의 과정은 개인의 성장에서도 프랙털(Fractal) 방식으로 반복된다. 일반적으로 영아, 유아, 소년기라는 성장 과정에서 우리는 인류 일반이 역사적으로 겪었던 낙원 상실의 심적 체험을 반복하고 있다. 그러므로 언어(정신적 관념적) 습

득과 개체 자아감형성을 기준으로 '에덴으로부터의 추방'을 개인 모두 체험한다고 볼 수 있다.

일단 심적 고통이 일상화된 세계로 진입하면 실낙원에 대한 회귀력도 함께 작동한다. 그러나 이것은 사회적으로 금기시되어 있어, 프로이트가 말하는 무의식으로 침잠하거니와 다른 한편, 금기시 여부와는 상관없이 현실적으로 불가능하기도 하다.

가령, '원억압'이라고도 불리는 '출생외상'은 자궁으로 복귀를 원하게 하지만, 이미 태어난 생명에게 그것은 가능하지 않다. 마찬가지로 성장 진화한 생명체에게 진화적 퇴행은 미치거나 죽는 길 외에 이를 수 없는 상태다.

출생을 전후한 존재적 상황을 생각해보면 실낙원의 의미는 좀 더 분명해진다. 태아는 대상과 접촉 경험이 없을 뿐, 인간으로서 감각, 지각 능력을 자궁 속에서 모두 갖추었다. 이때는 구체적 인식 발생 전이므로 시간적으로 영원, 공간적으로 무한의 세계에 있는 셈이다. 더구나 모든 생리적 욕구는 저절로 채워지므로 바람을 느끼는 순간 충족됨의 경험을 통해 일종의 '주관적 전능감' 상태에 있다. 이 상태에서 자궁을 통과하는 물리적 과정은 태아에게 두 가지 근본 욕동을 각인시킨다.

우선 태아는 양수가 빠져나가고 좁은 질을 통과하면서 물리적 쇼크와 극단적 압박감을 느끼지 않을 수 없다. 생명의 본능은 이 밀실 공포의 압박감 앞에서 자연스러운 반작용으로 '벗어

잃어버린 신을 찾아서

나고 싶다'는 충동을 가진다. 이것은 최초의 증강본능 내지 초월 의지, 추상화된 표현으로는 자유에 대한 열망이라는 양적, 타나토스(Thanatos)적 의지로 나타난다. 태아로서는 언제 끝날지 모를 영원과 같은 시간이 지난 후 출생하고 나면, 이번에는 모든 것이 생경하고 모든 것이 끝없이 광활한 '광장 공포' 앞에 노출된다.

낯선 세계로의 내던져짐 앞에서 영아가 가지는 유일한 충동은 원래 자신의 세계, 자궁 속으로 회귀, 합일하고 싶다는 것 외에 달리 있을 수 없다. 이것이 보존본능, 안전 추구 심리, '합일-동일시' 추구라는 점에서 추상화되면 사랑과 동정으로 표현되는 의지의 기초가 된다.

모든 태아는 산모가 가지는 출산 고통의 10배 이상의 스트레스 상태를 겪으며 태어난다. 그리고 이 극한 경험 속에서 이미 세 가지 보편적인 존재의 '초기 조건'이 갖추어진다(과학에서 초기 조건은 운동의 소멸 시까지 지속한다. 인간에게라면 이것이 곧 공동 운명이다).

출산 이전의 '지복'과 '만물일체감'의 상태, 그리고 타나토스와 에로스 혹은 자유와 사랑 혹은 증강본능과 보존본능 등으로 불리는 이원적 의지가 그것이다.

그러므로 매슬로가 말하는 욕구 발달이 일어나기도 전에 인간은 영원, 자유, 사랑의 각인 아래 생을 시작한다. 영원으로 회귀할 수 없기에 끝없이 그 근원을 기억하고 바라지만, 자유를 추구하면 사랑이, 사랑을 추구하면 자유가 결핍되는 딜레마 상황에 놓이게 된다. 이것이 근본적 존재 불안을 야기한다. 나아가 주관적 전능감이 사회화 성장 과정에서 좌절되고 꺾이면서 그 상실감을 메우기 위한 몸부림으로 온갖 욕구와 욕망의 발달이 뒤따르게 되는 것이다.

그러므로 영원, 무한, 음양 통일로서의 태극 혹은 일자와 합일이라는 일견 비합리적으로 보이는 의지, 즉 보편종교성은 인간의 숙명적이고 선험적인 조건이라고 보아야 한다.

+++

원죄란 무엇인가?

'죄[Sin]'의 어원적 의미는 '과녁을 잘못 맞힘' 즉 '오류'다. 모든 오류는 분리할 수 없는 것을 분리하는 데서 나온다.

이원적 경계 분리 인식의 생성, 발달 그 자체가 갈등과 고통의 뿌리이므로 그것이 원죄다. 바로 이 의미에서 모든 이가 '존재적' 죄인인 것이지 '사회 규범적' 죄인으로 해석하면 안 된다. 인간이 존재적 죄인임을 의식하는 것은 폐쇄 정체성을 초월할 의지와 가능성을 열어주지만, 사회 규범적 죄인으로 치부하면 죄의식과 자책감 등 자학적 부작용만 키우게 된다.

잃어버린 신을 찾아서

+++

퇴행은 불가능하므로 구원은 오로지 탐욕과 개체 자아라는 정체성을 상승 초월하는 길만 가능하다.

진화적 초월은 전 단계의 포기가 아니므로, 이성과 개별 주체성을 단적으로 포기하는 것으로 이해되어서는 안 되고, 그것을 포함하면서도 근원적 만물일체감을 회복하는 복합 과정으로 이해해야 하며 그것이 곧 구원이다.

구원이란 정체성의 궁극적 확장을 통해 자아의 유한성, 폐쇄성에서 오는 불안, 갈등을 인식과 존재 전 차원에서 없애는 것이다. 그럼으로써 얻게 되는 궁극적 안심과 평화를 고등종교들은 천국, 극락, 열반이라 표현해왔다.

기독교에서는 자아를 버리고 절대자에 헌신하는 것을 원칙으로 제시한다. 불교에서는 연기, 무아 세계를 이해해서 '탐진치'를 버리고 의식이 무경계의 공의 상태에 머물 것을 요구한다. 모두 타당하다.

수용 과정에서 가르침을 펴는 사람을 존재적 타자로 우상 숭배하거나 가르침에 대한 보편적인 왜곡(여전히 자아와 욕구 충족을 전제로 세속화)이 되어서 문제지, 그 요구 자체는 보편종교의 일반 원리에 부응한다.

모든 종교에는 영성을 내면화한 상태에 이르기 위한 나름의 수행 체계들이 전해져 왔다. 기도, 명상, 참선 등. 방법은 달라도 이 모든 수행법의 목표는 자의식의 초월에 있다.

+++

종교와 시대정신의 관계는?

종교가 규제적 이념의 추동력이라면, 시대정신은 그 현실태로서 문화, 문명적 현 단계의 과제 의식이다. 종교가 이정표라면 시대정신은 당대의 표준이다.

그러므로 종교를 당대의 과제와 분리하는 모든 논리(정교 분리나 종교 대 과학, 창조론 대 진화론의 허구적 대립 등)는 사회 체제의 필요에 의한 이데올로기에 불과하다.

오히려 언제나 시대정신은 구체화한 종교이며, 그러한 공동의 지향과 믿음 없이 운영될 수 있는 공동체는 존재하지 않는다.

〈주기도문〉해설

종교에서건 학문에서건 일상에서건 화자의 진의와 대중적인 수용, 유통 방식은 크게 달라진다. 그래서 그 차이가 클 때, 우리가 주목해야 하는 것은 지엽말단이 아니라 핵심과 진의다. 이 수용 스펙트럼은 담론의 수준과 현실 문화의 차이만큼 벌어진다. 이런 점을 감안하고 여기서는 〈주기도문〉을 핵심 진의에 가깝게 해석해 보고자 한다.

하늘에 계신 아버지.

하늘이 어딘가? 예수가 가르쳤듯 우리 마음이다. 우리 마음 심층에 창조주가 있다. 그 창조주는 원효가 일체유심조(一切唯心造)라고 했을 때의 그 마음과 다르지 않다.

일체유심조는 쉽게 '마음먹기 달렸다'는 식으로 곡해되지만, 실은 우주 만물을 생성, 변화시키는 힘이 우리 의식 근원에 있다는 뜻이다.

힌두교에서 말하는 아트만과 브라흐만의 일체성과 같은 의미고 불교식으로는 '범아일여'로 이해된 것과 같다. 아트만, 브라흐만, 우주심, 창조주. 이름이 무엇이었든 지구 상에 가장 진화한 존재로서 인간은 그 독특한 정신의 힘으로 세계 형성의 정묘한 힘을 감지해냈고, 그것과 일체감을 느낌으로써 무명이나 무지, 탐욕이 유발하는 인생의 고통 문제를 해결할 수 있다고 보았다. 그 표현이 모든 문명의 고등종교들의 활동이다.

왜 하필 아버지인가? 이 점에 대한 이해는 매우 중요하다. 왜냐하면 농경 이래 인류 오천 년사에서 남성우월주의가 불가피하게 생산양식에 기인한 강력한 차별 의식으로 작용해왔고, 아직도 적지 않은 영향을 가지고 있기 때문이다.

성경에도 남성우월주의를 지지하는 내용이 적잖이 나온다. 그래서 이 아버지라는 지칭이 그런 문화적 해석 연장에서 손쉽게 생물학적 남자 아비로 이해될 경우, 우리는 부지불식간 남성우월주의라는 전근대적 저급한 의식 수준을 강화하게 된다.

어머니와 아버지의 대구는 동양식으로는 '음과 양'인데, 동양

잃어버린 신을 찾아서

에서도 음·양을 그런 대중적 차별의식으로 해석해온 면이 있다.

물론 자연이나 우주라는 차원에서 두 작용력에 가치 차이가 있을 수 없다. 수축하고 모으는 음의 힘과 발산하고 확장하는 양의 힘이 어울림으로써만 모든 생성, 운동이 가능하니까. 이 수축과 발산은 물리적으로도 확인되지만 심리적으로도 '에로스·타나토스', '사랑·자유', '보존·증강'이라는 식으로 표현된다. 둘 중 하나가 우위라는 것은 불가능하다.

그럼에도 불구하고 둘 중 하나를 동서양에서 공히 주목한 것에 성차별적인 문화만 작용한 것은 아니다. 진화가 작용과 반작용, 통합과 초월의 결합이라고 할 때, 진화를 이끌어가는 힘은 작용과 초월 쪽에 있기 때문이다. 즉 '생명 운동'을 기준으로 볼 때, '양·발산·자유·증강' 등등의 한쪽 가치가 우월성이 아니라 우선성을 가진다는 사고가 가능해진다. 요컨대, 생존본능 차원에서 '양' 기운을 앞세우는 것이다.

✚✚✚

이름이 빛나고 나라가 임한다.

모든 종교는 결국 인간이 가장 궁극적으로 해결하고 싶은 존재 의문에 답을 주는 것이다.

'어디서 왔고 어디로 가며 세상 모두와 어떤 관계에 있어서 내 인생이 어떤 의미가 있는 것인가?'에 대한 답의 시도가 종교다.

이 가장 근원적인 것에 대한 답이 주어지면 이를 바탕으로 연이은 추론으로 행위 규범에까지 이르게 된다.

마치 유교에서 자연의 사계절을 흉내 내어 인간 본성의 '4덕(인의예지)'을 추론하고, 다시 행위양식으로 '4단(측은지심·사양지심·수오지심·시비지심)'을 정립하여 그로부터 제반 도덕률을 끌어내는 방식이다. 우주, 자연, 인간의 관계와 존재 의미라는 궁극에서 구체적 실천 규범까지 통합적으로 이해될 때 종교가 추구하는 성숙한 영적 인간이 되는 방식이다.

이름이 빛나고 나라가 임한다는 것은 홍익인간의 목표가 '만인의 성인화'라는 것과 다르지 않다.

모든 종교는 하나의 이상으로서 인간의 최고 궁극 가능성으로 이 성인화를 제시해왔다. 이 문장도 그 만인성인화의 선언이다.

마음에 존재 의문이 해결되고 진리 인식과 그에 기초한 도덕률이 확립된다는 뜻이다. 하늘을 마음에 있는 것으로 본다면 그 마음에 이정표가 생기고 모두가 이 이정표를 향한 공감이 확장된다는 의미다.

이런 대목을 세속 종교인이 유사 의인화된 우상에 대한 숭배 의식으로 수용하는 것은 안타까운 일이다.

잃어버린 신을 찾아서

+++

뜻이 하늘에서 이루어진 것처럼 땅에서도 이루어지이다.

여기까지의 해석에 동의한다면, 이 문장의 의미는 명확하다. 하늘은 보이지 않는 작용력이요, 땅은 드러나서 보이는 모든 것들이다. 하늘이 마음이라면, 땅은 그 마음이 드러난 행위다. 하늘이 우주적 섭리라면, 땅은 그 섭리에 의해 만들어진 만물이다.

　인간에만 국한해보면, 성(誠)에 다름 아니다. 말이 곧 행동으로 이루어진다는 뜻이다.

　언어는 인식의 장벽이 되기도 하지만, 어쨌든 영혼의 표현임은 틀림없다. 심층의 정신에서 의식, 의도, 생각, 감정들이 연이어 나오고, 그 표현으로 말이 나온다. '마음-말-행위'의 일체가 이루어진다는 것은 지순한 정직성에 이른다는 것이며, 이는 일체의 갈등과 불안을 극복한 상태에서만 가능하다.

+++

우리에게 일용할 양식을 주옵시고

대단히 중요한 대목이다. 우선, '일용'이 중요하다. 복음서 여러 곳에서 예수는 내일 일은 내일 걱정하라고 한다. 또 무엇을 먹고 살지 걱정하지 말라고도 한다. 인간에게 시간관념이 없었다면 미래에 대한 걱정이라는 것도 있을 리 없고, 그 걱정이 없다면 축적 욕구가 발생하지 않는다. 축적욕이 없다면, 소유욕이든 권력욕이든 우리가 탐욕의 대명사라 할 만한 것들이 발생하지 않는다.

인간이 늘 지금과 같은 '관리할 자산으로서 시간' 개념에 매여 살았던 것은 아니다. 농경 시대 시간관념은 계절 순환을 따랐고 , 채집 시대 시간관념은 '지금·여기'만 있었다.

채집인들의 주관적 만족감은 인류사 최대였다는 사실은 이제 문화인류학의 상식이 되었다. 굶주린 야만인이 아니라 매 순간을 영원으로 인식하며 충분한 여가와 문화적 관계를 즐긴 사람들이었다. 한 개인으로 치면 최대한 어린 시절의 의식과 유사하다. 아직 시계를 볼 줄 모르고 계산된 시간 단위로 주어진 기계적 과제가 없던 시절 말이다.

'지금·여기'를 강조하는 것은 모든 고등종교의 공통점이다. 공자는 사후 세계를 묻는 제자에게 삶이나 제대로 알라고 말한다. '사서'의 곳곳에서는 처한 곳에서의 동적 균형감을 누누이 강조한다.

불교에서는 지관(止觀)을 강조한다. 오류를 양산하는 온갖 해석과 감정의 틀을 내려놓고 순간에 대한 예민한 '알아차림'을 통해 존재 본성 이해에 닿을 수 있다고 말한다. 과거에 대한 기억이 생각을 낳고 집착을 일으킨다. 그것을 미래로 투사하면 헛된 기대가 되고 이것이 좌절과 불안의 기초가 된다. 이런 감정들이 자가 발전하기 시작하는 악순환인데, 이미 지나가서 어쩔 수 없고 아직 오지 않아서 어쩔 수 없는 과거와 미래에 대한 것만 털어내어도 우리네 걱정의 대부분은 자체 소멸해 버릴 것이다.

시간관념에 뒤따라오는 탐욕 발생은 화폐 시장경제를 만나 한번 더 추상화되어버렸다. 모든 것이 상품인 사회에서는 시간 역시 상품이 된다. 그래서 '시간이 금'이라는 말과 함께 온갖 '시테크-재테크'가 이어진다. 일단 이 관념이 상식이 되고 나면 인간은 존재하지 않는 환상에 끊임없이 시달리는 신세를 면키 힘들어진다. 이에 대한 처방이 '지금·여기'에 대한 강조인 것이다. 그것이 '일용할'의 의미다.

어린왕자가 슬픈 날 해 지는 풍경(종말)을 하염없이 바라보거나 스티브 잡스가 매일 아침 오늘이 '자신의 마지막 날이라면'이란 화두 참선을 했다는 것도 '지금·여기'를 되돌아보는 수행이다.

'양식'은 단지 먹을거리로만 보아서는 안 된다. 기본적으로 종교가 다루는 것은 마음이다. 모든 표현은 마음의 상태로 전환시켜 보아야 한다. 물론 몸의 양식도 당연히 포함하는 것이지만 그보다 먼저 마음의 양식을 떠올려야 한다는 것이다.

음식이 주는 효용은 배고픔이라는 물리적 고통에서 해방이다.

마음의 양식이 주는 효용은 물리적 배고픔이 심리적으로 치환된 온갖 종류의 결핍감과 갈급증에 대한 해소다.

탐욕의 기초가 되는 결핍, 불안에 대한 1차 처방은 '지금·여기'의 중요성을 깨닫는 것이거니와, 양식은 정신적, 영적 성숙을 의미한다.

성숙의 지표는 얼마나 전체적인 것[Whole]과 일체감을 느끼는 가로 나타난다. 신성하다는 의미인 홀리(Holly)의 어근적 의미는 다름 아닌 전체와의 일체다. 타인과 대상과 자연과 우주와 내가 한 몸의 운명공동체라는 의식이 성숙의 지표다.

그런 의미에서 '일용할 양식'은 '지금·여기' 내게 주어진 온갖 갈등에 시달리지 않을, 뒤끝 달고 가지 않을 넉넉한 마음이 주어지기 바라는 기도다.

✚✚✚

우리가 우리에게 잘못한 이를 용서하듯이 우리의 잘못을 용서하고

죄라는 오류는 무지나 무명에 다름 아니다. 그렇다면 원죄는 최초의 인식 오류일 터이다. 그 오류는 선과 악을 구분한 것이었다. 불교식으로 말하자면 나와 대상을 가르는 7식 사량분별식(思量分別識)이다. 좋은 것과 나쁜 것, 우리 편과 네 편, 잡을 것과 멀

잃어버린 신을 찾아서

리할 것, 옳은 것과 틀린 것, 이런 구별 의식의 탄생을 말하고, 성경에서는 이를 원죄라 이른다.

인간은 자신을 자연과 구별하고, 자기 자신을 정신과 육체로 구별하고, 정신을 이성과 감정으로 구별하고, 이성 중에서도 합리성의 정도로 우열을 가리고자 한다.

그 구별 선들을 기준으로 안으로는 동일자, 밖으로는 타자를 가른 다음 안을 위해 밖을 배척하는 것을 선이라 하고 자연히 투쟁 대상인 밖은 악이 되는 식의 갈등 구조를 증폭시켜 왔다. 거기서 온갖 적대적 투쟁이 파생되어 왔다. 구별할 수 없는 것들의 의식적 구별. 이것이야말로 죄의 뿌리다.

그러나 그것들은 또한 불가피한 필연이기도 하다. 마치 인간의 욕구가 '생존-안정-애정-자존-실현욕(매슬로의 욕구 발달 5단계설)'으로 발달하거나, 인류 문화 의식이 '태곳적-마법적-신화적-언어멤버십-이성적(존 젭서)'으로 구조적 발달을 해나간다면, 그리고 플라티노스(Plotinos)로부터 20세기 러브조이(Elijah Parish Lovejoy)에까지 서구에 광범한 영향을 미쳤던 '물질-신체-마음-혼-영'이라는 형태의 '존재의 대사슬'이라는 우주관이 밝히는 바와 같은 의식의 인연기멸(因緣起滅)이 필연이라면, 애착이 생긴 각 수준에서 그 수준의 시각에 고착된 분별이 발생하고 그에 따라 정체성을 형성할 수밖에 없는 것이 인간의 운명이라면, 그 운명을 단죄한다는 것은 어불성설이다.

무명(無明), 행(行), 식(識), 명색(名色), 6입처(入處), 접촉[觸], 느낌[受], 애욕[愛], 취함[取], 존재[有], 태어남[生], 늙음[老], 병듦[病], 죽음[死], 근심[憂], 슬픔[悲], 번민[惱], 괴로움[苦] 등을 부처는 법계의 '연생법'이라 했다. 모든 존재가 이 과정을 반드시 거칠 수밖에 없는데도 단죄되어야 할 대상이 있다면, 신이거나 자연일 수밖에 없지 않은가.

용서란 무엇인가? 우선 어떤 것이 진정한 용서가 아닌가부터 생각해봐야 한다.

'지금 용서해 줄 테니 나중에 배로 갚아'라는 심리가 깔리면 이건 거래지 용서가 아니다. '내가 네 수준에서 놀겠냐? 어리석은 놈이 한 짓이니 눈감아주마', 이건 깔보는 짓이지 용서가 아니다. '그놈이 그놈이지. 사람이 다 그렇지 뭐. 별놈 없으니 그냥 서로서로 봐주고 살자', 이건 체념과 장래 이익 관념이 미묘하게 섞인 최악의 물타기다. 물론 이해관계에 따라 용서해 주는 척하는 건 논외로 하고. 그런데 대개의 용서가 이런 마음들의 연장은 아닌가 되돌아봐야 한다.

용서를 말할 수 있으려면 먼저 규범이 있어야 하는데, 그 규범은 인간 의식 수준이 자의적으로 만든 잣대에 의존한다. 그 기준은 원죄로부터 당대에 이르기까지 수준별 환상, 마야의 작용에 다름 아니다.

어떤 가치관의 고착도 종교적으로는 그 자체로 죄가 되고 만

잃어버린 신을 찾아서

다. 그래서 예수는 간음했다고 끌려 온 여인을 두고 '죄 없는 자 돌로 치라'는 심장을 울리는 답을 제시했다. 그 말의 깊은 울림이 전달되었을 때 돌을 들 수 있는 자가 있을 수 없었다. 그러므로 사실 역설적이게도 죄는 단죄 대상이 아니다. 그래서 예수는 자신에게 죄지은 자를 무한히 용서하라 하고 자신을 해한 로마 병정들조차 '그들이 무슨 짓을 하고 있는지 모르나이다. 용서하소서'라고 했다.

진정한 용서는 용서할 무엇이 없는 상태다. 마치 진정한 베풂이 '무주상보시(無住相布施, 준다는 마음 없이 줌)'이거나 '오른손이 한 일을 왼손이 모르게 하는 것'과 같다.

인간이 죄지을 수밖에 없는 존재라면 '죄지으면서 용서도 해주는 자'는 형용모순이 되고 만다.

죄는 필연이고 누구나 그 굴레에 있어 누구를 용서하고 말 것이 없다는 의식은 감시 검열자로서의 자학·죄책감을 나의 내부에서 무너뜨린다. 도덕적 몰염치가 아니라 죄에 대한 깊은 연민과 자비가 생긴다는 의미에서다.

상대적이고 한정된 시대정신에 의존한 죄책감은 그 자체로 죄를 더 짓는 일에 지나지 않는다. 전통과 관습, 종교와 이데올로기의 이름으로 얼마나 많은 거악이 일어났던가. 그러므로 그 기준으로 타인을 구별하고 단죄하지 말아야 하듯 내 안에서도 그 기준을 없애야 한다. 남을 용서하듯(용서할 무엇이 없음) 나를 용서

(시달릴 구조적 죄책감-슈퍼에고의 소멸)해 달라는 말이다. 그러면 그 자리에는 신성이 깃든다.

✚✚✚

우리를 시험에 들게 하지 마옵시고 다만 악에서 구하소서(개신교). 저희를 유혹에 빠지지 않게 하고, 악에서 구하소서(천주교).

시도[Try]는 말 그대로 어떤 인위적이고 유위적인 감행을 뜻한다. 욕동, 욕구, 욕망, 탐욕, 애착과 결부되어 있다. 외부 자극에 대한 반응이라는 의미에서 감정, 생각, 의도 등과 연결되어 있다. 물론 이 모두는 존재 불안, 결핍감과 동반된다.

종교적 관조는 이런 자신을 돌아보고 성찰하는 것으로부터 시작되고 '자극-반응'의 기계적 메커니즘에서 한발 물러나 자신의 마음이 왜 그렇게 움직이는지, 자신을 둘러 싼 환경은 또 왜 그렇게 움직이고 작용하는지를 지켜보는 것이다.

자극에 기계적 반응을 멈추는 것이 그침으로써의 '지(止)-삼매-사마띠[Samadhi]'다. 그 멈춤을 통해 얻어지는 새로운 통찰이 '관(觀)-위빠사나[Vipassanā]'다. 여기서 악이란 전체와의 일체성을 상실한 상태에서 그것을 고착시키고 강화하는 기계적 반응들 일체를 말한다.

잃어버린 신을 찾아서

유교에서라면 인간의 본성에 해당하는 '4덕(인의예지)'이 '4단(측은지심·사양지심·수오지심·시비지심)'으로 발현되다 외부 자극을 만나 왜곡되면 '7정(희로애구애오욕)'의 편벽이 일어난다고 할 때 그 7정이다.

불교에서라면 '6근(안이비설신의)'이 '6경(색성향미촉법)'을 만나 일으킨 '6식(안이비설신의)'의 조합으로 만들어진 '108번뇌'다.

이것으로부터 전파[Deliver]한다는 것이 곧 유교의 천명을 아는 것이요, 불교의 '오온개공(五蘊皆空)'을 아는 것이다.

기독교에서라면 죄와 용서의 문제를 하느님께 맡기듯 일체의 에고적 유위를 잊는 것이다.

천주교의 번역이 내 마음의 욕동이라는 원 의미를 살린 데 비해, 개신교의 번역은 마치 '상대가 나를 못 건드리게 해달라'는 어감이 있다. 어감의 문제라기보다는 이해와 해석의 문제가 더 크겠지만.

✤✤✤

나라와 권세와 영광이 지금부터 영원까지 아버지께 있사옵나이다.

이 구절은 천주교에는 없고 개신교에서만 첨가되어 있어 생략한다. 다만, 파워[Power]는 포스[Force]가 아니라는 점. 포스가 강제

력인 반면 파워는 자발적인 마음에 미치는 자연스러운 영향이라는 점에서 다르다. 따라서 이것을 '권세' 운운하는 것은 하느님을 힘센 군장 부족 신쯤으로 오도하는 것이다.

『어린왕자』(생텍쥐페리, 전성자 역, 문예출판사, 2007)

『아함경』(불전간행회. 민족사. 1994)

『반야심경』(현장법사. 김진무 역. 일빛. 2015)

『대승기신론』(마명. 정화 역. 법공양. 2009)

『대학. 중용』(주희. 김미영 역.홍익출판사 2015)

『자유의 철학』(루돌프 슈타이너. 최혜경 역. 밝은누리. 2007)

『인간에 대한 보편적 앎』(루돌프 슈타이너. 최혜경 역. 밝은누리. 2012)

『고차세계의 인식으로 가는 길』(루돌프 슈타이너. 김경식 역. 밝은누리. 2013)

『신지학』(루돌프 슈타이너. 양억관. 타카하시 이와오 역. 물병자리. 2001)

『에덴을 넘어』(켄 윌버. 조옥경 역. 한언. 2009)

『모든 것의 역사』(켄 윌버. 조효남 역. 대원출판사 2004)

『통합비전』(켄 윌버. 정창영 역.물병자리 . 2008)

『아는 것으로부터의 자유』(지두 크리슈나무르티. 정현종 역. 물병자리. 2002)

『자기로부터의 혁명』(지두 크리슈나무르티. 권동수 역. 범우사. 1999)

『공감의 시대』(제레미 레프킨. 이경남 역. 민음사. 2010)

『한계비용 제로사회』(제레미 레프킨. 안진환 역. 민음사. 2014)

『세계사의 구조』(가라타니 고진. 조영일 역. 도서출판 비 2012)

『오래된 미래』(헬레나 노르베리-호지. 양희승 역. 중앙books 2015)

『피로사회』(한병철. 김태환 역. 문학과지성사. 2012)

『또 다른 예수』(오강남. 예담. 2009)

내 안의 구도자, 도마복음

잃어버린 신을 찾아서

초판1쇄 인쇄 2015년 10월 5일
초판1쇄 발행 2015년 10월 15일

지은이   박규현
펴낸이   박규현
펴낸곳   도서출판 수신제
유통판매   황금사자 070-7530-8222
출판등록   2015년 1월 9일 제2015-000013호
주　소   서울시 서초구 우면동 형촌8길 7
전　화   02-577-0890
팩　스   0504-064-0890
이메일   pgyuhyun@gmail.com
ISBN   979-11-954653-2-3 03120
정　가   13,000원